张文显法学文选 卷九

学术评论集

张文显 著

Book Reviews
and Comments

法律出版社

出版说明

张文显是我国著名法学家、教育家，吉林大学哲学社会科学资深教授，国家二级大法官，中国法学会副会长。1977年毕业于吉林大学法律系，之后在职攻读研究生，先后获得法学硕士和哲学博士学位，并留学美国哥伦比亚大学。三十四年来，他一直活跃在我国法学研究与法治实践的舞台上，致力于中国特色社会主义法学理论体系的建构、法学教育的改革与创新、中国特色社会主义法治建设理论的探索，在法学界和法律界形成了广泛的影响力。早在1994年，司法部有关部门的统计数据显示，他是法学界论著被引用率最高的三十六位学者之一，并排序在第四位。根据南京大学中国社会科学研究评价中心"中文社会科学引文索引(CSSCI)"的统计，他的论著被引用率一直位居法学界前十位。另据"中国人文社会科学学术影响力报告(2000—2004)"统计，在2000年至2004年法学论文被引用次数最多的前十位作者中，他位列第六名。2008年，改革开放三十年之际，他的论文《从义务本位到权利本位是法的发展规律》入选由王仲方等主编的《走向法治——30篇影响中国法治进程的法学论文》。2009年，在中华人民共和国六十华诞之际，《中国法律》评选出建国六十周年对新中国法学和法治建设最有贡献的六十位法律人，并在该刊《新中国60年法律人群英谱》中逐人介绍，他是其中之一。三十四年来，他撰写了大量文稿，在国内外做过近百场讲演和报告，这些文稿和讲演从不同方面反映了改革开放新时期我国法学研究、法学教育、法治建设的进程，具有很高的学术价值。适逢张文显甲子新开之际，应学界同仁盛情相邀，获法律出版社鼎力支持，遂成立编辑小组，编辑出版《张文显法学文选》。

《张文显法学文选》按照“十卷成集，单卷为著”的原则处理文稿的归类分卷问题。全书分为十卷。其中，《法学的理论与方法》、《法的概念》、《权利与人权》、《西方法哲学》、《部门法哲学》、《法治与法治国家》、《司法理念与司法改革》和《法学教育》，相应收录了著者主要研究方向的相关文稿；《学术讲演集》和《学术评论集》则分别收录了著者的部分学术讲演文稿和学术评论文稿。

《张文显法学文选》共精选各类文稿351篇，其中67篇系首次公开发表。所选文稿或万言长篇，或百字短文，均具有思想性、学术性和标志性，反映了著者的法学理论和研究范式，同时也展现了著者的学术历程。

《张文显法学文选》所收的文稿包括：著者在报刊或论文集上公开发表过的论文、文章和访谈，参与撰稿的著作、教材、文献中某些重要的章节，未公开发表的论文、文章、讲演文稿，为他人的著作、教材、学术思想、学术人生所撰写的序言或评论，为自己的专著和主编的丛书、教材、文集所撰写的序或后记，以及著者的硕士学位论文和博士学位论文。另外，为更好地体现学术讨论和争鸣的原貌，本文选还收录了其他学者对以上文稿的部分评论文章。

《张文显法学文选》收录文稿时采用以下技术方法：文稿在发表后被转载、收录的，按同一文稿对待，只收录首次发表的文稿;文稿同时在报刊和论文集上发表的,只收录报刊上发表的文稿;未公开发表的同名文稿在多个会议、讲座上宣读过的,只收录最优版本的文稿;个别题目相同或接近但内容有实质性不同的文稿,按不同成果对待,同时收录。

《张文显法学文选》所收文稿,大部分保持原貌,只校正文稿中的错字、漏字、衍字以及明显有误的标点符号,订正错误的引注。少量改动的文稿主要存在于以下情形中:有些文稿原来的文本比较长,发表时报刊杂志社限于篇幅进行了删减,本次按照原文本收入;有些文稿之间论题相同或接近,因而内容难免重复,本次在不影响原文整体性的前提下做了适当删节;有些文稿(主要是一些从著作和教材中选取出来的)采用了节选的方式;有些文稿最初是以讲演文本(或讲演录音稿)的形式出现,本次收入时适当进行了编辑加工;有些文稿发表时有“提要”、“关键词”等,本次予以全部删除。

《张文显法学文选》为每篇文稿标有题注。题注内容包括:对文稿发表时所使用的笔名做出说明,合著文稿的合作作者的姓名及排序,文稿首次发表的报刊或其他出版物的名称、时间,文稿被权威性文摘刊物转载或摘录情况,文稿再次发表或收入学术文集或其他出版物的情况,文稿以其他语言文字版本出版的情况,文稿在会议或讲座上的宣读情况,以及编辑小组认为应当做出说明的其他情况。

在编辑本文选时,著者逐篇审定了全部文稿。

《张文显法学文选》编辑小组

2011 年 6 月 20 日

著者序

学术是我生命中的永恒追求*

尊敬的老师们、同事们、同学们：

此时是我生命中最激动的时刻！作为一名法学教师，受聘担任吉林大学哲学社会科学资深教授，我深感这是崇高的荣誉、崇高的职务、崇高的使命。吉林大学是一所著名高等学府，有着深厚而优秀的哲学社会科学学术传统。吉林大学哲学社会科学资深教授在某种意义上代表着我国哲学社会科学领域的最高学术声望，对于以学术至上为永恒追求的我来说，没有比受聘担任这一职务更加让我满怀激情和感动的事情了。此时也是我生命中最感恩的时刻。我感谢吉林大学在那个特殊的年代接纳了我，并一直重点培养我，我所值得自豪的一切都是学校给予的；感谢法学院和理论法学研究中心，是这个优秀团队成就了我的学术事业；感谢学校党政领导和各级学术委员会对我学术工作的肯定和信任，聘我为哲学社会科学资深教授。

---

* 本文是2009年6月18日张文显在吉林大学哲学社会科学资深教授聘任仪式上的致辞。谨以此作为本文选的著者序。

1977年,我从吉林大学法律系毕业并留校任教,从此以后,我以学术为生命,将学术与生命等价。三十多年来,唯有学术能够记载我的人生轨迹,诠释我的人生价值;也唯有学术能够映射我的青春,延伸我人生的意义。即使在担任吉林省高级人民法院院长和国家大法官以后,学术仍然是我重要的活动领域。这不仅体现在我的时间、精力和资源配置上,更体现在我对法学理论的拓展和深化上。在履行维护公平正义、维护人民利益、促进社会和谐的司法职责的同时,我也把司法活动作为实践、检验和创新法学理论的平台,作为发展法学这门实践科学的基地,作为获得法律经验和法学研究第一手资料的一次"留学"。我在践行追求真理、追求公正、追求和谐的法官职业精神的同时,也在深切地体验着法哲学的至理名言。例如,古罗马法学家塞尔苏斯说过:法律是善良与公正的艺术。我体验到法官就是实现公正与善良的艺术家,法官以自己的良知和智慧维系着法律公正和社会良善。美国最著名的大法官之一霍姆斯说过:法律的生命不在于逻辑而在于经验。我体验到法官就像富有经验的"中医",他不是照抄法学教科书上的处方给病人开药治病,而是要凭借深厚的专业知识和丰富的实践经验分辨是非、判断利弊、合理推论、做出裁判。我国古代思想家孟子说过:徒善不足以为政,徒法不足以自行。我体验到法律与道德相结合的治国真谛,更深感培养大批高素质法律人才的重要性和紧迫性。诸如此类的经历和体验对于提高法学研究水平和法律人才培养质量是十分宝贵的。我的司法经历和体验正在不断地以理论形态和学术规范加以阐述和传播。

2008年初,在我工作变动前后,教育部部长与其他副部长和我谈话,谈话中他们都说:"文显,你永远都是教育界的人。"这句话让我深深感动,这句话也牢牢锁定了我毕生的学术和教育责任。教育部除了让我继续担任教育部学科发展与专业设置专家委员会副主任委员、教育部高等学校法学学科教学指导委员会主任委员之外,新任命我担任了教育部社会科学委员会法学学部召集人、第六届国务院学位委员会学科评议组成员。另外,我还担任着全国博士后管理委员会法学学科召集人、国家社科基金法学评审组副组长、中国法学会副会长、东亚法哲学学会理事长等重要学术职务。这些职务都注定了我的学术使命、学术情结和学术责任不可改变。

受聘担任吉林大学哲学社会科学资深教授,更使得学术成为我终生的事业。为此,我将致力于弘扬现代学术精神,营造解放思想、勇于创新、海纳百川、有容乃大的学术氛围;致力于学术传统的演进和学术范式的变革,坚持并创新以权利本位论为标志的学术传统和研究范式,继续推进中国法学进步和法治文明;致力于学术规范化和学风道德化建设,推动学术自由、学术民主、学术廉洁等方面的制度建设和风气建设;致力于优秀学术团队的培养和发展,引领团队成员心往一处想、劲儿往一处使,将每个人的学术潜力发挥到极致状态,继续保持我校法学理论专业在国内的优势地位和在国际上的影响力;致力于组织重大学术研究和学术活动,在即将完成中央马克思主义理论研究和建设工程法理学教材编写任务之际,我已着手中国特色社会主义法学理论体系研究重大课题的前期策划,并正在组织一系列高端学术会议和论坛;致力于学术研究成果的实践转化,使之充分体现哲学社会科学认识世界、传承文明、创新理论、资政育人、服务社会的核心价值。

同志们、同学们,今天的聘任仪式是我学术道路上新的里程碑,也是我更高学术使命的起点。路漫漫其修远兮,吾将上下而求索。我将始终坚持我所信奉的“自强不息”、“止于至善”的人格精神,艰苦奋斗、追求卓越、无私奉献,用自己的学问、学识和学品来证明:我无愧于今天的聘任仪式,无愧于前来参加仪式的每位嘉宾,无愧于学校党政领导和师生员工的重托!

我永远与我深爱的吉林大学在一起!永远奋进在中国法学前行的道路上!

目　　录

笔(座)谈

访谈

书序

评论

致辞

科学发展观的理论定位*

科学发展观是十七大的灵魂，是贯彻始终的一条红线。第一部分“过去五年的成就”是高举邓小平理论、“三个代表”重要思想伟大旗帜，贯彻落实科学发展观所取得的。第二部分讲了改革开放伟大实践需要伟大理论，也必然产生伟大理论，既要坚持科学社会主义和中国特色社会主义的基本原则，又要与时俱进，发展新理论，指导新实践，科学发展观应运而生。第三部分集中阐述了科学发展观的形成、科学发展观的科学内涵和精神实质、贯彻落实科学发展观应当做到的“五个必须坚持”和四项基本要求。第四部分到最后一部分(第十二部分)是以科学发展观的战略思想为指导，对我国全面建设小康社会提出新要求，做出新部署。

要全面准确地把握十七大报告，就要深刻理解科学发展观。下面，根据胡锦涛总书记的报告，我从四个方面谈谈对科学发展观的认识：理论定位、理论内核、理论体系和理论发展。

科学发展观是中国特色社会主义理论体系的重要组成部分。中国特色社会主义理论体系是我们党在“文革”结束后，在实事求是地总结和反思以毛泽东同志为代表的第一代中央领导集体在艰

---

* 本文是张文显在参加党的十七大期间就科学发展观发表的认识，核心内容发表于《光明日报》2007 年 10 月 17 日。

辛探索社会主义建设规律、开展社会主义建设过程中的实践和理论两个方面的经验教训、成败得失的基础上，创立并不断丰富和发展起来的当代中国的马克思主义。它包括三个组成部分，即邓小平理论、“三个代表”重要思想和科学发展观。报告指出，科学发展观是同马克思列宁主义、毛泽东思想、邓小平理论、“三个代表”重要思想既一脉相承又与时俱进的科学理论，共同构成中国特色社会主义科学理论体系。这一理论定位是实事求是的，也是全党和全国人民的共识。我们只有从这个高度和脉络认识科学发展观，才能深刻认识到科学发展观是马克思主义中国化的最新成果，是科学社会主义的最新版本，是21世纪我们党和人民最可宝贵的政治和精神财富，是全国各族人民团结奋斗的共同思想基础，是我国经济社会发展的重要指导思想；才能更加自觉地学习科学发展观，更加坚定地把科学发展观的精义和要求落实到经济社会发展的各个方面。

科学发展观的理论内核是关于发展的战略思想。科学发展观是对党的三代中央领导集体关于发展思想的继承和发展，是马克思主义关于发展的世界观和方法论的集中体现，是立足社会主义初级阶段基本国情，总结我国发展实践，借鉴外国发展经验，适应新的发展要求提出来的。科学发展观第一要义是发展，核心是以人为本，基本要求是全面协调可持续发展，根本方法是统筹兼顾。它着重强调坚持把发展作为党执政兴国的第一要务，发展是硬道理；指导全党和全国人民转变不适应、不符合科学发展的思想观念，着力解决影响和制约科学发展的突出问题，把全社会的发展积极性引导到科学发展上来，要求我们深入把握发展规律，切实转变发展方式，创造性地破解发展难题，全面提高发展质量和效益，实现经济社会又好又快发展，实现人的全面而自由的发展。

科学发展观是博大精深的理论体系。从“发展的战略思想”这一理论内核出发，深化、拓展出一系列重要思想理论，诸如社会主义和谐社会理论，建设环境友好型、资源节约型社会的理论，党的先进性建设和能力建设理论，人才强国理论，社会主义核心价值体系理论，社会主义民主政治理论，社会主义法治理念和法治精神，以保障人权、改善民生为重点的社会建设理论，建设社会主义新农村的理论，两岸关系和平发展理论，建设和谐亚洲、和谐世界理论，生态文明的理论，以及执政党治国理政的其他理论，等等。这些理论构成了一个完整的科学理论体系，所以，可以说科学发展观全面推进了马克思主义理论体系的创新和发展，是我们中国共产党理论创新的又一典范。

科学发展观是不断发展的、开放的理论体系。理论的生命在于发展，理论的发展在于开放。所谓开放，即面向现代化实践、面向世界、面向未来、面向一切科学理论。同马克思主义各个发展阶段形成的理论成果一样，科学发展观也是在开放中不断发展的理论体系。它从建设中国特色社会主义新的伟大实践中产生和凝练，又经历了五年来改革发展实践的检验。实践已经证明，科学发展观完全符合中国国情，符合党心民意，顺应中国和世界发展大势，符合共产党执政规律、社会主义建设规律、人类社会发展规律。然而，实践永无止境，创新永无止境，科学发展观也必然要与时俱进。我们坚信，科学发展观必将在新的实践中进一步丰富和发展，必将在中国人民夺取全面建设小康社会新胜利的历史征程中进一步展示其思想魅力、理论光辉和强大生命力。

公法的基本原则*

公法的基本原则这一话题产生的前提是公法与私法的划分。没有公法与私法的划分,或者不承认公法与私法的划分,那就谈不上存在公法基本原则。所以,有必要深刻认识公法与私法之划分及其重大意义。公法指有关公共权力(职权)和义务(职责)的法律规定,私法指有关私人权利和义务的规定,前者如关于国家机关职权和职责的规定,涉及国家权力在社会生活中的地位、作用、运行程序等,包括宪法、行政法、刑法等;后者如关于公民、法人等非国家组织的权利和义务的规定,包括民法、商法等。诉讼法则是公法和私法的结合体。

应当指出,在一段相当长的时期内,前苏联的法学家和我国一些法学家把划分公法、私法看作是资产阶级的法学方法和法律观点,因而拒绝接受公法与私法的划分方法,更谈不上承认私法优先。近年来,随着市场经济的发展,政治与经济高度一体化的格局开始分解,政治与经济趋向合理分离,民事和商事立法日渐增多,这使得法学家们不得不重新审视和修正原有的观点,并接受公法与私法相对独立的事实以及私法优位的观点。

---

* 本文是2000年12月10日张文显在浙江大学“公法理论讨论会”上的讲演提纲。

在市场经济体制下,强调公法与私法的分离有着重大的意义。首先,公法与私法的调整对象和范围不同,通行的原则不同,不能把公法领域的强制性原则和方法适用于以平等互利为基本特征的私法领域。换言之,要收缩公权力在私人或民间领域不适当的延伸和干预,把本质上属于私人自治的事情交给公民个人和法人。其次,有利于明确私权的独立地位、私人权利和义务的协商性以及私权的不可侵犯性,以有效地保护公民和法人在经济生活和社会生活方面的权利。私人领域本质上就是个人所控制的一个包括私有财产在内的区域。哈耶克认为,把社会区分为私法领域与公法领域,在私法与公法之间保持一定的距离和界限,承认私权是一个独立于公权的领域,私权是社会中最为普遍、最常行使的权利,对于保障公民的自由和财产至关重要。私权是公民最基本的人权,私权能否得到肯定、尊重和保护,既是检验公民是否享有基本人权的标志,又是衡量公民能否享有政治权利和自由的标尺,因为如果公民连私权都不能独立享有,连私事都不能自我作主,那还会有什么真正的政治权利和自由,还有什么真正的人权可言?再次,有利于树立私法是公法的基础、私权是公权的原型、自治是法治的保障的观念。根据历史的经验和规律,私法领域的基本原则(如权利和义务对等、权利本位、规则非人格化等)是现代法治的基础,私法中的人权、财产权、平等权和自由权更是公法权利的原型和现代权利体系的核心和基础。要实行法治就必须重视私法建设,弘扬私法精神和民法文化,着力保障公民的私法权利。

明确了公法与私法的调整对象、范围和方法,公法的基本原则自然就显露出来。公法的基本原则可以分为两类:第一类是关于公法价值根基的原则;第二类是关于公法制度运行的原则。

关于公法价值根基的原则包括:第一,人权原则,即确认、保障、发展、维护人权的原则。人权是整个法律的终极关怀,自然也是公法的价值根基,不仅表现为宪法就是人民权利和自由的圣典,而且表现为行政法、刑法、诉讼法等各个公法部门都以保障和救济权利为基点,甚至法律适用中的法律推理也以权利推理为优先原则。第二,平等原则,即奉行和坚持法律平等、政治平等、社会平等、机会均等、平等博弈的原则。公法领域也应当引入市场机制,把市场机制中的诚实信用、公平竞争、权利义务对等原则作为政治生活的基本原则。第三,效率原则,即坚持价值最大化的原则。例如,坚持"小政府"、"大社会"这种低本高效、"交易费用"最低的公共资源配置方式。第四,法治原则,即宪法法律至上;执政党依法执政;人民代表大会及其常务委员会科学立法、民主立法、保障宪法和法律的实施,维护社会主义法制的尊严、权威和统一;各级人民政府依法行政;人民法院、人民检察院公正司法;全体人民学法、懂法、用法、护法。

关于公法制度运行的原则包括:第一,权力制约原则。国家权力和有准国家权力性质的其他公共权力应当按照权力运行的规律科学划分并合理配置给不同的国家机关或组织,以有利于权力的独立行使、互相制约、防止异化。第二,权利本位原则。权力来源于、服务于、服从于权利,以权利为界、受权利制约、为权利服务;一切合法的、正当的权利均应得到尊重和保护,尤其要坚持私权神圣和私法优位。第三,程序正当原则。公共权力的运行必须遵守科学、公正的程序原则,遵守政治文明公认的游戏规则,坚持公开透明,尊重人民的知情权和监督权。第四,合理纠错原则。必须对政府对私人造成的人身伤害、财产减损、精神挫折给予权利救济,国家机关必须对其给公民造成的侵害实施国家赔偿、行政赔偿、司法赔偿等。

用新的法律精神推动法制建设*

为了建立社会主义市场经济体制，保障和促进经济发展，必须加快立法，建构比较完备的法律体系。这已经成为社会共识和立法目标。但这个法律体系不只是一个量的概念，即不只是简单地增加法律和法规的数量，建构一个形式完美的规则体系。它也是一个质的概念，即是由现代法的精神所推动的制度创新，是与世界市场经济法律的基本原则、技术接轨的崭新的法律体系。可以说，没有现代法的精神的融入和推动，再完备的法律体系也不可能为市场经济创造出良好的制度环境。然而，不少从事法制工作的同志对此没有明晰的认识。这使得我国时下的立法表现出浓重的政策主义（仍以传统的政策观念和制定"红头文件"的方法进行市场经济立法）、工具主义（把法律仅仅作为实施管理经济的工具）、实用主义（只考虑法律之眼前的经济功能，而忽略其深远的社会文化功能）、技术主义（只重视法典和法律体系的形式完美，而轻视法的价值基础和总体价值目标）。这些倾向有碍市场经济法律体系的建构，到头来也会制约市场经济的健康发展和社会全面进步，应当引起高度重视。

法的精神是法律制度的灵魂或中枢神经。它支配着对社会经

---

* 本文发表于《吉林日报》1995 年 12 月 19 日。

济、政治、文化进行的法律性制度安排,指引和制约着对法律资源因而也包括其他资源的社会性配置。现代法的精神是与市场经济、民主政治和精神文明的本质和规律相适应的,具有多样性、层次性、动态性的理性精神和价值原则,包括权利本位、契约自由、效率居先、宏观调控、人文主义等。其中,权利本位是现代法律精神之首要因素,契约自由是现代法律精神之内核,效率居先是现代法律精神之价值指向,宏观调控是现代法律精神之政策基础,人文精神是现代法律精神之哲学和伦理基础。把这些要素作为现代法的精神提出来,是建立健康、文明、有序的社会主义市场经济的内在需要,也是社会全面进步的必然要求。理论工作者要热情而深入地研究、传播和普及这些法律精神要素,使之成为民众精神和社会理念,并大力促进这些因素从理论和观念形态转化为立法政策和具体的法律原则、规则、概念和技术,为我国法律制度的改革和发展寻找富有时代性和世界性的精神推动。

和谐社会离不开“共和”*

和谐社会离不开共和。我们的国家是“中华人民共和国”。人民共和是我们国家的表征，共和精神是我们的国魂。可是，在改革开放以前一段相当长的时间内我们似乎淡忘了共和，我们高唱中华人民共和国国歌的时候似乎也听不到共和的声音，产生不出共和的共鸣。今天，在我们致力于构建社会主义和谐社会的时候，我又想到了共和的回归。

“共和”(republic)有两种意义，一是指政体，即与君主制相对应的政体。凡是政府及其首脑是定期选举产生的，政府职能是法定的，政府权力是有限的政体，就是共和政体；二是指强调政治平等、民主参与和公共精神的政治模式，这种政治模式的精髓是政治协商与协和，它是保证不同群体、阶层、集团平等表达利益诉求和政策主张、并妥善协调各种利益关系的机制。在利益多元化的条件下，人们之间出现不同的、甚至对立的利益诉求、政策主张、价值标准，这是正常的，并不可怕，可怕的是没有共和机制，不能在保障大家平等自由地表达诉求和主张的基础上，协商对话，达成共识。新中国成立之初，中国人民政治协商会议比较充分地体现了共和精神。1954 年，在全国范围内建立人民代表大会制度之后，共和理

---

* 本文发表于《北京日报》2006 年 8 月 21 日。

念被融入人代会制度。但是，人代会制度就其起源和实际运行看，更多的是体现民主理念，特别是代议民主理念。这种间接的代议民主制度完全符合中国国情。但是，如同任何形式的代议民主一样，人民代表大会制度在实际运行中也可能存在缺陷。例如，将民主政治局限于少数代表的事务，在某些地方，人代会事实上成为“代表”的会议，而不是代表“人民”的会议，我们看到会议期间有些代表发表的纯粹是个人意见，而不是选民的意见，甚至利用人大代表的身份以权谋私；当代表们在重大事项的决定上无法取得一致意见时，可能采取简单多数的方式表决，客观上造成多数人无视少数人意见、甚至损害少数人利益的情形。克服间接代议民主局限的方式各种各样，最主要的是弘扬共和精神，发展协商民主，通过协商达到协和。

充分发挥代议民主和协商民主两种机制，是新时期政治体制改革应当关注的问题之一。要积极探索政治生活中的协商机制，例如坚持和完善共产党领导的多党合作和政治协商制度，巩固最广泛的爱国统一战线，发挥人民政协的政治协商、民主监督、参政议政职能，重视和发挥工会、妇联、共青团、消协等非政府组织的协商作用，等等。这些制度和机制对于公正合理地调整利益关系，纠正和防止利益格局失衡，是必不可少的。要运用协商机制，建立正确、及时反映各方利益的法律机制，让不同社会利益群体、阶层都能有平等的机会和渠道充分表达自己的利益诉求。

将和谐政治建设作为政治建设的主题*

每个时期的政治建设都有一个鲜明主题,当前和今后一个时期,我省政治建设的主题应当是构建和谐政治。和谐政治是社会主义和谐社会的重要组成部分。和谐社会包括和谐政治、和谐经济、和谐文化、和谐生态四大方面,其中和谐政治具有统领作用。

和谐政治是一种先进的、科学的政治理念。过去,我们一讲到政治,就是斗争,特别是阶级斗争。无论是马克思恩格斯,还是列宁毛泽东,他们作为无产阶级革命家,都把政治界定为一个阶级对另一个阶级的斗争或统治,这在无产阶级革命、社会主义革命时期,对于号召工人阶级和广大人民群众揭竿而起,推翻压迫人、奴役人的旧制度,无疑是非常正确的。但是,当无产阶级夺取政权,建立无产阶级专政或人民民主专政政权之后,如果仍然坚持政治就是阶级斗争,突出政治就是无产阶级专政条件下继续革命,则要犯根本性错误。"文化大革命"的教训就在于这种错误的政治理念及其指导下的政治路线和政治实践。我们深有体验,建国以后较长的一个历史时期,我们党仍然沿袭革命战争年代许多做法,以群众运动的方式推动经济和社会发展,用阶级斗争的方式解决社会矛盾。其结果是社会总处于无序的、混乱的、严重不稳的状态之

---

* 本文是2007年张文显在讨论中共吉林省第九次党代会工作报告时的发言。

中,而且人人自危,社会关系相当紧张。作为执政党,我们应当处理和化解各种社会矛盾,安抚好社会的每个阶层、甚至每个成员,使每个阶层、每个社会成员的利益最大化、同时又和谐相处。从党的十一届三中全会果断宣布阶级矛盾和阶级斗争不再是我国社会的主要矛盾,到党的十六届四中全会明确提出构建社会主义和谐社会,再到党的十六届六中全会做出《关于构建社会主义和谐社会若干重大问题的决定》,表明我们党的指导思想已经从毛泽东的斗争哲学转向胡锦涛的和谐哲学,我们党也在理论和实践上彻底完成了从革命党向执政党的转变。这两个转变的伟大意义不是任何语言能够充分表达的。

和谐政治就是在这样的理论和实践背景下提出来的。"和谐政治"不仅引领我们转换政治话语体系,而且从根本上改变我们的政治观念、政治立场、政治价值和政治行为。

和谐政治的根本特征和标志,或者说和谐政治的理想图景是:党的领导、人民民主、依法治国的有机统一。和谐政治建设就是要认真对待党的领导、人民民主、依法治国以及三者的有机统一。

关于党的领导。和谐政治的核心是党的领导,和谐政治建设的核心是党的建设。现代世界绝大多数国家是以政党政治为特征的。在政党政治中,政治纲领的提出和国家机构的产生与更替都通过政党的活动来实现。当代中国的政党制度是中国共产党领导的多党合作制和政治协商制度。在这种制度中,中国共产党是执政党,是领导核心力量。我们必须旗帜鲜明地反对多党联合执政,反对多党轮流执政。在中国国情下,如果实行多党联合执政或者多党轮流执政,就会从根本上瓦解政治稳定的基础,葬送政治发展,和谐政治更是无从谈起。虽然党的领导、党的执政地位是人民的选择、历史的选择,但是,我们党能否巩固执政地位,始终发挥领导作用,关键在于党的建设。我们要通过加强理论建设、组织建设、制度建设、作风建设，不断提高党的执政能力。党的建设不是抽象的，而是具体的。以乡镇一级基层党组织建设为例，乡镇实行直接民主之后，如何在民主选举、民主决策中发挥党组织的政治核心作用，就是当前党的建设必须重视的重大问题。如果基层党组织没有先进的政治理念、执政能力，没有威信和权威，得不到上级党组织的帮助和支持，就难以保证基层政权的人民民主性质，就难以形成和谐政治、和谐社会的局面。

在提高党的执政能力的同时，还要增强党的凝聚力，包括对广大党员的凝聚力和对广大人民群众的凝聚力。党的十六大以来，由于开展了保持共产党员先进性教育，建立了保持先进性的长效机制，更由于提出了和谐社会的理念，并致力于构建社会主义和谐社会，我们党的凝聚力显著提高。今后，还要与时俱进地开展增强党的凝聚力的实践活动。

关于人民民主。我们的政治是民主政治，即人民当家作主的政治。和谐政治必然是民主政治。当前，民主政治建设的核心是坚持、完善和创新人民代表大会制度。人民代表大会制度是我国的根本政治制度。我国《宪法》规定“中华人民共和国的一切权力属于人民。人民行使国家权力的机关是全国人民代表大会和地方各级人民代表大会。”这就要求我们既要坚持人民代表大会制度，同时也要不断完善人民代表大会制度，适时地提出创新人民代表大会制度，以保证权力属于人民，权力由人民行使。应当说，在法理上，在宪法上，在人大组织法、立法法、人民代表法等法律上，我们已经解决了人大及其常委会的地位、作用、权力运行问题。但是，在实践中，我们还没有完全做到，在有些地方甚至基本没有做到。人大的实际运行和作用还没有充分体现出人民民主的本质要求。所以，我们要高度重视人民代表大会制度建设和创新。我认为，有三个比较突出的问题。

一是探索人大代表产生和行使职权机制。我们要通过坚持和完善人代会制度及其运行机制，保证各级人大代表真正做到由人民选举产生、代表人民行使权力、并接受人民群众监督，从而保证人代会不是“代表”的大会而是“代表”人民的大会，真正代表人民立场，表达人民心声，体现人民意愿，维护人民利益。要对各级人大代表进行人民代表大会制度教育，进行《代表法》教育，增强人大代表的“代表”意识（代表是职务、代表是公务、代表是法务），提高“代表”能力（全面反映民情、准确表达民意、充分集中民智）。

二是探索人大常委会委员构成机制。人大常委会委员既要有从党委和政府退下来的领导同志，有社会各界的代表性人物（兼职委员），也要有一批专职委员，并不断扩大专职委员的人数。人大常委会组成人员除了要有丰富的政治经验和工作经验的老同志之外，还应当体现年轻化和专业化，避免演化为上海市人大常委会主任龚学平同志接受《瞭望周刊》访谈中所批评的“政治养老院”、“敬老院”、“俱乐部”。人大常委会委员的年轻化、专业化不仅对于人代会制度，而且对于国家整个政权建设都是大有好处的。正如龚学平同志所说干部应该先当人大委员，再当党政官员。很多年轻干部先到人大常委会做委员，有助于增强法制观念、群众观念、政权观念。在这个问题上，应当说全国人民代表大会常委会的构成情况要比地方人大常委会的情况好得多。在这方面，可以在调查研究的基础上提出一个委员构成比例的原则性规定。我建议省委将这个问题作为专题研究，在国内省级人大常委会建设方面率先走出一步。

三是探索代议民主与协商民主的有机统一，也可以说是民主与共和的有机统一。人代会制度就其起源和实际运行看，更多的是体现民主理念，特别是代议民主理念。这种代议民主制度完全符合中国国情。但是，如同任何形式的代议民主一样，人民代表大会制度在实际运行中也可能存在缺陷。主要的缺陷是：第一，由于代议民主的间接民主性，可能导致民主政治局限于少数代表的事务；第二，有些代表偏离选民的意志和利益，他们的发言纯粹是个人意见，而不是选民的意见，甚至利用人大代表的身份以权谋私；第三，当代表们在重大事项的决定上无法取得一致意见时，可能采取简单多数的方式表决，客观上造成多数人无视少数人意见、甚至损害少数人利益的情形。弥补代议民主局限的方式各种各样，最主要的是弘扬共和精神，发展协商民主。我们的国家是“中华人民共和国”。人民共和是我们国家的表征，共和精神是我们的国魂。可是，在一段相当长的时间内我们似乎淡忘了共和，今天，在我们致力于构建和谐社会的时候，很自然地意识到共和的回归。“共和”(republic)有两种意义，一是指政体，即与君主制相对应的政体。凡是政府及其首脑是定期选举产生的，政府职能是法定的，政府权力是有限的政体，就是共和政体；二是指强调政治平等、民主参与和公共精神的政治模式，这种政治模式的精髓是政治协商和协调。共和的现代精神就是协商、协和、共识。以共和为价值理念的协商民主是当代世界民主发展的主导方向。我们要积极探索民主协商机制，完善人民代表大会制度之内的政治协商机制，运用协商机制，建立正确、及时反映各方利益的法律机制，让不同社会利益群体、阶层都能有平等的机会和渠道充分表达自己的利益诉求。在利益表达方面，弱势群体的利益表达已经成为一个无法回避的问题。现在，弱势群体尽管人数很多，但没有发言权，没有代言人，自身利益受到强势阶层侵害时，他们往往束手无策，少数激进的分子可能会采取极端手段来寻求利益表达(例如静坐、集体上访、非法举行集会游行、围堵和冲击党政机关等)，形成社会动乱源。目前，“三农”、农民工、流动人口、城市拆迁户等社会问题迟迟得不到解决，很大程度上和这些群体没有一个真正能为自己说话、争取自身利益的“代言人”，进而造成在公共政策决策中缺失话语权有关。所以，除了各级党委和政府之外，人民代表大会也应当为各个利益阶层群体提供以理性、合法的形式表达利益诉求的制度性平台，使多元社会的各种利益诉求能够通过公正、规范、有效的渠道输入立法程序，供立法机关整合和选择，从而制定出得到社会普遍认可的公共政策和法律。这样的制度性平台很多，例如民意调查制度、信息公开制度、听证会制度、对话协商谈判制度、一定范围内公民投票表决制度等。

关于依法治国。依法治国理念来源于法治的理念。“法治”是一个内含极其丰富的词汇。一个完整的“法治”概念，同现代社会的制度文明密不可分，法治主要是制度范畴，而不是简单的依法办事。任何现代法治都意味着对国家公共权力的限制，对权力滥用的制约，对公民自由与权利的平等保护等；意味着国家机关的立法、行政、司法以及其他公共活动必须服从法律的一些基本原则，诸如人民主权原则、人权原则、正义的原则、公平合理且迅捷的程序保障原则等等。法治要求政府维护和保障法律秩序，同样也要求人民服从法律。在上述意义上，“法治”是一个内涵民主、自由、平等、人权、理性、文明、秩序、正义、效益与合法性等诸多社会价值的综合观念。

在我国依法治国、建设社会主义法治国家的过程中，逐步形成了具有中国特色的社会主义法治理念。我们的法治理念，核心是依法治国。这里的“国”并不是“国度”意义上的国，而是作为国家机器和公共权力意义上的“国”。所以，依法治国就是要依法治权，把权力纳入法治的轨道。依法治国的“法”包括宪法、法律、行政法规、地方性法规等，其中最重要的是宪法，所以，依法治国首先是依宪治国，实施社会主义宪政。依法治国的“法”本质上是“良法”，即体现人民意志、维护人民利益、保障人民权利的法律，制定得良好的法律。所以，依法治国是良法之治。

在和谐政治的范畴内，实行法治要着重解决两个问题：一是如何把人大和“一府两院”的权力纳入法治的轨道，所谓纳入法治的轨道，就是在法定的职权和职责范围内活动，依照法定程序行使国家权力和管理权力。二是如何使公民、非政府组织规范有序地参与政治和公共事务。

应适时地提出人民代表大会的制度创新*

中国社会主义民主法制建设的理想图景是“坚持党的领导、人民当家作主和依法治国的有机统一”。这三者当中,党的领导是核心,人民当家作主是根本,依法治国是基础。如果从体制上看,人民代表大会是中间环节。人民代表大会制度是我国的根本政治制度,是我国人民民主专政国家的组织形式和运行机制。人民代表大会制度的基本内容包括:一切权力属于人民;人民在普选的基础上选派代表,按照民主集中制的原则,组成全国人民代表大会和地方各级人民代表大会并集中统一行使国家权力;其他国家机关由人民代表大会产生,受人民代表大会监督,对人民代表大会负责;人大常委会向本级人民代表大会负责,人民代表大会向人民负责,并最终实现人民当家作主。在全面建设小康社会的历史进程中,为了充分发挥人民代表大会的作用,必须强调既要坚持人民代表大会制度,同时也要不断改进和完善人民代表大会制度,既要保证权力属于人民,又要保证人民行使权力。应当说,在法理上,在宪法上,在人大组织法、立法法、人民代表法、监督法等法律上,我们已经解决了人大及其常委会的地位、作用、权力运行问题。但是,

---

* 本文是2006年10月张文显在全国人大法工委召开的“社会主义民主法制建设座谈会”上的发言。

在实践中，我们还没有完全做到，在有些地方甚至基本没有做到。人大的实际运行和作用还没有充分体现出人民民主的本质要求。解决这些问题的重要途径除了改进和完善之外，应当适时提出人民代表大会的制度创新。

人民代表大会制度创新要进行三个方面的探索：

一是探索人大代表产生和行使职权机制。我们要通过坚持和完善人代会制度及其运行机制，保证各级人大代表真正做到由人民选举产生、代表人民行使权力、并接受人民群众监督，从而保证人代会不是“代表”的大会而是“代表”人民的大会，真正代表人民立场，表达人民心声，体现人民意愿，维护人民利益。为此，要修改《代表法》，要进一步落实《全国人大常委会党组关于进一步发挥全国人大代表作用、加强全国人大常委会制度建设的若干意见》（中央9号文件）。

二是探索人大常委会委员构成机制。人大常委会委员构成涉及人大常委会的民主、效率和权威。人大常委会委员既要有从党委和政府退下来的领导同志，有社会各界的代表性人物（兼职委员），也要有一批专职委员，并不断扩大专职委员的人数。人大常委会组成人员除了要有丰富的政治经验和工作经验的老同志之外，还应当体现年轻化和专业化，避免演化为上海市人大常委会主任龚学平同志接受《瞭望周刊》访谈中所批评的“政治养老院”、“敬老院”、“俱乐部”。人大常委会委员的年轻化、专业化不仅对于人代会制度、而且对于国家整个政权建设都是大有好处的，正如龚学平同志所说干部应该先当人大委员，再当党政官员。很多年轻干部先到人大常委会做委员，有助于增强法制观念、群众观念、政权观念。在这个问题上，应当说全国人民代表大会常委会的构成情况要比地方人大常委会的情况好得多。在这方面，可以在调查研究的基础上提出一个委员构成比例的原则性规定。

三是探索代议民主与协商民主的有机统一,也可以说是民主与共和的有机统一。人代会制度就其起源和实际运行看,更多的是体现民主理念,特别是代议民主理念。这种代议民主制度完全符合中国国情。但是,如同任何形式的代议民主一样,人民代表大会制度在实际运行中也可能存在缺陷。主要的缺陷是:第一,由于代议民主的间接民主性,可能导致民主政治局限于少数代表的事务;第二,有些代表偏离选民的意志和利益,他们的发言纯粹是个人意见,而不是选民的意见,甚至利用人大代表的身份以权谋私;第三,当代表们在重大事项的决定上无法取得一致意见时,可能采取简单多数的方式表决,客观上造成多数人无视少数人意见、甚至损害少数人利益的情形。克服代议民主局限的方式各种各样,最主要的是弘扬共和精神,发展协商民主,通过协商达到协和。以共和为价值理念的协商民主是当代世界民主发展的主导方向。充分发挥代议民主和协商民主两种机制,是人民代表大会制度创新应当关注的问题之一。要积极探索人民代表大会制度之内的政治协商机制,运用协商机制,建立正确、及时反映各方利益的法律机制,让不同社会利益群体、阶层都能有平等的机会和渠道充分表达自己的利益诉求。在利益表达方面,弱势群体的利益表达已经成为一个无法回避的问题。现在,弱势群体尽管人数很多,但没有发言权,没有代言人,自身利益受到强势阶层侵害时,他们往往束手无策,少数激进的分子可能会采取极端手段来寻求利益表达(例如静坐、集体上访、非法举行集会游行、围堵和冲击党政机关等),形成社会动乱源。目前,“三农”、农民工、流动人口、城市拆迁户等社会问题迟迟得不到解决,很大程度上和这些群体没有一个真正能为自己说话、争取自身利益的“代言人”,进而造成在公共政策决策中缺失话语权有关。所以,除了各级党委和政府之外,人民代表大会也应当为各个利益阶层群体提供以理性、合法的形式表达利益诉求的制度性平台,使多元社会的各种利益诉求能够通过公正、规范、有效的渠道输入立法程序，供立法机关整合和选择，从而制定出得到社会普遍认可的公共政策和法律。这样的制度性平台很多，例如民意调查制度、信息公开制度、听证会制度、对话协商谈判制度、一定范围内公民投票表决制度等。

关于人大对法院监督的认识*

各级人民代表大会及其常务委员会对各级人民法院的监督是由人民代表大会制度所决定的。我国是人民民主专政的社会主义国家,我国宪法规定一切权力属于人民,人民行使权力的机关是全国人民代表大会和地方各级人民代表大会。人民法院是由人民代表大会产生,院长由人民代表大会全体会议选举产生,法院组成人员(院长、审判员)由人大常委会任命,所以,法院应当向人民代表大会负责,接受人民代表大会监督。这是我国政治体制的根本原则。

监督就是保证。人大对法院工作的监督,根本目的是保证宪法和法律的实施,保证人民法院司法为民、公正高效。监督也是支持。人大通过监督向人民法院提供支持,支持人民法院抵制地方保护主义、部门保护主义、特权保护主义的干扰和影响,这对于树立人民司法的权威,维护法制的尊严和统一,具有特殊的重要意义。

监督的方式方法有各种各样。首先,是法院每年向人民代表大会全体会议报告工作,内容包括刑事、民事、行政等审判工作,司法制度改革和机制创新,法官队伍建设,司法保障等。人大代表审

---

* 本文发表在《中国人大》2008 年第 6 期,发表时题为"监督是保证也是支持"。

议法院工作报告,并对报告进行表决,这是人大对法院最正式、最全面的监督。

其次,是对法院进行执法检查,执法检查是比较普遍的监督形式。执法检查可能是就某项法律或某类法律的执行和适用情况的检查,例如《法官法》、《民事诉讼法》等,也可能是就党和国家的司法政策的贯彻实施情况进行检查,例如对宽严相济的刑事政策等。

再次,是对审判和执行工作进行的工作监督,例如,针对申诉难、执行难的检查、评议,针对法官的工作作风进行的督导,对案件调解率、撤诉率、和解率等等的视察。

最后,是对热点案件审理活动进行特殊监督,人大可以就某些社会影响面比较宽、舆论声势大的案件的审理工作,了解情况,提出意见,以保证法院正确认定性质,准确适用法律,做到法律效果与社会效果相统一,维护公平正义,维护大局稳定。当然,这种监督与以往的个案监督是有区别的。

迎来更加开放、公正和公信的选举*

修改《选举法》是完善人民代表大会制度、推进社会主义民主政治、发展人权事业的重大事件，也是本届全国人大第一次审议法律案，因此受到国内外的高度关注。为审议好《选举法》修正案，我省代表团做了认真的会前准备。在吉林省人民代表大会召开期间，1月12日，省人大常委会党组书记、副主任唐宪强同志亲自召集我省全国人大代表对《选举法》修正案草案进行研读讨论，并发表了总结讲话。在预备会前的代表团全体会议上，孙政才书记传达了胡锦涛总书记的重要讲话和人大常委会领导同志的重要讲话，并就《选举法》修改事项提出了明确的要求，要求全体代表充分认识修改《选举法》的重大意义，认真审议选举法修正案，确保选举法顺利高票通过。今天上午兆国副委员长关于选举法修改的说明，非常深刻而透彻地阐明了修改《选举法》的重大意义、本次修改的基本原则和主要内容以及《选举法》修改后实施过程中的一些重要措施。我听了之后，进一步加深了对修改《选举法》重大意义的认识，对《选举法》修改中涉及的一系列法理问题、政策问题、技术问题有了新的理解和把握。我完全赞同《选举法》修正案草案，支

---

* 本文是张文显2010年3月8日出席十一届全国人大三次会议吉林省代表团审议选举法修正案草案时的发言。

持对《选举法》所作的各项修改。

下面,我谈几点认识和建议:

第一,我们所说的选举法是全国人民代表大会和地方各级人民代表大会的代表选举法,而不涉及其他选举,例如人大常委会组成人员的选举,其他国家机关组成人员的选举。所以修改《选举法》的直接意义是使人大代表的选举更科学、更民主、更平等、更规范,从而使人民代表大会的组成和结构更加合理,使人民代表大会这一根本政治制度更加完善。所以,我们要从代表产生、代表结构、代表大会组成等方面来把握对《选举法》的修改。其次,我们所说的选举法是全国统一的选举法,是涉及各级各地人民代表大会代表产生的法律。所以,我们既要从全国人大代表产生的角度、也要从省(自治区、直辖市)、市(州)、县(市、区)、乡镇四级人大代表产生的实际需要出发审议修正案,特别是要从全国大局出发审议《选举法》修正案。我们国家地域辽阔、人口众多、有五十多个民族,各地的实际情况有很多差异。为了实现各地、各民族平等,选举法为适应各地情况在分配名额时留有充分的空间,我们审议修正案的注意力要集中在基本原则和主要内容的修改上。

第二,《选举法》是我国的基本法律,是保障公民依法行使选举权和被选举权、依法产生各级人民代表大会的宪法性法律。《选举法》最早于1953年制定,是根据政协《共同纲领》制定的,为我国人民代表大会的产生发挥了历史性的重大作用。1979年重新修订,其后于1982年、1986年、1995年和2004年经由全国人大或全国人大常委会四次修改,本次是第五次修改。法律是调整社会关系的规范,它必然要随着社会关系的发展变化、随着国情的改变而修改。《选举法》的制定和重新修订都是基于当时的国情,它的修改是基于国情的改变,这次修改也是从改变了、变化了的国情出发,是一次新的与时俱进。1953年的时候,我国城镇人口只有13.26%,而工人阶级主要集中在城市,为了体现工人阶级在国家政治生活中的领导地位,《选举法》规定各省按照每 80 万人选代表 1 人,而中央直辖市和人口在 50 万以上的省辖市按每 10 万人选代表 1 人,即我们通常所说的 8∶1。这样的规定符合当时的国情,符合当时的社会关系。1979 年修订《选举法》时,对全国人大代表选举仍实行 8∶1,但省、市两级修改为 5∶1,自治州、县、自治县调整为 4∶1。1982 年修改《选举法》,规定城镇人口较多或者企事业组织职工人数较多的县、自治县,农村代表与城镇代表所代表的人口数可以小于 4∶1 直至 1∶1。到 1995 年,城乡人口比例发生了新的变化,达到 29∶71,全国人大常委会根据变化了的国情和发展社会主义民主政治的实际需要,对《选举法》进行修改,将全国县以上各级人大每一代表所代表的人口数的比例统一调整为 4∶1。改革开放以后,工业化、城镇化加速,当前,我国城乡人口比例大体上是各占 50%,所以中央决定按照城乡相同人口比例选举人大代表的原则修改《选举法》。我们可以看出,每一次修改都使《选举法》更加符合国情、适应国情、更加完善,尤其是使我国的选举制度更加平等、更加民主、更加科学。

第三,《选举法》的这次修改有二十来处,涉及九大方面的内容,其中包括选举全国人大代表的名额分配,地方人大代表选举中的名额分配问题,人大代表的广泛性问题(全国和地方各级人大代表中都要有适当数量的基层人大代表、妇女代表),对选举机构的完善和补充,关于乡镇人大代表名额的问题,对于代表候选人个人情况申报和两地当选代表问题(同一个公民不能担任两个互不隶属的行政区的人大代表),代表候选人的提名问题,代表候选人的介绍,各级人大代表的选举程序和监督问题,选举的投票程序问题,有关秘密投票、委托投票问题,等等。应当说这些内容的修改都是很重要、很必要的修改。但其中最关键的修改,也是这次修改的最大亮点是对第 14 条和第 16 条的修改,就是把现行人大代表选举中农村与城市每一位代表所代表的人口数由 4∶1 改为相同比例,实行城乡按相同人口比例选举人大代表,以及保证各地区、各民族、各方面都有适当数量代表。我认为,应当完整地、准确地理解这里的修改,是一个原则和一个要求的有机统一:一方面它实行了城乡按相同人口比例选举人大代表的原则,另一方面它提出保证各地区、各民族、各方面都有适当代表的要求,二者不能分割。

第四,这次《选举法》修改坚持三个原则,即把握方向、扩大民主,突出重点、统筹兼顾,积极稳妥、分类处理。体现了我国立法工作长期坚持的基本原则,也是中国特色社会主义立法原则,即原则性与灵活性相结合。根据这三个原则,提出了选举比例一步到位。我认为,一步到位就是从更加平等到完全平等。一步到位是可行的,因为我们具备了条件;一步到位也是积极的、主动的,设想一下如果这次修改仍然保持差异比例,那就引起多大的麻烦,国内外媒体不知道要进行何种炒作,将在全社会甚至在世界上引起不必要的混乱。

第五,两条建议。一是文字的建议,有两处:既然是一步到位,就不存在城乡差异,在文字表述上就没有必要保留"城乡人口数"的提法。例如,"按照每一代表所代表的城乡人口数相同的原则",容易误解为有些代表是代表城镇人口的,有些代表是代表农村人口的,或者是代表的城镇人口数和代表的农村人口数相同。二是建议《选举法》修正案通过后,全国人大常委会应抓紧完善各项具体的选举工作制度,以使各级人大代表的选举更加开放、更加公正、更具有公信力。

切实增强建设者和捍卫者的使命意识*

去年12月,胡锦涛总书记在全国政法工作会议代表和全国大法官、大检察官座谈会上指出:政法战线的全体同志,既是中国特色社会主义事业的建设者,又是中国特色社会主义事业的捍卫者。半年来,尽管我们就“建设者”和“捍卫者”的定位进行过多次讨论,但是理解得总是不够深入和全面。在本次专题研讨班上,周永康同志以《坚定不移地做中国特色社会主义事业的建设者和捍卫者》为主题,就如何履行好中国特色社会主义事业建设者和捍卫者这一神圣职责,进行了深刻而全面的阐述,并提出了十分鲜明的要求。永康同志的重要讲话进一步增强了与会者的“建设者”和“捍卫者”使命意识,使我们与会者更加明确了作为建设者和捍卫者的神圣职责。

建设者和捍卫者的使命和责任是由政法机关的性质和任务所决定的。政法事业是中国特色社会主义事业的重要组成部分,这一属性决定了政法工作者的“建设者”使命;政法机关是人民民主专政国家机器的重要组成部分,这一属性决定了政法工作者的“捍卫者”使命。作为建设者,政法战线的每一项工作都是建设性的,

---

* 本文是2008年8月28日张文显在全国大法官“大学习、大讨论”研讨班分组讨论时的发言。

政法工作者直接参与中国特色社会主义的经济建设、政治建设、文化建设和社会建设，发展社会主义物质文明、政治文明、社会文明和生态文明，全面建设小康社会；同时，我们致力于政法事业自身的建设和发展，不断解放思想、深化改革，建设民主、法治、公正、高效、权威的政法制度，使政法事业随着中国特色社会主义事业的发展而发展。作为捍卫者，政法工作者肩负着巩固党的执政地位、巩固人民当家作主的国家政权、维护社会主义市场经济秩序、政治秩序、意识形态秩序和社会秩序，保障人民群众的民主权利和自由、人身权利、财产权利和其他合法权益，为经济社会发展和人民群众安居乐业创造和谐稳定的法治环境和社会环境的使命。建设者的使命与捍卫者的使命是交织在一起的。我们的很多工作，往往既是在履行建设者的使命和责任，又是在履行捍卫者的使命和责任。

为了履行好建设者和捍卫者的使命和责任，我们必须始终坚持中国特色社会主义道路，坚持中国特色社会主义理论体系，坚持胡锦涛总书记提出的“三个至上”重要思想。当前，要按照永康同志重要讲话精神，着力在坚定政治方向、发挥制度优势、履行首要任务、加强队伍建设等方面，开展大学习、大讨论，提高建设者和捍卫者的自我意识，增强建设者和捍卫者的实践能力。

美国:诉讼社会*

“诉讼社会”虽然不能概括揭示美国社会的性质,但却反映了美国社会的一个重要特征。所谓“诉讼社会”,它的表现是:人人都在告状,到处都有官司,诉讼就像“流行病”一样到处蔓延。造成这一病态的原因是多方面的。其一,财产债务纠纷迭出不穷。美国是个经济高度发达的资本主义社会。专业化和分工,生产、流通和消费之间的相互依存,使人们联成一个不可分割的整体。但这一整体完全是建立在赤裸裸的金钱关系之上的。这就必然导致生产者与推销者,推销者与消费者,消费者与生产者,雇主与雇员,政府与公司,企业与企业之间,经常地陷于无穷的财产、债务纠纷之中。其二,犯罪率高。最近二十多年来,由于多种社会矛盾不能得到妥善解决,由于失业人数激增,由于下层社会普遍存在的贫困、缺乏正常教育,也由于种族歧视等原因,美国社会中的犯罪人数越来越多,犯罪活动越来越严重。据美国司法部的报告,仅 1981 年,就有四千多万人(占美国总人口的 1/5)程度不同地受到犯罪活动的直接侵害。其三,离婚率高。60 年代以来,由于性关系方面的“自由化”,由于对配偶、子女和社会缺乏责任感,由于经济、文化等方面的原因,全美每年大约有 1/3 的家庭解体。而家庭解体必然带来一

* 本文发表于《留美通讯》1984 年第 2 期。

系列涉及财产分割、子女抚养等问题的法律纠纷。最后,同法律规范并存的道德规范、宗教规范和其他价值准则在调整人们相互关系方面的作用日渐减弱(当然并未完全消失),人们普遍依赖法律和法律机关去解决彼此间的争端。以上这些原因自然就造成诉讼增多。笔者曾被告知,在美国,很少有人一生不与法律纠纷沾边的——或被别人控告或控告别人或被莫名其妙地卷入法律程序中。

美国虽然是个"诉讼社会",但普通人却不知道怎样才能胜诉,甚至不知道怎样诉讼。美国法律的特点或是极其繁杂琐碎,或是模棱两可,可作多种解释。前一特点使人们必须到浩如烟海的法条和判例中去寻找最适用于自己的法条或判例。这要求人们非常熟悉法律文献。后一特点使人们必须去琢磨法律的实际含义,从多重意义中作出合理选择。这要求人们了解立法背景、法与法、法与政策的关系,还要会进行法律推理,懂得法律原理和法律哲学。而普通人是很难达到这些要求的。于是,人们不得不付出极高的费用聘请律师去打官司。这就形成了"There's more to lawyers than to law"(美国律师协会 ABA Journal 的封面题词)的局面。与这种局面相适应,美国存在着一个以诉讼为职业的有近百万人的社会阶层——律师界。

家长制立法点滴*

伴随着“法律社会化”的潮流，西方国家出现了一种被法学家称为“家长制立法”的法律，并构成了社会保障法的重要组成部分。

家长制立法是指要求一个人促进他自己的利益或阻止他伤害自己的法律。这些法律很像是父母为了保护子女而作出的命令或禁令，故被称为“家长制立法”。诸如：

要求摩托车驾驶者在驾驶摩托车时必须戴安全防护帽；

禁止在没有救生员值班的情况下在海滨浴场游泳；

规定自杀是犯罪行为，并剥夺其荣誉或财产；

规定妇女和儿童从事有害身心健康的工作为非法的工作；

禁止或限制某些性行为（如同性恋）；

控制某些药品的使用，因为这些药品的使用可能对使用者产生有害的结果；

要求从事某些职业的人（如医生）应有许可执照，惩罚无执照的开业者；

要求用工资的一部分购买退休保险金；

禁止各种形式的赌博；

控制最大限度的贷款利率，禁止高利贷；

---

* 本文发表于《中国法制报》1987年6月12日。

禁止决斗；

任何人签定的终身为奴的契约均无效；

不允许把受害者的同意作为推卸杀人或伤人之法律责任的辩护理由；

强制某些出于宗教信仰而拒绝在生命垂危急需接受输血的信徒接受输血；

规定对精神病患者和染上了毒瘾或酒瘾的人实行民事禁闭——把他们送到精神病院或专门机构，剥夺他们自我伤害的能力和条件；

禁止参加某些有生命危险的体育运动；等等。

以上都属“家长制立法”。

贫穷和愚昧是实现民主和法治的障碍*

在当今世界，发展中国家的民主和宪政进程普遍遇到一系列障碍。其中主要的障碍因素有：贫困、愚昧、分裂、行政权力支配一切。贫困是当今许多发展中国家实行民主和法治的首要障碍。这是因为：第一，在贫困状态下，参政、限权之类的民主和法治问题不会引起民众的广泛关注，充其量只在少数人中有微弱的号召力。第二，贫困必然引起社会不安以至动乱，为了对付社会动乱，政府不得不把宪法和法律程序搁置起来，尽管口头上仍然表示要尊重宪法和法律。第三，政府为了推行社会福利计划，不得不集中和加强国家权力，而国家权力的集中和加强不可避免地导致官员的政治特权以至政治腐败。大量的历史和现实事实证明，政府往往倾向于以社会福利、安全、发展等名义集聚权力，摆脱制约，或把权力人格化。这些显然是与民主和法治化道路背道而驰的。

民主和法治是人类文明的产物和标志，其生态环境是理性政治文化。在此种政治文化环境中，人们是以科学精神审视人生，不相信至善完美的"先知"、"超人"、"圣杰"，因而否定了"君权神授"和贤人政治；公民富有参政的热情和能力，举凡需要和应该有人民大众参与的，人民会踊跃参与；政治信息传播和交流渠道畅通，自

---

* 本文发表于于光远主编《换脑筋》（社会科学文献出版社 1993 年版）。

由、平等的市场（包括经济市场、政治市场和思想市场）观念和规则成为共识。这一切都是与愚昧对立的。一个尚处于贫困、愚昧的民族是不可能出现民主和法治奇迹的。

在许多从前的殖民地国家，当人民在争取民族解放和国家独立的时候，国内各种政治势力和利益集团在民族利益的旗帜下暂时地放弃了各自的利益和纲领，或者民族利益的一致性暂时掩盖了他们之间的分歧，而在胜利之后，他们的利益和纲领分歧就公开化，以至出现宗教分裂、种族分裂、政治斗争或其他严重的社会冲突。分裂的持久和加剧或者导致内战，或者导致独裁。

在典型的资本主义国家，与商品经济的经济结构相适应，法律这种既定的、非人格的、稳定的规则具有最高的权威和约束力。故有“法律是国王”的格言。但在很多发展中国家，由于经济、文化和社会生活均依附于政治，行政权力支配社会，几乎每办一件事情都要经过政府（行政官员）的许可，连发表什么也要受到政府审查和管制。因而，政府的许可证成为真正的国王。这必然使民众崇拜权力、畏从权力，而不是信仰和依赖宪法和法律。

由于这些因素在发展中国家严重地影响民主和法治进程，所以，要实行民主和法治，就必须排除这些障碍。由于排除这些因素需要时间和条件，所以，在发展中国家，各国民主和法治的进程不可能一蹴而就，也是不平衡的。

“社会契约论”的基本思想可以借鉴 *

社会契约论是资产阶级启蒙思想家提出并不断加以阐述和丰富的一个理论系统。虽然它在许多方面是假定的或虚幻的，而不是经验事实，但人类产生社会契约这种观念却有着现实基础，这就是商品经济的充分发展和契约的普遍化。契约是商品经济的产物，是随着交换行为在时间上、空间上的分离而逐步发展起来的、据以进行财产权利转移、商品和劳务交换的形式和程序。由于契约具有平等、自愿、互利、互相制约的特点，它能够减少交换过程中的不确定、不安全因素，增加交换效益。在发达的商品经济条件下，契约是商品交换的基本形式。随着商品经济的发展和契约形式的普遍化，与人类从身份社会进化到契约社会的进程同步，契约的思想和逻辑逐渐渗透到社会生活和社会意识的各个领域。社会契约论就是契约的思想和逻辑在政治和法律领域的表现。

社会契约论是资产阶级民主和法治理论的逻辑起点。社会契约论的基本思想是：人生来是自由和平等的，但在自然状态下却难以维护，唯有通过协议组成社会或国家，才能保障大家的自由和平等；国家产生于社会契约，国家的根本任务和目的应当是保障每个缔约者的人身、财富和尊严；法律是基于全体社会成员的协商而制

---

* 本文发表于于光远主编《换脑筋》（社会科学文献出版社 1993 年版）。

定的契约,而不是依靠权力强加于人的命令;合法的政府和权力源自契约(法律),政府权力只能在契约(法律)的范围内行使,未经人民(缔约者)的同意,不能行使强制权力;公民守法的道德基础在于公民是契约的当事人,有履行诺言的道德义务;公民对国家和法律的服从是以取得国家和法律的保护相交换的,如果公民的人身、财产和尊严得不到国家和法律的保护,公民可以收回对国家和法律的承认和服从。这些思想可归结为未经人民的同意不能受制于人。政府的合法权力必须建立在人民的自由选择之上。社会契约论在历史上粉碎了“君权神授论”、“法自神意论”等维护封建专制主义的思想理论,为资产阶级革命的发生,资本主义民主和法治的建立奠定了理论基础。在当代,社会契约论继续发挥着积极的作用:一方面防范政府越权和滥用权力,另一方面约束公民使其依法办事。一个国家的公民、政党、政府具有社会契约的思想观念,对于这个国家,民主和法治的文化基础是很有必要的。在我国实行社会主义市场经济的条件下,社会契约的思想观念也可以作为借鉴。

西方民主和法制与中产阶级的形成和发展*

西方资产阶级民主和法制既代表了历史的自然进程,又是社会革命的产物。无论从哪个角度,民主和法制都是与中产阶级的形成和壮大分不开的。这是因为:

第一,从历史上,中产阶级没有王室和贵族那种世袭的、生而就拥有的权力和特权,也没有教会那种"上帝授予的"宗教特权,为了保护和发展他们依靠自己的努力和机遇所获得的财富,他们要求分享政治权利。为了达到与贵族和教会分享权力的目的,他们把自己的要求普遍化为人民大众或全人类的要求,并冠以"自然权利"、"自然法"、"天赋人权"的名义,用于动员民众。在夺得权力之后,为了防止今后重新出现政治权力的积聚和垄断,他们要求明确地把权力分解为不同部分,使之互相分离和制衡。在当代发展中国家,中产阶级也是民主和法制的领袖。

第二,中产阶级是与现代市场经济一同来到人间的。市场经济是通过市场并受制于市场的高度发达的商品经济。中产阶级是商品经济人格化的集中代表,是封建等级特权制度的天然反对派,他们要求独立人格和自主权利,最希望以自由、平等和人权为核心的法律成为社会活动的标准。

---

* 本文发表于于光远主编《换脑筋》(社会科学文献出版社 1993 年版)。

民法是法制的真正法律基础*

通常我们说宪法是民主和法制的法律基础。这是对的。但如果我们对构成法制的法律基础与其经济基础、思想基础作为一个系统进行思考，就会得出一个更深刻的结论：民法是法制的真正法律基础。这一结论是建立在如下经验和逻辑之上的。

第一，最佳体现法制灵魂的那些法律原则是民法原则的普遍化。法制的灵魂在于为公民提供平等的便利、机会和保护。便利、机会和保护只有通过规定权利，赋予公民合法的能动手段才能实现。这样，权利本位就成为一个原则。“平等”首先表现为主体的权利和义务的对等性：主体享有权利就必须承担义务，同样，承担义务的同时也享有相应的权利；主体间的权利和义务互为内容，并且是等量的。其次表现为法律规则的非人格性：法只考虑公民的共同体及公民的抽象行为，而不指名道姓地把权利赋予某个人。这是实现法律面前人人平等的前提。权利本位、权利和义务对等、规则的非人格性（对象的普遍性）这三个法制原则正是从民法中派生出来的，是民法原则的普遍化。

第二，只有民法发达和深入人心，才能有真正的法制。民法的基点不是惩罚，而是明确权利和义务界限，保护公民的正当利益，

---

* 本文发表于《文汇报》1989年3月25日。

为人们的生产和交换提供方便,因而它能够唤起人们对法的信任和依赖,刺激人们对法律的需要,而人们对法律的需要是实行法治,走向法制化的强大动力。此外,只有民法充分发展了,民法的精神和逻辑日益深入人心,才能破除义务为本、避罪远罚的社会心理,冲垮以刑法为主的法律组织体系,把法制建立在公平、自由、效率和秩序之上,而不是建立在威慑、制裁和镇压之上。

第三,民法所调整的人类的经济关系和经济行为是人类最基本的社会关系和社会行为。在这个最基本的社会关系和社会行为领域首先实行了法制,才有可能在政治生活领域和其他社会生活领域实行法制。很难想像,在一个经济生活领域实行行政命令或家长制的社会,会在其他社会生活领域实行法制。

第四,从法制的历史看,资本主义法制是从复兴罗马法开始的,是从生产和交换领域法制化开始的。宪法是在吸收民法原则的基础上建立起来的。旧中国搞了几十年宪政运动,结果都失败了。原因之一在于我们没有民法传统。

民法之所以构成法制的真正法律基础乃是因为民法是以商品经济为调整对象的法律。民法的平等、互利、自愿原则和契约原则导源于商品经济的等价交换原则和市场机制。所以,从根本上说,充分发展商品经济是社会主义法制建设的必由之路。

社会主义法制不容践踏 *

一个无产阶级专政的社会主义国家，如果不实行严格的法制，或已有的法制横遭践踏和破坏，将会出现怎样一种可怕的情景？这种情景，我们在“四人帮”横行时期已经充分地体验到了。

马克思列宁主义认为，无产阶级夺取政权之后，为了镇压阶级敌人的反抗，组织社会主义经济建设，发展社会主义科学文化事业，必须建立社会主义法制。社会主义法制是无产阶级和广大人民意志的体现，是实现无产阶级专政，建设社会主义的重要工具。它具体地表现为党和国家制定的法律、法令、条例、规章制度、政策、命令、决议以及保障其实现的各种措施，它具有鲜明的阶级性和战斗性。

“四人帮”是一伙资产阶级野心家，阴谋家。他们要打倒老一辈无产阶级革命家，打倒无产阶级，篡夺党和国家的最高领导权，颠覆无产阶级专政，复辟资本主义。因此，社会主义法制就理所当然地成了摆在他们面前的障碍，成了他们的眼中钉、肉中刺。早在文化大革命一开始，“四人帮”就同林彪勾结在一起，在大整老一辈无产阶级革命家的同时，挥舞“两个否定”、“一个砸烂”的大棒，向无产阶级专政打来。他们诬蔑我国的社会主义法制“是从资本主

---

* 本文是王子琳与张文显的合作作品，发表于《吉林日报》1978 年 7 月 24 日。

义国家搬来的”,“修正主义的”,“国民党的”。咒骂政法机关是“官僚机构”,“是资产阶级专了无产阶级的政”,“十七年没有办一件好事”,“简直比以前的国民党还坏”,并狂叫,要“彻底砸烂”,“彻底改善”。甚至企图用民兵这个所谓“第二武装”取代政法机关,鼓吹民兵不仅要“执法”,还要“立法”、“管法”,煽动民兵随意抓人、关人、审判、定案。很明显,他们的险恶用心就是要造成一个“无法无天”的混乱局面,以便于他们乱中夺权。

“四人帮”颠倒敌我关系,把专政的矛头直指党内和人民内部,妄图从根本上改变社会主义法制的性质。他们在政法机关竭力推行那个臭名昭著的反革命政治纲领。他们特别强调政法机关“眼睛要盯住大走资派,不要总是盯住几个犯罪分子”。他们在公安、法院的党羽狂叫“当前最危险的敌人是走资派”,专政机关要把“注意力集中到党内资产阶级身上”,“对走资派实行专政”。他们还背着毛主席、党中央,背着当时主持公安部工作的华国锋同志作了专政机关同所谓党内资产阶级作斗争的反革命部署。与此同时,他们还动用专政工具压制和迫害广大革命群众。“四人帮”及其死党为了把打击革命老干部,镇压人民群众的反革命活动合法化,还杀气腾腾地叫嚷“要制定枪毙走资派”,“镇反”,“杀人”的法律。制造了大量的假案、冤案、血案,残酷镇压反对他们、抵制他们以及了解他们底细的革命同志。充分暴露了他们对党对人民刻骨仇视的反动本质。

省委前主要负责人及其同伙紧跟“四人帮”,在我省变本加厉地推销“砸烂公检法”的黑货,极其粗暴地践踏和破坏社会主义法制。他们狂叫:“党政机关都砸烂了嘛,何况公检法!”他们首先向公检法机关的革命老干部开刀,把公检法系统的主要负责干部,打成“叛徒”、“特务”、“走资派”。然后又制造一起起冤案,把大批公检法的革命干警投入监狱和劳改农场,进行惨绝人寰的迫害和摧残,一些人致死致残。他们怀着不可告人的目的,在全省大砍劳改单位，大批释放劳改罪犯，让这些无产阶级专政的敌人到社会上继续为非作歹，残害人民。特别严重的是，他们竟用侦察、逮捕、判刑等手段来对付党的领导干部，甚至把矛头指向毛主席，指向政治局和国务院领导同志。所有这些都给我省的社会主义革命和建设事业带来了严重的灾难。

以华主席为首的党中央一举粉碎“四人帮”，抓纲治国，社会主义法制正在得到恢复和加强。不久前召开的五届全国人大一次会议重新制定了我们国家的根本大法《中华人民共和国宪法》，以后，还要依据宪法，修改和制定各种法律、法令和各方面的工作条例、规章制度。社会主义法制将日渐完备，这对于完成新时期的总任务将起重要的作用。英明领袖华主席指出：“实现天下大治，必须进一步加强社会主义法制。”当前，我们要深入揭批“四人帮”，彻底清算他们破坏公检法的罪行，拨乱反正，开展广泛的法制宣传教育运动，增强群众的法制观念，充分认识守法的重要意义，使大家都把遵守革命法制，看成是自己应尽的光荣义务和应有的高尚品德。社会主义法制加强了，阶级敌人才不敢乱说乱动，安定团结的社会秩序才有保证，人民群众才会高兴，我们才能在华主席领导下，顺利地进行新的长征。

加强法制是实现新时期总任务的重要保证*

社会主义法制问题，是我国政治生活中的一个重要问题。特别是在新的历史时期，加强社会主义法制尤为重要，它是实现四个现代化的必然要求和重要保证。

实现四个现代化是一场根本改变我国经济和技术落后面貌，大大提高生产力，不断改善生产关系和上层建筑，改变人们的活动方式和思想方式的伟大革命。进行这样伟大的革命，必须充分发扬社会主义民主，而社会主义民主又是靠法制来保障的。没有法制，就没有民主；有了也会丧失。林彪、"四人帮"横行时，法制遭到严重破坏，人民几乎完全丧失了民主权利，有话不敢讲，讲了也没有用。粉碎"四人帮"后，人民失掉的民主权利得到了恢复。新宪法庄严地规定了人民的各项民主权利。现在，我们就要采取各种具体的法制措施，在各个领域落实宪法的民主原则，保障人民民主权利，特别是要保障人民群众行使管理国家和企业的权利。要鼓励人民群众畅所欲言，思想见面，勇于建议，敢于批评，以主人翁的姿态投入四个现代化的伟大斗争。对于那些个人说了算，把个人

---

* 本文是张文显与胡乃涛的合作作品，由张文显撰稿并定稿，发表于《长春日报》1978年11月24日。

的意志强加于群众,压制民主的封建家长式作风,要进行批评。对于那些骑在人民头上称王称霸,打击群众,压制民主,侵犯公民权利的官僚主义者,要给予党纪国法的严肃处理。只有这样,才能造成团结战斗、生动活泼的民主空气,使亿万人民群众的积极性和首创精神充分发挥出来,加快实现四个现代化。

实现四个现代化是同帝修反争时间、抢速度的战斗,是尖锐的阶级斗争,必然要引起国内外阶级敌人的极大恐慌和疯狂捣乱。特别是“四人帮”的残渣余孽和那些没有改造好的地富反坏、新老资产阶级分子,一定要跳出来进行破坏,在我们脚下闹“地震”,威胁四个现代化的顺利进行。对付他们的捣乱破坏,我们的重要手段之一,就是要加强社会主义法制,依法给予他们严厉的制裁。在人民内部,人民群众自己为了统一意志,统一步调,当然也需要法制。在这方面,我们还有大量的工作要做。我们既要进行广泛的立法工作,又要健全保障法律实施的组织措施和制度,还要进行社会主义法制的宣传教育,真正造成“有法可依,有法必依”的局面,使国家建设和人民生活有一个安定的环境和良好的秩序。

为了加快实现四个现代化的步伐,必须加强国家的经济职能。国家首先要通过法制来保卫社会主义公有制,不仅在宪法上明确宣布社会主义的公共财产不可侵犯,而且要采取各种具体法律措施,保障社会主义全民所有制经济和社会主义集体所有制经济的巩固和发展。禁止任何人利用任何手段,扰乱社会经济秩序,破坏国有经济计划,侵吞挥霍国家和集体财产,危害公共利益。国家还要借助于法制实现其组织社会主义经济的职能。我国是一个社会主义大国,进行现代化的大生产,必须按照客观经济规律对整个国民经济实行统一计划管理。国家计划是一切部门、一切地区、一切企业都应当执行的。但是,计划不以明确的法律形式体现出来,没有法律予以保证,就会落空。国民经济计划是由各个部门、各个单位共同完成的。部门与部门、企业与企业彼此互相独立又互相联系，这就必然会产生各种复杂的矛盾和纠纷。为了迅速、准确、公正地解决这些矛盾和纠纷，必须完善经济组织工作的法律规范，并保证这些规范的真正执行。国家要通过经济立法和经济司法，对那些违反国家计划的部门或单位实行监督和约束，对那些不讲经济核算、经济效果、经济效率、经济责任，无故完不成国家规定的各项经济指标的单位，对那些破坏协作关系，给对方和国家造成严重损失的单位，要追究法律责任。同时要对违法乱纪、严重失职、贪污盗窃、投机倒把的企业领导人实行法律制裁。

多年来，由于林彪、"四人帮"的干扰破坏，我国经济战线没有必要的法律规范，经济工作无章可循，计划没有实际的法律效力，企业组织与活动没有规章制度，或者是有了也不执行；部门与部门、企业与企业之间的关系，也没有法律来调整。结果漏洞百出，投机倒把分子、贪污盗窃分子趁机破坏，企业管理混乱，使国民经济出现一系列严重问题，吃了不少苦头。现在，克服这种局面已刻不容缓。

我国社会主义革命和建设正反两方面的经验教训和兄弟的社会主义国家的经验也充分地证明，进行社会主义建设，实现四个现代化，非加强社会主义法制不可。社会主义法制既是保卫革命和建设事业的有力武器，也是促进革命和建设的重要杠杆。

伟大领袖毛主席十分重视加强社会主义法制。建国以来，在毛主席的亲自主持下，制定了宪法和一系列社会主义法律、法令。社会主义的法制在对敌斗争中，特别是在历次政治运动中，对于进行社会主义改造和发展社会主义经济发挥了重要作用。文化大革命中，林彪、"四人帮"疯狂践踏社会主义法制，人民群众的社会主义积极性受到严重的压抑，国民经济面临崩溃的边缘。这一沉痛的历史教训深刻地告诉我们，法制这个武器任何时候都不能削弱。

我们要学会运用法制来稳准狠地打击敌人,保卫人民民主权利;用法制来调整经济关系,调整人民内部矛盾,使国家机关、集体和个人都有章可循,步调一致,紧跟华主席,胜利地进行新的长征。

商品经济、民主政治的发展和法学的重构*

自建国初期苏联法学理论传入我国以来，我国的法学理论始终存在着两个严重的缺陷：一是以阶级论为纲，阶级斗争理论被极不适当地贯彻到法的一切方面和全部过程；二是以规则为核心范畴，把复杂的活生生的法现象归结为没有活性的规则。这是很不科学的。阶级论一方面不能把法与其他社会现象相区别；另一方面会歪曲法的作用，甚至为某些掌权者提供肆意横行的借口。而规则论则往往导致见物不见人。克服这两大缺陷的最有效的办法是引入权利论。权利和义务是法的基本范畴。它们贯穿于法的一切部门和法运行和操作的全部过程。在这对范畴中，权利是本位。因此，法学应该是权利之学。现在我们把权利作为法学最基本的范畴，以权利论为法学的理论基石，有助于克服重刑轻民，即重义务轻权利的法律传统，克服见物不见人，忽视法的主体和法的价值等过时的法学思维方法，从而必将有力地推动法学的大发展。

我们郑重地提出权利问题，其主要意义还不在于构筑一个新的理论体系，而在于适应发展社会主义商品经济、民主政治和法制的需要。权利意识及主体意识是商品经济、民主政治和法制实践

---

* 本文是1988年张文显在“法学基本范畴研讨会”上的发言，发表于《当代法学》1988年第3期。

的产物，又是推动商品经济、民主政治和法制的动力。商品经济、民主政治和法制的发展，需要全民族树立强烈的权利意识和主体意识，需要政府及其工作人员认真地对待公民的权利。一个认真对待公民权利的政府才能唤起人民对法的信任、依赖、尊重和遵守。只有以权利论为纲的法学才能适应这些需要。

九十年代我国法学将步入繁荣发展的新阶段*

1978 年党的十一届三中全会后，在党中央的领导下我国法学界开展了两种内容的拨乱反正，即针对极“左”思潮和僵化观念进行的拨乱反正和针对右的思潮和自由化倾向进行的拨乱反正。经过这两种拨乱反正的斗争，法学思想理论上的错误观点受到批判，被错误思潮搞乱的大是大非问题得以澄清，法学界抵制“左”右干扰的能力和对错误思潮的免疫力大为增强。经过十多年的锻炼，一支政治上更加坚定、思想上更加成熟、理论指向上更富有主体意识和参与精神的法学家群体已经形成，并将在 90 年代进一步发展壮大。特别是在邓小平同志的倡导下，我们党从十一届三中全会开始，经过十二大和十三大，根据马克思主义普遍真理同中国实际相结合的原则，在深刻总结历史的和现实的、国内的和国外的实践经验的基础上作出了我国处于社会主义初级阶段的科学论断，形成了以经济建设为中心、坚持四项基本原则、坚持改革开放的基本路线。这一日益深入人心的基本路线为我国法学有效地防止出现大面积、长时期的政治失误和理论失误而得以持续地健康发展，提

* 本文发表于《法学》1991 年第 11 期。

供了前所未有的可靠保障。据此,我们有充分的理由和信心宣布90年代将是我国法学繁荣发展的新时期。愿《法学》月刊与整个法学界一道,在我国法学新的进程中再奏凯歌,再展宏图!

法理学研究要“上得去”、“下得来”*

就普遍情况而言，我国法理学研究正处于某种“卡壳”状态，即“上不去，下不来”的状态。

“上不去”是说法理学的一般理论和方法陈浅和单一，升华不上去；“下不来”是说法理学与日益丰富的法律实践和部门法学明显脱节，深入不下去。

“上不去”，原因在于我们对当代哲学、经济学、社会学、政治学、文化学等相关学科的最新发展知之甚少，因而不能把其他学科的最新研究成果和方法运用于法学研究之中，不能运用其他学科的理论来解决本来就属于法学与其他学科的双边问题或多边问题，创造出与当代社会思潮和社会发展相适应的法学理论。

“下不来”，原因在于我们对市场经济和市场经济立法的进展以及部门法学的最新研究成果缺乏应有的关注和把握，因而思路模糊、内容空泛、观念滞后，对部门法学和法律实践的指导功能严重疲软。

摆脱这种被动的“卡壳”状态，使法理学研究“上得去”又“下得来”，是法理学者未来几年的重任所在，也将是法理学的热点所在。

---

* 本文发表于《政治与法律》1994年第5期。

法学落后的六个原因*

我国法学落后，而其中法理学又更为落后，它表现为：

第一，落后于实践，对我国的改革、现代化建设和法制建设没有提出有份量的理论和超前研究；在某些领导人的眼中，法学是可有可无的。

第二，对法理学的基本问题（如权利、义务、法关系、法责任、法行为、法的运行和操作、法的价值、法律文化、法与社会进化和社会异化、法与人，等等）尚未深入研究，因而未确立起自己的范畴体系和理论。

第三，理论上的拨乱反正很不彻底，许多僵化的观点，附加在马克思主义之上的错误观点仍然束缚着我们的理论和实践。

第四，对当代外国的法理学缺乏研究和借鉴，以致看不到我国与国外的差距，无法与国外同行进行对话和交流。

第五，研究方法单调、陈旧，基本上是注释式和形式主义，缺乏对现行法和法的理论的价值评价和批判研究。

第六，未形成一支素质高、能带动法理学和整个法学发展的理论队伍。

---

* 本文发表于《社会科学报》1988年7月21日。

新世纪法理学的新视野*

新世纪之初，放眼我国法治国家建设的前景，展望我国法学发展的未来，在法理学视野里以下论题将显得格外新颖和耀眼：

法制与可持续发展研究。在新世纪之初，认真审视人类文明的历史和检讨传统的社会发展模式，努力探求一条人口、资源、环境、经济与社会相互协调的、既能满足当代人的需求而又不对后代人需求的能力构成危害的可持续发展之路，是我国新世纪的重大战略选择，可持续发展问题的提出以及可持续发展观的出现和普及，为我国的法制建设和法学研究提出了一系列前所未有的重大课题。

知识经济与法制创新。21 世纪是知识经济世纪。知识经济不仅将推动生产力的加速进步，而且将引起生产关系的巨大变革，与此相适应，法律制度必须不断创新。因而，法学应当高度重视和研究知识经济与法制的关系，为知识经济条件下的法律制度创新做出科学的论证和引导。

法治和法治国家研究。依法治国、建设社会主义法治国家，是前所未有的伟大创举，是举世瞩目的超级工程，涉及一系列重大的理论和现实问题。法学界有必要在理论与实践的结合上，对这些

---

* 本文发表于《现代法学》2000 年第 1 期，为“迈向法治新世纪展望法学大趋势”一文的组成部分。

问题继续进行系统研究，给以科学论证和智力支持，做出合乎中国国情的理论设计，提出可以操作的对策建议。在研究法治国家的时候，需要把关于法律发展和法制现代化的研究结合起来。

法律全球化研究。21 世纪还将是经济全球化世纪。法律全球化是经济全球化的必然要求，我们要主动适应，积极参与，有所防范。法理学应把法律全球化纳入自己的视野，着重研究法律全球化的成因，法律全球化的趋势、特点，国外法学界对法律全球化的研究，法律全球化与我国的法制建设，等等。

人权研究。人权研究是一个跨学科的主题。在人权研究的队伍中，法理学应担当主力角色。为此，在新世纪伊始，我们就应当更加明确地把科学认识人权、认真对待人权、切实保障人权、持续发展人权作为法理学的终极关怀和研究重心之一。

法学理论体系的建构。最近，中央领导同志在中国法学会建会 50 周年期间，再次号召法学界要努力建设有中国特色社会主义法学。“社会主义”是我国法学的本质规定，即必须反映社会主义本质，为社会主义服务；“中国特色”是我国社会主义法学的基本规格，即必须从中国的国情和实际出发，体现当代中国的时代特征和时代精神，必须继承中国优秀文化传统和中华法系中具有生命力和再生能力的要素。在今后一个时期，围绕着这一目标，进一步解放思想，更新观念，实现理论创新，在此基础上建构法学的理论体系，是法理学的重大任务之一。

中西法律文化比较研究。从 80 年代中期开始，我国法学界开始对法律文化进行系统研究，发表了不少较有份量的论文和著作，对法律文化的现代化起到了积极的作用。但实事求是地说，我们对法律文化的研究仍有很大局限，突出表现为对中西法律文化的比较研究很不够，以至当法学界讨论法律和法学的本土化和国际化时，很难达成共识。法律文化的比较研究在法律全球化趋势愈加明显的时代背景下，显得更为必要。

法律与全球化问题探讨*

全球化已成为当代世界的标志性特征。全球化问题由西方学术界提出和讨论之后，很快就成为国际学术界普遍关注和研究的论域，并且构成了近二十多年来国际学术界最为重要且最具热度的论域。以全球化时代的法律问题和法律全球化问题为主要研究内容的法律与全球化研究，更是当今国际法学研究的前沿领域和热点领域。

从目前的情况看，美国、英国、德国等西方发达国家已经成为世界范围内的法律与全球化问题研究的中心。在这些国家，由于法学各学科和各学派的学者纷纷把全球化作为理论研究的新领域，法律与全球化问题不再像十多年前那样主要由国际法、比较法等个别学科和少数学者关注，而成为法学界普遍关注的热点问题。从论题上看，西方法学界已由十年前主要关心法律与全球化的基本理论问题和国际法问题，转变为普遍关注法律各个领域的全球化问题，如人权的全球化、法律服务的全球化、法律职业的全球化、法律教育的全球化、司法的全球化、法律管辖的全球化、法律文化的全球化、全球法治、经济全球化与劳动法、经济全球化与证券法

---

* 本文是张文显为《学习与探索》"法律与全球化"问题专栏所写的主持词，发表于《学习与探索》2006年1期。

等。从理论和方法论上看,法律与全球化研究的理论和方法论已日趋多样化,包括法律社会学、法律经济学、女权主义、后现代主义、后殖民主义等。不过,西方学术界关于法律与全球化的研究具有明显的西方中心论的倾向,突出强调西方法(特别是美国法)在全球化进程中的强势地位及示范作用。

中国法学界于20世纪90年代开始关注法律与全球化问题。从最初讨论全球化概念、全球化的范围(仅限于经济全球化还是包括其他领域)、法律全球化的提法是否成立,发展为广泛讨论全球化对中国立法、行政执法、司法、部门法和法学理论的影响,并逐步形成了"以全球化为范式反思和重构中国法学"等理论主张。在21世纪的中国,进一步深入开展法律与全球化研究,具有非常重要的理论意义与实践意义。从理论层面上说,在西方学术界提出形形色色的全球化理论的情况下,以马克思主义特别是邓小平理论和"三个代表"重要思想为指导,观察和研究当代世界的全球化现象和趋势,反思和总结改革开放以来中国参与国际化、全球化进程的成功经验,从而建立比西方的全球化理论更具优势和普适性的中国版本的全球化理论,这既是马克思主义理论变革的时代需要,又是马克思主义理论新的生长点,也是对全球化研究的突破和创新。从实践层面上说,中国作为安理会的常任理事国,作为国际社会和平发展之中的政治大国和经济大国,已经全面参与世界范围的经济、政治、文化、环境事务和全球性治理结构,承担着越来越多的国际责任和人类社会责任。这种主体身份的变化要求我们必须更加认真地对待全球化,自觉地融入全球化的进程之中。如何认识、参与和应对全球化进程,推动公正合理的国际政治经济新秩序的形成,就成为国家经济社会发展中的重大实践课题,因而,深入系统地研究全球化的法律问题和法律全球化问题,可以为我国党和政府积极参与全球化进程,应对西方的政治霸权和法律霸权行径,实现中国的"和平发展",提供强有力的理论支撑和对策支持。

本期《学习与探索》发表的一组文章，从不同的视角或不同的侧面探讨了法律与全球化的关系问题。邓正来教授的文章《全球化时代与中国法学——“主体性中国”的建构理路》对中国及中国法学在全球化时代的发展问题进行了深入的论述。在把中国法学界对待全球化的基本做法进行系统分析，并明确指出一些论者所持的是某种化约论和浪漫化思维倾向的同时，提出了其本人对全球化这一进程“问题化”和“结构化”的认知思路，根据这种思路揭示了全球化进程的强制性支配性质。在这种支配性质之下，必须转换我们的研究视角，积极寻求从“主权的中国”向“主体性的中国”的转向，寻求从“思想”到“对思想根据进行思想”的转向，为中国法学建构了全球化时代中国法学的理论论纲，即“中国法律理想图景”的法学新时代论纲。朱景文教授的文章《全球化与法治国家的历史演进——国内与国际的连接》从理论上论述了全球化条件下法治国家研究的框架和视角。与全球化发展的三个阶段——前现代、现代和后现代相适应的法律形式可以分别确定为前法治国家、法治国家和后法治国家，在对法治国家进行研究的时候应该具有整体观念，不应只看到西方法治发展的成就，还应该看到它们赖以发展的、被边缘化、被牺牲的另一极。以往的法治制度和理论只限于国内领域，随着全球化的进程，现代国际法发生了重要的变化，正在为国际法治的形成奠定基础。黄文艺教授的文章《全球化与世界法律发展》深入地分析了世界法律发展的趋势与潮流。他认为，在当今全球化时代，世界法律发展呈现出一种错综复杂的趋势与图景：法律现代化的浪潮席卷全球；法律国际化的趋势愈加明显；经济、文化、公共事务的全球化必然导致法律的全球化；与国际化、全球化密切联系的另一种世界法律发展趋势就是区域化，欧盟共同体法的形成和政治法律机构的建立是法律区域化发展的最好例证；同时，法律本土化也已经成为当今世界一种清晰可辨的法律发展思潮和运动，复兴传统法律文化、利用本土资源和外来法的本土化改造是法律本土化运动的主要特点。何志鹏的文章《人权的全球化:现实与对策》是在他既有观点和阐述的基础上对于人权全球化的实践所进行的宏观考察,涉及对现存的人权保护框架的梳理、评价,在分析人权全球化的问题时,他提出了人权全球化因为政治与法律不能完全分离所以还处于初级阶段的结论;对于中国面对人权全球化所应持有的态度,他则提出了积极应对和区分对待的思路;并且认为中国在人权方面取得了重大的进步,对于人权的全球化作出了贡献,但在规范的遵守、宣传人权的成就方面仍有进一步提升的必要。

全球化时代中国法学的发展趋势*

“全球化时代的中国法学”这个命题包括全球化时代的中国法学教育、法学研究和法治建设等内容。关于这个论题我谈三点。

第一点是，我认为对社会科学的研究来说，准确把握时代的性质和脉搏，站在实践的前沿，进行前瞻性的研究，是极其重要的。那么，我们这个时代的特征到底应当怎样来概括？列宁在《帝国主义论》中曾经讲到时代特征对于一个国家、一个政党革命战略的重要性。我认为，认清时代特征对于学术研究同样是极其重要的。我们可以用各种各样的术语来概括我们所处的时代。我们可以说我们处在知识经济的时代，知识资源成为所有资源中最重要的资源，作为知识资源的载体，人力资源构成一个国家和民族的核心竞争力；知识权利成为权利体系中的主干。有时候我们可以说我们处于一个网络化的时代，信息的传播、采集、整合，信息的资源化，信息转化为经济利益等等，都是通过网络形式进行的，以致有人把当代经济说成是网络经济。有时候我们也讲，我们的时代是一个权利的时代。美国哥伦比亚大学法学教授亨金写了《权利的时

* 本文是2004年1月10日至12日张文显在吉林大学理论法学研究中心主办的“全球化时代的中国法学学术研讨会”上的发言，发表于《法制与社会发展》2004年第2期。

代》,中国社科院夏勇教授也主编了一本书《走向权利的时代》,都将我们这个时代概括为权利的时代,这是从法学角度来看的。在这个时代中,对权利的关注、对权利的信仰、对权利的保护,几乎成为我们越来越占主导地位的法学思维方式和时代强音。像德沃金所言,权利压倒一切,权利话语成为越来越占主导地位的话题。但我认为在诸多的对时代特征的概括当中,"全球化"这三个字恐怕是最能得到大家共识的。我国从党的十四大开始就正式提出了经济全球化的问题,后来又提出了环境的全球化和公共事务的全球化。我认为用全球化来概括这个时代的特征是非常准确的。我们生存的这个世界正在发生着伟大的历史变革,全球化正在有力地改变着人类的生产方式、生活样式和生存状态,也在深刻地改变着法律的存在形式、价值取向、运行模式和发展方向。世界范围内的经济贸易一体化、知识产权的保护和环境资源的保护以及海洋和空间开发的合作、世界和平的维护、人权的国际保护和政治领域的对话,都在使我们所处的社会发生悄悄的或剧烈的变革,我们的法律也在适应这种变化而经历全球化的变革。在这种时代背景下,我们的法学就要找准理论定位,我们提出今天这个议题就是以全球化背景为法学定位的。

第二点是,全球化的时代特征决定了我们的法学研究、法学教育和中国的法治建设都必须是全球化的。换句话说,必须有一种国际意识和全球意识,必须在法学理论的研究方面,在法学理论体系的构筑方面,把全球化作为一个重要的参照来进行,深入地探讨,深入地检讨和反思。刚才朱景文教授说过,九年以前,王铁崖先生提出为国际法找到一种法理的基础。现在看来,我们还没有完成已故的王老先生提出的课题。整个的法学理论仍然是一个国内法的理论体系。我们的法律概念、基本范畴的阐释、关于法律运作方式的种种探讨以及在法律关系、在人权、权利问题等方面的结论都是建立在国内法的基础上的。在国际领域上,我们的理论是苍白的。我们不能用现有的法律定义和理论去解释世界范围内出现的越来越多的法律一体化现象。WTO这样的规则用我们现有的法律概念是无法解释的，要解释也是强词夺理。我们的整个思维方式和理论体系都要用全球化来进行反思、批判和重建，在人才培养上，也同样是这样的。如果我们的法学教育仍不走上国际化的道路，恐怕在这样一个世界范围内的法律竞争面前、世界范围内的法律事务当中就没有中华人民共和国的声音。这使我感觉到法学教育也应走向国际化。

第三点是，结合我们法学重点研究基地讲一讲。我们重点研究基地未来的发展和前途的一个非常重要的方面是要使我们的基地走向世界，让我们的基地融入到全球化时代的潮流当中。如果我们的基地还按传统的模式来办，那么我们的基地就不会在这样一种急剧变动的世界中有自己的地位，就不可能像教育部所说的那样产生一批在国际上有重要影响的研究成果和创新团队。要有重要的影响，就必须走国际化、全球化的道路，就像我们的经济。我们中国的经济要想腾飞，要实现跨越式发展，如果不融入到世界经济体系里面，不把国内市场与国际市场连成一片，就没有资格去谈经济腾飞。关于全球化、法律和法学全球化问题，邓正来教授、朱景文教授等有很深入的研究。一会儿邓正来教授、朱景文教授会发表精辟的议论。我这里算是抛砖引玉。

努力建设社会主义法治国家*

党的十五大高举邓小平理论的伟大旗帜，把邓小平理论作为全党和全国人民的指导思想写进政治报告和党章，这对于把建设有中国特色社会主义事业全面推向21世纪具有深远的历史意义。邓小平理论博大精深，其中包含丰富的民主法制思想。高举邓小平理论旗帜，自然要学习、传播、运用邓小平法制思想。

邓小平民主法制思想有一个十分鲜明的特征，那就是：邓小平同志总是从建设有中国特色社会主义的战略高度来思考法制问题，把民主法制建设放在什么是社会主义、如何建设社会主义的总体框架之内论述。这体现在：第一，邓小平始终从社会主义本质、社会主义制度的必然要求、社会主义现代化建设的高度来论述民主和法制问题，强调“没有民主就没有社会主义，就没有社会主义的现代化”，“要在大幅度提高社会生产力的同时，改革和完善社会主义的经济制度和政治制度，发展高度的社会主义民主和完备的社会主义法制”。第二，邓小平从总结历史经验和教训、防止出现重大失误，特别是避免像“文化大革命”那样的悲剧重演的高度论述民主和法制问题，强调国家的稳定和长治久安不能寄托在一两

---

* 本文是1997年9月27日张文显在国家教委举办的“高校知名学者学习贯彻十五大精神座谈会”上的发言摘要。

个人身上,搞人治危险得很,而搞法制才靠得住。第三,从保证政治稳定和促进经济发展的高度论述民生和法制问题,强调党和政府在新的历史条件下要学会运用法律办事,依靠法律治国,强调搞四个现代化必须有良好的法制环境和稳定的政局。由于问题提得如此敏锐和严肃,所以,邓小平反复强调民主法制建设是我们党和国家坚定不移的基本方针,什么时候都不能动摇。

邓小平不仅论证了法制立国、依法治国的必然性、必要性和紧迫性,提出了加强社会主义民主法制建设的方针和目标,而且就法制与民主的关系、依法治国的要素、如何进行社会主义法制建设提出了一系列指导思想和方略。

党的十四大以来,以江泽民同志为核心的中央领导集体根据社会主义市场经济发展的客观规律和改革开放的实际需要,在进一步推进社会主义民主法制建设的实践过程中,以新的理论观点和工作经验丰富了邓小平民主法制思想。

党的十五大报告进一步深化和丰富了邓小平民主法制思想,更加全面系统地阐述了发扬民主、健全法制,建设社会主义法治国家的理论和方略。其中最重要的有以下几点:

第一,响亮地提出"依法治国,建设社会主义法治国家"纲领,用"法治国家"概念代替"法制国家"。虽然两个概念只有一字之差,其内涵和意义却很不相同,"法治国家"突出了实行法治,摒弃人治;明确了不仅要有完备的法律体系和制度,而且要树立法律的极大权威,切实依照法律治理国家。

第二,科学地阐述了法治的本质规定和基本内容,即"依法治国,就是广大人民群众在党的领导下,依照宪法和法律规定,通过各种途径和形式管理国家事务,管理经济文化事业,管理社会事务,保证国家各项工作都依法进行,逐步实现社会主义民主的制度化、法律化,使这种制度和法律不因领导人的改变而改变,不因领导人看法和注意力的改变而改变"。

第三,全面阐述了依法治国的伟大意义,即"依法治国,是党领导人民治理国家的基本方略,是发展社会主义市场经济的客观需要,是社会文明进步的重要标志,是国家长治久安的重要保障"。

第四,阐明了党的领导与法治、政策与法律、政治与法治的关系,即"党领导人民制定宪法和法律,并在宪法和法律范围内活动。依法治国把坚持党的领导、发展人民民主和严格依法办事统一起来,从制度和法律上保证党的基本路线和基本方针的贯彻实施,保证党始终发挥总揽全局、协调各方的领导核心作用"。

第五,提出了今后一个时期法制建设的目标和明确了立法、执法、司法、法制监督、法制教育等法制建设的各个环节的核心或重心问题,即加强立法工作,提高立法质量,到 2010 年形成有中国特色社会主义法律体系。维护宪法和法律的尊严,坚持法律面前人人平等,一切政府机关都必须依法行政,切实保障公民权利,实行执法责任制和评议考核制。推进司法改革,从制度上保证司法机关依法独立公正地行使审判权和检察权,建立冤案、错案责任追究制度。加强执法和司法队伍建设。深入开展普法教育,增强全民的法律意识,着重提高领导干部的法制观念和依法办事能力。深化改革,完善监督法制,建立依法行使权力的制约机制,加强对宪法和法律实施的监督,维护国家法制统一。

在党的全国代表大会上,将法治问题提得如此明晰肯定,论述得如此深刻,部署得如此全面,这在我们党的历史上实属首次。十五大使我们看到了法治国家的曙光,坚定了依法治国、建设社会主义法治国家的信心。我们法学理论工作者要认真学习、深刻领会、深入研究、广泛传播邓小平法制思想、江泽民关于依法治国的论述和十五大精神,把它们创造性地运用于法学研究的各个领域;要高举邓小平理论的伟大旗帜,进一步解放思想,积极探索,为社会主义法制建设作出科学论证,提供精神动力和智力支持,为实现社会主义法治国家的伟大目标而奋斗。

在纪念邓小平诞辰 100 周年座谈会上的发言*

今年是邓小平同志诞辰 100 周年。全党和全国各地以不同方式隆重纪念邓小平同志诞辰百年,缅怀小平同志的丰功伟绩,深入学习邓小平理论,沿着邓小平同志开辟的中国特色社会主义道路阔步前进。学校党委以学术座谈会的形式纪念小平同志诞辰百年,表达了全校师生对小平同志的怀念和崇敬。

纪念小平同志,就要像小平同志那样,热爱人民,为人民服务,为人民献身,无私无畏。小平同志说:"我是中国人民的儿子"。热爱人民具体化为情为民所系,权为民所用,利为民所谋;就要立党为公,执政为民,以人民的利益为最高利益。

纪念小平同志,就要像小平同志那样,解放思想,实事求是,敢于冲破理论禁区、政治禁区、习惯禁区,从实际出发,求真;超越自我,反思自我,完善自我。

纪念小平同志,就要像小平同志那样,善于从战略上观察、认识和处理问题,找准战略抓手。例如,什么是社会主义,如何建设社会主义;中国为什么会发生"文革"那样的灾难,如何避免文革那

---

* 本文是 2004 年 8 月张文显在吉林大学举办的"纪念邓小平诞辰 100 周年座谈会"上的发言。

样的悲剧重演。革命是解放生产力,改革也是解放生产力;科学技术是第一生产力;教育要面向现代化,面向世界,面向未来;一国两制;永远不称霸,不当头(不当第三世界的头);等等。

纪念小平同志,要深入认识邓小平理论的形成、地位和历史作用,把马克思主义中国化的三大理论成果作为一脉相承的思想体系加以学习和研究。中国化的马克思主义有三大理论成果:毛泽东思想、邓小平理论和"三个代表"重要思想,其中邓小平理论是承前启后的。如果说,毛泽东思想、邓小平理论和"三个代表"重要思想是一脉相承,那么,可以说,没有邓小平理论,就没有毛泽东思想的出路,也没有"三个代表"重要思想的出现。

纪念小平同志,要深入研究邓小平理论,产出一批高水平研究成果;同时,要把研究成果转化为教学内容,推进"三进";使我们的学生真正能够像小平那样对待人民、思考社会、敢于创新。

纪念小平同志,要做好马克思主义理论学科建设,贯彻马克思主义、毛泽东思想、邓小平理论和"三个代表"重要思想。我参加了中央实施马克思主义理论研究和建设工程,担任法学课题组首席专家。中央将把马克思主义理论作为一级学科,将颁布加强大学生思想政治工作的意见,这对从事马克思主义理论研究和教学的同志是很大鼓舞。从今以后,我们要加强马克思主义学科建设,队伍建设,人才培养。

中国特色社会主义法律体系的基本构成*

中国特色社会主义法律体系的基本构成包括哪些法律部门，应该有几个层次，这是需要研究的问题。

关于法律部门的划分问题，九届全国人大常委会曾经成立课题组进行过研究。李鹏委员长以及后来的领导同志都多次讲是七个法律部门。这七个法律部门的划分，在当时的情况下，从工作需要出发是有道理的。但是，随着经济社会的发展，原有法律部门的划分也应该有所改进。首先，应该把环境资源法作为一个独立的法律部门。因为从党的十六大到十七大，中央反复强调建设环境友好型、资源节约型社会，特别是科学发展观提出以后，又提出了生态文明建设。这几年，环境资源问题更是国际社会普遍关注的重大问题，去年联合国召开了应对气候变化大会。在经济领域，世贸组织也提出了绿色WTO的问题，这对我们的法律体系建设提出了重大的课题。事实上，这几年，无论是全国人大，还是地方各级人大，包括国务院都加强了这方面的立法，已经形成了规模较大、内在联系紧密的法律规范体系。所以，无论从环境资源法、行政法、经济法调整对象的差异，还是从立法的实际情况，特别是从适应科学发展观的要求来讲，都应当将

---

* 本文是2010年3月14日张文显在全国人大法律委员会和中国法学会召开的“社会主义法律体系理论座谈会”上的发言提纲。

环境资源法作为一个法律部门。

其次,军事法也有其特殊性,其调整的对象、方法,特别是法律的实施方法和其他法律很不同。法律部门的划分标准,一个是调整对象,一个是调整方法,一个是工作需要。从这几个方面讲,有必要将军事法或者国防与军事法单独列为一个法律部门。

最后,应当考虑国际法在中国特色社会主义法律体系中的地位问题。现在,无论是讲法律部门,还是讲法律体系的层次,都没有讲到国际法。在全球化的时代,经济、环境资源、公共管理、人权、文化领域都面临着全球化,事实上也存在全球化背景下的国际合作。我们已经成为国际法律大家庭中的一员,特别是作为联合国常任理事国,作为一个大国,除了享有国家主权和国家权利之外,还有更多的国际义务、国际责任要承担,也有更多的话语权,包括国际法律的话语权需要我们主动掌握。在这种情况下,应当把国际法列入中国特色社会主义法律体系中。可以采取两种做法:一是明确地讲国际法就是中国特色社会主义法律体系的一个组成部分,二是在表述中国特色社会主义法律体系的时候单独用一段阐述国际法的地位。

中国特色社会主义法律体系的基本构成不仅包含这个体系的构成,也包含这个法律体系的层次。目前,一般认为中国特色社会主义法律体系包括三个层次:宪法和法律,行政法规,地方性法规、自治条例和单行条例。从宪法的地位来看,应当把宪法作为一个独立的层次。在纪念现行宪法颁布施行二十周年的大会上,在全国人民代表大会成立五十周年的大会上,以及其他一些重要场合,胡锦涛总书记都反复强调宪法至上,要树立宪法的极大权威。这实际上就把宪法和法律在层次上作了区分。另外,我们国家的宪法意识普遍薄弱,宪法的尊严和权威没有在全社会树立起来。在这种情况下,既然中国特色社会主义法律体系是以宪法为统领,就应当强调其重要性,将宪法作为中国特色社会主义法律体系的第一个层次。

厉行法治需以法治精神的启蒙教育为先导*

厉行法治是深受人治之害的中国人民的美好渴望。“五四”以来,不少民族精英为争取法治社会的到来浴血奋战。然而,可悲的是,时至今日很多人(包括一些身居各个方面领导职位的人在内)并不知道法治为何物。因此,我认为,对中国人民进行法治精神的启蒙教育,是厉行法治的必要前提。当前,首先要使人们知道法治为何物。

法治是民主、自由、平等、理性、文明、秩序与合法性的完美结合。其基本标志是:社会生活的基本方面和主要的社会关系纳入法律的轨道,接受法律的治理。而法律是建筑在尊重民主,保护和促进经济增长、社会公平、社会秩序和社会进步的基础之上;凝结着人民公意的法律高于任何个人、集团、政党的意志和政策,有至上的效力和最高的权威,国家中的一切权力根源于法律,并且要依法行使;公民在法律面前一律平等,不因性别、种族、肤色、语言和信仰等特殊情况而有基本权利和义务的差别,非基本的权利和义务的差别只应与职位相连,而职位对一切人开放;凡是法律没有禁止的,都是合法的,每个人只要其行为不侵犯别人的自由和公共利益,就有权按照自己的意志活动;公民的人身自由、财产权利和利

---

* 本文发表于《法学》1989 年第 4 期。

益机会非经正当的法律程序和充足的理由不受剥夺，一切非法的侵害（不管是来自个人还是国家）都能得到公正、合理、及时的补偿。

弘扬法治精神三人谈*

一、弘扬法治精神[1]

这是党和国家最高领导人第一次在如此重要的时刻、如此高层次的会议上提出"弘扬法治精神",也是胡锦涛总书记2005年提出"树立社会主义法治理念"之后在法治建设上的又一个重要论述。

胡锦涛总书记6月25日在中央党校省部级干部进修班毕业典礼上发表的重要讲话中全面深刻地阐述了社会主义法治建设问题,指出要"全面落实依法治国基本方略,弘扬法治精神,维护社会公平正义"。这是党和国家最高领导人第一次在如此重要的时刻、如此高层次的会议上提出"弘扬法治精神",也是胡锦涛总书记2005年提出"树立社会主义法治理念"之后在法治建设上的又一个重要论述。"社会主义法治理念"与"法治精神"是两个内容互相衔接的科学命题。前者之要旨在于强调法治的社会主义方向和基本

---

* 本文是张文显、陈国庆和胡云腾三人关于法治精神的笔谈,发表于《法制日报》2007年8月17日。

原则，诸如依法治国、执法为民、公平正义、服务大局、党的领导等；后者之要旨在于强调全面实施依法治国方略、维护社会公平正义、促进社会和谐的重要战略思想和法治的普适精神。

在科学发展观的理论体系内，“法治精神”是一个融法治的善治精神、民主精神、人权精神、公正精神、理性精神、和谐精神等为一体的科学命题。

（一）法治精神就是善治精神

善治首先是依法而治。在人类历史上存在两种对立的治理方式，即法治和人治。实行善治就要彻底摒弃人治，实行法治。在当代中国，依法而治要求执政党共产党要依法执政，国家立法机关要为全社会提供优质的规范体系和法治资源，政府要依法行政，司法机关要正确适用法律，广大人民群众要自觉遵守法律，正确行使权利、忠实履行义务，真正做到“有法可依、有法必依、执法必严、违法必究”。善治其次是良法之治。法治之“法”应当是“良法”，即准确反映社会、自然以及人的发展规律、体现人民意志、维护人民利益、保障人民权利并科学表述的法律，有利于完善发展社会主义民主政治、促进社会全面进步、规范社会建设和管理、维护社会安定的法律，是善待个人、善待社会、善待自然的法律。

（二）法治精神就是民主精神

民主是法治的前提和基础，世界上没有无民主的法治，也没有无法治的民主。法治的民主精神体现为：国家一切权力属于人民，广大人民群众在党的领导下，依照宪法和法律规定，通过各种途径和形式管理国家事务，管理经济文化事业，管理社会事务；民主制度化、法律化，且不因领导人的改变而改变，不因领导人看法和注意力的改变而改变；坚持并不断完善社会主义民主政治的根本制度和基本制度，包括人民代表大会制度、共产党领导下的多党合作和政治协商制度、少数民族区域自治制度、城乡基层自治制度、企业与社团自治制度等；要继续扩大公民有序政治参与，健全民主制度，丰富民主形式，拓宽民主渠道。

（三）法治精神就是人权精神

尊重和保障人权是法治的精髓，法治的人权精神植根于以人为本的科学发展观。以人为本，用法律语言表述，就是以人的权利为本，充分尊重和保障人权。尊重和保障人权是法治社会的基本特征，一方面法律认真对待人权，另一方面人民认真对待法律。当前，弘扬法治的人权精神要求我们切实关注民生，尤其是社会弱势群体的民生。

（四）法治精神就是公正精神

公正精神就是社会公平正义的精神。公平正义与法治有着本质联系，公平正义是法治的价值追求，也是法治的美好形象。自古以来，人们都把法律看作公平正义的艺术，社会主义法律更应当成为公平正义的艺术。只有贯通公平正义的理念，法律才是受到普遍尊重的良法，才能真正维护人民的利益，促进社会和谐发展。法治的公正精神首先体现为法律公平、法律面前人人平等，其次体现为以法律公平保障和促进社会公平。

（五）法治精神就是理性精神

正如胡锦涛总书记所指出的，“法治是以和平理性的方式解决社会矛盾的最佳途径”。理性是与非理性和超理性相对的，理性精神也就是求真务实的科学精神。人治需要依赖愚昧、无知、迷信、愚忠等非理性因素来支持，法治则需要科学精神的支持。以科学精神审视人性，必然否定至善无瑕的“先知”、“超人”、“圣杰”的存在，人治的主张也就没有任何理论根据。邓小平同志以科学的态度深刻地分析了斯大林、毛泽东晚年破坏社会主义民主和法制的失误和错误，揭示了对个人迷信导致人亡政息的规律，并反复告诫全党和全国人民：如果一个党、一个国家把希望寄托在一两个人的威望上，并不很健康，并且是很危险的。搞人治靠不住，还是搞法治靠得住，制度问题带有根本性。法治的科学精神还要求我们用开放的眼光和心境对待外国的和历史的法治经验，继承人类共同的法治文明成果。

（六）法治精神就是和谐精神

法治精神是民族精神和时代精神的集中体现。时代不同、社会不同，法治精神的核心亦不同。在当代中国，社会发展的目标是构建社会主义和谐社会，和谐精神凸现为法治精神之核心。将和谐精神作为法治精神的核心，关键是用和谐精神统领法律价值体系，将和谐精神融入法律规范体系，用和谐精神指导法律运行实践，使我国法治充分体现社会主义和谐精神，最终使我国社会主义法治超越西方传统法治而走向善治。

总之，胡锦涛总书记提出的“法治精神”的命题内涵丰富而深刻，我们要认真研究、传播和普及社会主义法治精神，使之成为民众精神和社会理想，大力促进法治精神从理论和文化形态转化为具体的法律原则、规则、概念和技术，转化为亿万人民的自觉行动，开拓社会主义法治建设的新局面。

二、法治：中国特色与贴近现实[2]

弘扬法治精神，就是要把作为普世价值的法治与中国特色社会主义法治建设的实际有机地结合起来。

法治，与民主、自由、人权、平等一样，已成为现代人类社会基本的普世价值。法治有其内在的规定性和表现形式，从理论抽象意义上，历代倡导法治的先贤如柏拉图、亚里士多德、启蒙思想家洛克、孟德斯鸠等都对法治的要素与机制作了经典的诠释。法治是有其一系列公认的原则和制度要求的，如法具有普遍性、连续性、一致性、稳定性，司法的公正和权威等。但此“法治”非彼“法治”也，各国法治的存在形态与表现方式各具特色，不可一概而论。

（一）弘扬法治精神需贴近实际

弘扬法治精神，就是要把作为普世价值的法治与中国特色社会主义法治建设的实际有机地结合起来，深刻把握社会主义初级阶段的基本国情，充分认识建设社会主义法治国家的重要性、长期性、艰巨性，既要坚持法治的一般原则和观念，又要根据我国政治、经济、文化的实际赋予其鲜明的中国特色，坚持和有效地实现党的领导、人民当家作主、依法治国的有机统一，全面落实依法治国的基本方略，维护社会公平正义。

“法治”本身不是目标，更不是终极目的，而更多具有工具性价值的意义。“法治”是观念、制度及运作方式的综合体，它既是治国理政的一种重要方式，又是国家机关、公职人员的行为准则，更应当是一个社会所有公民的一种基本生活方式。要求所有国家机关及其工作人员，要求各种社会组织及所有的公民，都应当奉法律为基本行为准则，尊崇宪法与法律具有无上的权威。说白了，“法治”就是在制定良好法律的前提下，讲规范，守秩序，依法办事，尊重法律权威，依照法定程序解决各种纠纷和争端，从而实现社会的发展、安定与和谐。

民主、自由、人权、平等是法治的内在精神。在我国现阶段，法治是民主、自由、人权、平等的保障，法律应当客观真实地反映和体现最广大人民群众的根本意志和利益，反映社会客观需要和发展规律，它应当是公民基本自由、人权和社会主义民主的表现和保障，应当成为最广大人民群众认可和拥护的“良法”，这是我国立法追求的最高目标。同时,要维护社会主义法治的统一和尊严,使宪法和法律成为共同行为准则,正如《宪法》第5条规定的:“一切国家机关和武装力量,各政党和各社会团体、各企业事业组织都必须遵守宪法和法律。……任何组织和个人都不得有超越宪法和法律的特权。”法治的精神,正如有人所言,其实质性内容应当是以同样的方式作用于每一个人(法律面前平等对待);不论人的阶层、种族和地位如何,他们在法庭上都应享有相似或者相同的法律程序;立法者也应当受到他们所制定的法律的约束。这才是真正的法治精神。

（二）弘扬法治精神需探索崭新道路

弘扬法治精神,当前尤其重要的是要探索建设有中国特色社会主义法治的崭新道路。有的西方学者认为实行法治必须具备一定先决条件,如分权制衡、多党政治、司法独立等。实行法治,没有完全相同的模式,在中国实行法治,也没有现成的模式可以完全照搬。在遵循法治建设一般规律的基础上,迫切需要研究和探索中国特色法治建设的途径和方式。我国封建社会历史较长,“人治”等封建思想有一定影响,注重纲常伦理使中国社会具有“关系社会”、“人情社会”的色彩,这都成为了法治建设的历史和文化障碍。要从具有中国特色的政治制度、经济制度和文化传统的实际出发,继续寻找建设法治的可行途径和方式,实现坚持党的领导、人民当家作主、依法治国的有机统一。要研究在我国政治制度下实行法治的合理方式,特别要加强和完善在人民代表大会制度下各国家机构的监督制约机制。正确处理坚持党的领导与实行法治的关系,将法治作为我们党治国理政的基本方式,党严格按照宪法和法律的规定行事,在宪法和法律的范围内活动。这是我们党执政近六十年来得出的一条深刻的历史经验和教训,唯有如此,在中国厉行法治,才能保持经济、社会的长期稳定发展,才能维护社会安定与和谐,才能保证国家的长治久安。

要贴近现实,研究解决法治建设中的突出问题。例如,当前“上访”现象依然存在且日益严重,在“上访”中涉法上访占了较大比例,这正是考验我们法治建设的一面镜子。对一些社会矛盾和纠纷,人们往往习惯于借助“上访”的途径,而不选择法律的方式;一些案件法院判决后久拖不结,人们往往又选择“上访”的方式寻求解决的途径。当前,法律缺乏应有的权威,司法作为解决社会矛盾的最终手段不能有效地发挥作用。人们往往不相信法律,而更相信个别领导的批示或“打招呼”。可以说,我们目前还没有找到一套有效解决“上访”问题的法律制度,这的确应当引起我们的深思。应当使社会矛盾、社会纠纷在社会、行政手段难以解决时,主要通过法律程序加以解决;司法机关应当是公正的,法院作出的判决应当令人信服,即使不服判决也应当继续通过法律渠道加以救济,而不是非理性地、非正常渠道地选择“上访”的方式。“上访”问题尤其典型地折射出当前“人治”与“法治”、司法公正与司法权威的矛盾和冲突。这一问题确实应当引起我们深刻的反思:为什么有人不相信法律的权威?人们为什么倾向选择“上访”作为解决问题的方式?根本上是因为在整个社会尚未真正树立起“法治”观念,没有真正树立起法律的权威。在我国的法治建设中,应当重点研究这些实际问题,在法治层面寻求有效的解决途径。

我们这一代人,是伴随改革开放以及社会主义民主法制建设的发展成长起来的。我们始终有一个梦想,就是通过我们这一代人的努力,在我们国家真正建成和实现法治社会。从1978年至今,我国的法治建设逐步发展已近三十年,法治建设取得了重要的成就,“建设社会主义法治国家”已庄严地写入宪法,成为重要的基本国策;法学教育、法学研究不断深化;人心思治,法治精神日益成为社会的主流意识之一。这都为法治建设提供了良好的社会、思想条件。正如我国经济发展处于关键的转型时期,我国的法治建设也正处于关键的攻坚和转折阶段。从各国法治发展的经验看,从制定较为完备的立法到全社会形成法治的习惯和传统,一般要经过五十年至一百年的努力。还有一种说法,即在一个国家司法考试制度实行五十年以后,法治社会才会逐渐形成。我们相信,再经过二十年至五十年的不懈努力,我们一定能够走出一条建设有中国特色社会主义法治国家的崭新道路,整个社会发展也将进入一种较高水平的法治状态。

三、法治精神之我见[3]

大力弘扬社会主义法治精神,不断锻造法治的内在品质,实在比盖大楼、造法条重要得多。

常言道,人是需要一点精神的,法治建设也是如此。没有精神之法治,犹如没有灵魂之人体。从历史上看,我国并不缺乏严密的法典、高大的衙门和森严的监狱等法治硬件或要素,但唯有法治国家或法治社会所必备的法治精神总是先天不足或者被人忽视,以致法治建设要么昙花一现,要么走样变形,给后人空留许多愤懑与遗憾。因此,大力弘扬社会主义法治精神,不断锻造法治的内在品质,实在比盖大楼、造法条重要得多。

(一)法治实为"三治"

弘扬法治精神,首先必须明确法治的精义。笔者认为,法治可以归纳为"三治":

一是"规律之治"。法治建设必须遵循客观规律,法律应当是客观规律的法律化。这些规律包括人与自然和谐共存的规律,人类社会自身的发展规律,社会主义社会的建设规律,以及共产党的执政规律等,违背这些规律的法治建设可以说是寸步难行,根本走不通。

二是“规则之治”。法是工具还是规则，曾是一个颇有争议的问题。有人把法作为治理他人的工具，有人把法视为人人普遍遵循的规则。客观地说，法是工具和规则的统一。现代社会的法，越来越多地表现为一种普遍的行为规则。任何个人或单位，只要遵循法律规则，就可以享受最大限度的自由；一旦违反法律规则，就应当受到法的严厉惩罚，这是法治社会的基本形态。

三是“规心之治”。法是具有强制力的行为规范，这种强制力首先表现为一种外在的他律。但是，真正的法治，靠的是社会成员的自律。法律只有进入人的内心世界，被人们所信仰所信赖，法治才能有力量，法律才能有权威。否则，法治建设就会付出更多的成本和代价，甚至难以承受。我看到一个报道说，美国著名学府普林斯顿大学的学生考试，从来都是学生把卷子带到宿舍自己做，但至今尚未发现有人作弊。而在我们时下的许多考试中，即使监考人员众多，监考规则严格，对考生严加防范，各种作弊仍然时有发生，有人甚至把高科技都用上了。相比之下，普林斯顿大学实现考试公正，成本是多么小，而我们的一些学校要实现考试公正，成本是多么大！我国一个普通大学与普林斯顿大学教学科研水平的差距，也许并不是最大的差距，最大的差距应当是普大的考试规则活在学生的心中，而我们的考试规则还停留在监考人员的手中。这个报道给我的启发是：只有到了无人监督人们仍能依法、守法、信法的时候，才是法治的理想状态。

（二）最需弘扬是“两点”

关于法治精神，我们可以列出很多，如公平、正义、平等、人权等等。但就我国法治建设长期缺乏的精神品质而言，我认为有两点是需要格外加以弘扬或者强调的：

一是要格外强调法治的“不得例外”精神。所谓不得例外，就是我国宪法规定的任何政党和个人都必须在宪法和法律的范围内活动，不得享有法律之外或之上的特权。每个社会成员必须既是法治建设的主体，又是法治规范的客体，任何人都不得例外，这是法治建设最重要的历史经验和法治的最重要精神。因为法如果对任何人例外，法治社会就不可能建成，就像在100个人的群体中，99个人辛勤建了一座大厦，但由于一个人不同意，放一把火将大厦烧掉了，这就等于大家都白干了。

二是要格外弘扬法治的“不得不服从”精神。法治建设为何那么难？违法行为咋就那么多？归根结底，无论是单位、集体或个人，守法总是会付出一定成本和代价的，而违法往往能够获得额外的好处。在很多场合，不论是社会的弱势群体还是强势群体，都会本能地产生违法的倾向和冲动；再良好的法律，也有人不愿意遵循，这也是法治建设的寻常现象。因此，必须不断增强法治的力量，让企图违法的人都必须服从法律。从历史上看，让普通公民服从法律往往容易，但让拥有权、钱等实力的强势群体服从法律往往就比较难。因为这些人掌握的资源同样具有强大的力量，有时足以与法治相抗衡。而法治的权威和力量并不是恒定的，通常取决于法所生存的土壤和环境。如果在缺乏法治生存环境的地方搞法治，法治最容易因“缺钙”而患上“软骨病”。所以，弘扬社会主义法治精神，建设社会主义法治国家，就必须不断锻造法治的刚性，铸就法之“君临天下”的地位与威权，才能不断应对和战胜各类社会强势群体不时发出的“法大还是权大”的挑战。

注　释

1　这一部分内容是张文显的发言。

2　这一部分内容是陈国庆的发言。

3　这一部分内容是胡云腾的发言。

制度创新是灵魂*

今天,吉林大学理论法学研究中心在这里举办"十六大与中国法律的制度创新"研讨会,其主调为"制度创新是法制建设的灵魂"。

我认为,"十六大与中国法律的制度创新"这个主题包括以下重要论题:第一,法制创新的理论解释;第二,法制创新的理论资源;第三,法制创新的理论坐标;第四,法制创新的制度参照;第五,法制创新的价值目标;第六,法制创新的历史任务;第七,法制创新的动力;第八,法制创新体系。这里,仅就这几个问题发表粗浅的看法,请批评指正。

一、法制创新的理论解释

随着改革的深化,"创新"成为一个使用频率最高的词语。那么,什么是创新,如何理解创新,创新意味着什么?创新包含两方面含义:一是原创的,另一是移植的。江泽民同志在党的十六大报告中精辟地指出:"创新是一个民族进步的灵魂,是一个国家兴

---

* 本文是2003年4月张文显在吉林大学理论法学研究中心举办的"十六大与中国法律的制度创新研讨会"上的发言,发表于《法制与社会发展》2003年第4期。

旺发达的不竭动力，也是一个政党永葆生机的源泉。……通过理论创新推动制度创新、科技创新、文化创新以及其他各方面的创新，不断在实践中探索前进，永不自满，永不懈怠，这是我们要长期坚持的治党治国之道。”[1]这是对创新的一般性即高度概括性的理论解释，也为我们理解法制创新提供了思路。法律的制度创新首先意味着法律体系的重构，即建构适应社会主义物质文明、政治文明、精神文明、生态文明需要，并能够引导和保障四大文明发展的法律体系；其次意味着法律体系内部结构的调整，即易义务本位为权利本位，易刑法本位为民法本位，易程序虚无为程序优先；再次意味着法律的各项具体制度适应体系重构和结构调整而改革，无论是财产制度，契约制度，还是审判制度等等，都要改革。总之，法律的制度创新意味着法制的现代化。

二、法制创新的理论资源

法制创新有丰富的理论资源，从近代启蒙思想家的民主法治理论到当代中国的法学理论研究成果，都构成了中国法制创新的理论资源。有人认为，应立足于本土资源，只有民族的、本土的，才能构成中国法制建设的资源。也有人认为，法制创新应立足于西方近代法治文明。我认为，党的十六大为中国法制创新提供了重要的理论资源。党的十六大从三个方面提供了法制创新的理论资源：一是党的十六大立足于中国国情，立足当代中国和世界，在全球化的理论思维中定位制度创新，在改革开放的前进路程中确立制度创新的新视野、新路径。二是党的十六大关于政治文明建设的理论，关于依法治国和法律改革（有关立法、执法、司法、法律监督等）的论述，直接构成了法律制度创新的理论资源。三是关于改革和制度创新的战略和策略为法制创新提供了方法论，诸如“改革要从实际出发，整体推进，重点突破，循序渐进，注重制度建设和创新”。

三、法制创新的理论坐标

法制创新的理论坐标就是十五大以后由江泽民同志提出和论述的、体现了中央领导层的集体勇气和智慧的“三个代表”重要思想。“三个代表”重要思想既是法制创新的理论动力，又是法制创新的理论坐标，还是法制创新的检验标准。我们的法律是否实现了制度创新，关键是看法律的各项改革和建设能否代表中国先进生产力的发展要求，是否有利于解放和发展生产力；能否代表中国先进文化的前进方向，是否有利于先进文化的生成、传播和对一切文化优秀基因的整合；能否代表中国最广大人民的根本利益，是否有利于人民权利的确认、保障和实现，以及通过权利的实现而使利益最大化。

四、法制创新的制度参照

在当代中国，要推动和实现法律的制度创新，用什么作为参照系呢，用什么作为衡量的标准呢？可以说，整体上没有任何一种法律制度或者法律传统可以作为我们的参照系，无论是英美法系，或是大陆法系；无论是发达国家，或是发展中国家。这是一场真正的制度创新。不过，在具体的制度设计上，在具体的技术操作层面，我们可以发现和选择很多参照系。例如，关于宪法监督的机制，就可以从美国、法国、德国、俄罗斯等国的宪法规定和实践中找到富有启发的东西；关于人权保护，可以从《世界人权宣言》、《公民权利和政治权利国际公约》和《经济、社会、文化权利国际公约》中抽取各种规则。

五、法制创新的价值目标

法律的价值有各种各样的体现,各种各样的存在形态,概括而言,有秩序、自由、正义、效率等。这些可以视为法律创新的终极价值目标,法制创新就是为了实现更加良好的社会秩序,使人民群众安居乐业;实现更加充分的自由,拓展人民群众的意志自由、行动自由的空间;实现全社会的正义与公平,使人民群众在利益均衡、权利对等、和衷共济的体制中生存;实现资源价值的极大化,生产力的最大化,让人民群众在充满活力和生机的社会中尽享生活的乐趣。但是,作为社会主义初级阶段的法制创新还应当有自己的阶段性目标。例如,实现改革的力度、发展的速度、社会可承受的程度的统一,把不断改善人民生活作为处理改革发展稳定关系的重要结合点,在社会稳定中推进改革发展,通过改革发展促进社会稳定,就是阶段性目标之一。再如,法律的制度创新以宪法的修改作为龙头,通过修改宪法,把财产权利的保护、隐私权的保护、社会弱势群体权利保护写进宪法,使公民权利体系呈现出新的形象,也可以说一种阶段性目标。从具体层面,还可以把司法改革作为法制创新的一个方面的阶段性目标。

六、法制创新的历史任务

法制创新的历史任务可以用建设“中国特色社会主义法治国家”来概括。党的十六大提出全面建设小康社会,小康社会表现为四大文明的统一,即物质文明、政治文明、精神文明、生态文明的统一。生态文明是从物质文明中分化出来的,政治文明是从精神文明中分化出来的。以前,按照马克思、恩格斯和列宁的理论,世界被划分为物质与精神两个领域,人口、环境、资源、自然体作为社会物质生活条件,属于物质文明的范畴;政治、法律等上层建筑作为精神要素,属于精神文明。党的十六大把政治文明从精神文明中独立出来,把生态文明从物质文明中独立出来。特别是把政治文明从精神文明中独立出来,将对法治建设、法制改革和创新设计了独立空间。与四种文明相适应,有四类制度。四类制度的相辅相成,构成了法律制度创新的历史任务。

七、法制创新的动力

我们常说"改革是发展的动力",那么我们法制创新的具体动力是什么?我们应当找出法制创新的不竭动力,永恒地推动法制创新。法制创新的动力是多元的,经济全球化、环境全球化、公共事务全球化的巨大压力,构成我国法制创新的外部动力,这是一种不改不行的推动。人民群众对于人权保护的时代呼唤,要求摆脱市场经济中的无序、欠序状况、克服民主政治的断条和梗阻现象的强烈愿望,对于执法不严、执法不公和司法不公、司法腐败等弊端的强烈不满和要求执法改革和司法改革的强烈愿望等,构成了法制创新的内部动力。这些外部与内部动力加以整合,构成党和政府创新法律制度的政治推动,由于党和政府的政治推动,当代中国的法制创新呈现出党和政府主导、建构与进化相结合、以建构为主体的特征。

八、法制创新体系

从20世纪90年代起,我国推出了创新工程,但它主要是科技、知识的创新。法制创新应当纳入我国的创新工程。法制创新本身又是由许多复杂的要素构成的体系。对法制创新体系,怎么描述?法制创新的面与点(基本方面与重点)如何策划?一种描述和策划是:政治方面的法律制度创新;经济方面的法律制度创新;文化方面的法律制度创新;生态方面的法律制度创新;国际关系方面的法律制度创新。另一种描述和策划是:立法方面的制度创新;执法方面的制度创新;司法方面的制度创新;法制监督方面的制度创新。当然,还可以有其他的创新体系的描述和策划。

注　释

1　江泽民:"高举邓小平理论伟大旗帜,把建设有中国特色社会主义事业全面推向21世纪",载《求是》1997年第18期,第16页。

依法治市是精神文明建设的核心内容*

法治是现代城市精神文明的首要标志。检验一个城市精神文明程度的基本标准是它有无一个良好的法律秩序，即是否达到了“有法可依、有法必依，执法必严、违法必究”。

既然法治是城市精神文明的首要标志，因而依法治市也就成为一个城市精神文明建设的核心内容。精神文明建设可以从不同的角度、通过不同的途径抓起。我认为最有效的途径或者说捷径无疑是依法治市。我国古代著名的政治家和思想家管仲曾经指出：“仓廪实而知礼节，衣食足而知荣辱”，“所谓仁义礼乐者，皆出于法”。前一句话说明了精神文明对社会物质生活基础的依赖关系，有唯物论的成分；后一句话说明了法对精神文明的巨大作用，具有辩证法的因素。古代法律尚能对精神文明有保障和促进作用，社会主义法律更可以在精神文明建设中发挥前所未有的作用。依法治市之所以能够保障和促进精神文明，首先在于法是实现国家的政治职能、经济职能及其他社会职能的有力武器和重要手段。法在实现国家职能的同时，也就为发展社会主义精神文明提供了客观的政治基础、经济基础和社会基础。其次在于法是支配人的

---

* 本文是张文显在“长春市精神文明研讨会”上的发言，发表于《长春日报》1991年4月25日。

意识形态的第一个力量。当国家把精神文明的基本要求确认为具有明确性、肯定性、强制性的法律规范后,人们通过法律就可以知晓国家提倡、保护什么,反对、禁止什么,从而受到精神文明的教育。再次在于只有通过法律把社会公德确认为公民的法律义务,国家才能够对公民的道德行为实行真正的和直接的监督,并为公民提供同严重违背社会公德的坏人坏事进行斗争的法律武器,提高公民维护社会主义精神文明的勇气和积极性。在依法治市与精神文明建设的关系上,要采取现实主义态度和切实可行的措施。一般说来,要使市民的多数成为雷锋式人物是不现实的,而要求绝大多数市民成为遵纪守法的市民,并通过养成遵纪守法的习惯弘扬社会主义精神文明则是可能的。因此,城市精神文明建设要从依法治市开始,并以依法治市为重心。

将研究重心切实转向社会主义经济建设*

在90年代,代表我国法理学基本走向的,将是研究重心切实转到以经济建设为中心上来。这一转移是党在社会主义初级阶段的基本路线的根本要求,也是法理学应当选择的最高价值取向。

从党的十一届三中全会开始,我们党始终强调要以经济建设为中心,社会主义的根本任务是发展生产力。在十一届三中全会上党中央明确宣布:在我国,剥削阶级作为一个阶级已被消灭,我国社会存在的矛盾大多数不具有阶级斗争的性质,阶级斗争已经不再是我国社会的主要矛盾。全会果断地否定了"以阶级斗争为纲"的错误路线,做出把党和国家的工作重心转移到社会主义现代化建设上来的战略决策。之后,在邓小平同志的倡导下,我们党经过十二大和十三大,根据马克思主义普遍真理与中国实际相结合的原则,在深刻总结历史的和当前的实践经验的基础上作出了我国处于社会主义初级阶段的科学论断,形成了以经济建设为中心,坚持四项基本原则,坚持改革开放的基本路线,并以基本路线的形式规定了经济建设的中心位置。在整个80年代,邓小平同志作为

---

* 本文是"九十年代法理学的展望(笔谈会续)"的组成部分之一,张文显的笔谈标题为"将研究重心切实转向社会主义经济建设",发表于《中国法学》1992年第1期。

党中央领导集体的核心和当代中国马克思主义的杰出代表,反复强调“一个真正的马克思主义政党在执政以后,一定要致力于发展生产力”。今年7月1日,在庆祝中国共产党成立70周年大会上,江泽民总书记再次强调指出:“在社会主义现代化建设中,我们始终要以经济建设为中心。党和国家的各项工作都必须服从和服务于经济建设这个中心,而不能离开这个中心,更不能干扰这个中心。要像邓小平同志反复告诫我们的那样,除了爆发大规模战争外,全党同志必须贯彻始终地集中力量进行经济建设,一步一步地实现我们的战略目标。我们一定要把这个雄心壮志在全党全社会牢固地树立起来,扭着不放,毫不动摇。”

以经济建设为中心,符合我国社会主义初级阶段的基本国情和社会发展规律,反映了亿万人民的根本利益和普遍要求,具有经济、政治、文化、内政、外交等方面的综合性社会意义和历史意义。我国法理学理应与党和国家工作重心的转移同步,及早从服务于“以阶级斗争为纲”向服务于以经济建设为中心转移。但是,由于长期积沉的僵化观念和极“左”思潮严重地阻碍着这一重心的转移,后来又出现了资产阶级自由化思潮的严重干扰,影响了这一重心的切实转移。为了排除这些阻力和干扰,法理学不得不把主要精力放在拨乱反正、正本清源的思想理论斗争上。因此,在80年代法理学研究的重心还没有完全转移到以经济建设为中心上来。经过十多年思想理论上的拨乱反正,党的基本路线日益深入人心,以经济建设为中心开展法理学研究已成为法理学家的普遍认识和自觉行动。90年代我国法理学将在继续消除各种错误思潮,特别是资产阶级自由化思潮不良影响,参与意识形态领域反对和平演变斗争的同时,把注意力和重心切实转向对建设有中国特色的社会主义重大理论问题和实践问题的研究,特别是对90年代我国经济和社会发展以及改革开放重大问题的研究,为社会主义物质文明和精神文明建设服务。坚定不移地以社会主义经济建设为中心开展法理学研究,我国的法理学必将能够有效地防止出现大面积、长时期的政治或理论失误而得以持续健康地发展,必将充分地实现其应有的价值,获得社会的承认和重视。随着法理学研究重心的进一步转移,我国法理学将进入繁荣发展的新阶段。

展望我国法学研究的发展趋势*

——访吉林大学法学院院长张文显教授

问:党的十一届三中全会以来,党和国家把大力加强社会主义法制建设作为坚定不移的基本方针,极大地推进了我国的法学研究,并取得了丰硕的研究成果。党的十四大和八届人大在提出建立社会主义市场经济体制战略的同时,以市场经济是法制经济的思想,进一步强调必须高度重视法制建设,在这种背景下,您能否谈一下对我国法学研究发展趋势的看法?

答:我的总体看法是,中国法学研究在90年代有十分良好的发展机遇,为法学研究人员尽其所能地进行创造性活动提供了广阔天地,在这种大背景下,我国法学研究将呈现出进一步科学化、实践化、现代化、国际化的趋势。

问:您的看法非常令人感兴趣,请具体分析一下您所说的这种发展趋势。

答:首先谈一下科学化趋势。前几年,有人评论法学"幼稚",经过法学界的共同努力,法学幼稚的情况有所改变。90年代,我国

---

* 本文是吉林省社科规划办工作人员对张文显的采访文稿,发表于《社科信息报》1993年6月25日。

法学将彻底“脱幼”,走向成熟,真正以科学精神对待一切法律思想和法学理论,实事求是地从各个时代、各个国家、各种学派的法律思想中吸取符合法律现象和发展规律的认识成果,丰富和发展马克思主义的法学理论。90 年代我国法学将在总结以往认识成果和深入研究的基础上,建构起能够表明法学理论优势的科学的范畴体系,随着范畴体系的建构,法学的理论体系也将形成和完善。研究方法上的千篇一律和以相互雷同的分析视角、思维模式去面对法律现实的现象将得到扭转。各种现代自然科学方法和人文社会科学的新方法将在法学研究中得到广泛的应用,这些理论和学说经过实践的检验和学术批评的助长,将逐步形成马克思主义共同指导下的不同学派。

其次谈一下实践化趋势。虽然我国法学过去十多年在参与实践化的根本转变,但仍须做出重大努力。90 年代法学将成为名副其实的实践科学,这主要是表现在两个方面:一是法学的研究重心切实转向以经济建设为中心上来。以经济建设为中心开展研究已经成为法学界的自觉意识和行动。二是法制建设方面的重大实际问题将成为法学研究的主要热点。如果说前十几年法学的热点偏多于理论上的“左”或右、是与非等“务虚”性质的问题,90 年代法学的热点将是与市场经济、民主政治、社会稳定和发展密切相关的“务实”性质的法制问题,特别是社会主义市场经济的法制问题。

现在谈谈现代化趋势。法学的现代化是一个综合观念,既包括法学理论的现代化,也包括研究方法和手段的现代化。法学现代化是与法制现代化大体同步的,而法制现代化又是与市场经济、民主政治和理性文化相适应的。以现代化的市场经济、民主政治和理性文化为参照,反观、审视和检验既有的法学观点和理论,将实现法学的更新和变革。同时,随着现代科学技术的广泛运用以及法学研究经费的扩大投入,法学研究将转变传统的“笔加纸”的人工操作方法,把计算机信息处理技术引进来。这将不仅有利于开展定量分析，实现资料共享，提高法学研究的效率，而且更重要的是，法学可以借助计算机技术深入法律运行过程中进行实证的调查研究和数据分析，使法学在研究实践，指导实践方面发挥更大的作用。

最后谈谈国际化趋势。在改革开放的推动下，我国法学在80年代已经突破自我封闭的局面，开始参与法学的国际交流和合作。90年代这种局面将有根本性改观。市场经济体制的建立加快了我国经济与国际经济的衔接，促使我国法律和法学国际化。市场经济以其固有的客观规律必将冲破一切地域限制，使国内市场与国际市场衔接，即实现经济的国际化、世界化。与经济国际化、世界化相适应，法律特别是有关经济和民事的法律以及一部分公法也将国际化和世界化，国内法与国际法将呈现互相交叉、互相渗透的局面。这一趋势促使我国法学必须扩大开放，走向世界。我国法学在国际法学论坛的地位将明显提高。90年代我国法学的理论和方法论优势将进一步发挥出来，对国外法律和法学的比较研究将在更大的范围、更深入的层次展开，对中华传统法律文化和有中国特色的现代社会主义法制建设经验的总结将大为加强，特别是对市场经济法律问题的研究将全面进行，这些将使我国法学的学术水平、民族特色和时代精神有大幅度增强，从而使我国法学有充足的条件在国际法学舞台独树一帜，西方法学对国际法学近乎垄断的局面将被打破。

问：您的展望与分析使人深受鼓舞。最后，还想请您简略地谈谈怎样珍惜发展法学研究的这种大好机遇。

答：我感到，首先要明确法学研究的指导思想和基本思路。这就是：要坚定不移地坚持党的“一个中心，两个基本点”的基本路线，坚定不移地实行“百花齐放、百家争鸣”的方针。紧紧围绕着改革开放，特别是社会主义市场经济体制和民主法制建设，开展法学研究，提供更加有效的、适时的理论和技术服务。另外，关于法学研究的方向和目标,我想,我国的应用法学尤其是有关经济、科技、政治的法律问题研究,与国外先进水平相比差距很大。为适应建立社会主义市场经济和发展社会主义民主政治的需要,应着重加强应用法学的理论和技术研究,使应用法学在解释和解决法律实践问题方面有更大的发言权和作用。这是我国法学在今后十年努力的主要方向和目标。与此同时,要继续重视法学的基本理论研究。我国的法学基本理论基础薄弱,在相当多根本问题和重大问题上没有形成自己的理论,对法学基本范畴的研究刚刚起步,对涉及各部门法的共同问题缺乏科学的概括,因而我国法理学对部门法学和法制实践指导功能疲软的状况一直未得到根本的扭转。因此,应继续重视法学基本理论的研究,鼓励法理学研究人员以贴近现实的理性洞察,对那些具有普遍意义的实践经验和发展趋势加以概括和升华,丰富法学理论体系和有中国特色的社会主义理论。

依法治国:党领导人民治理国家的基本方略*

张文显:十五大提出“依法治国,建设社会主义法治国家”,用“法治”替代“法制”,虽然这两个概念只一字之差,但其内涵和意义却大不相同,反映了我们党对邓小平同志“要法治不要人治”的民主法制理论认识的深化,是对发展社会主义民主和健全社会主义法制提出新的更高要求,是以江泽民同志为核心的党的第三代领导集体依法治国、厉行法治,彻底摒弃人治的坚定信心和决心的鲜明表现。确立“依法治国,建设社会主义法治国家”,从根本上确立了人民掌握政权之后治理国家的基本方略。

主持人:依法治国,建设社会主义法治国家,与邓小平民主法制思想,与社会主义初级阶段理论是什么关系呢?

张文显:依法治国是邓小平民主法制理论的重要内容。1978年,邓小平同志针对我国“十年浩劫”的沉痛教训,明确提出“坚持发展民主和法制是党和国家坚定不移的方针”。邓小平同志的民主法制理论,指引我们国家逐步走上依法治国之路。

以江泽民同志为核心的党的第三代领导集体正是依据邓小平

---

* 本文发表于《光明日报》1998年1月14日。

民主法制理论,根据新的实践经验,在十五大上明确地提出了依法治国是党领导人民治理国家的基本方略,并科学地揭示了这一方略的内涵。

张文显:另外还要深刻理解党的领导与依法治国的关系。关于这一点,十五大报告已作了明确阐述。事实上,党的领导和依法治国是相互促进的。依法治国是我们党提出来的,是我们党领导人民治理国家的基本方略,共产党执政就是领导和支持人民群众当家作主。共产党的领导是依法治国、建设社会主义法治国家的根本保证。依法治国不仅不影响党的领导,而且有利于加强和改善党的领导。依法治国可以通过法定程序把党的路线、方针、政策、主张变成国家意志,从法律制度上保证党的基本路线、基本方针的长期稳定和切实贯彻实施。依法治国可以依照法律规定程序把该由政府办的事交由政府办;把该由司法机关办的事交由司法机关办;把干部推荐到国家机关担任领导职务,从而加强政治、思想、组织领导,保证党更好地发挥总揽全局、协调各方的领导核心作用,提高党的领导核心作用,提高党的执政水平。同时,依法治国还要求党必须在宪法和法律的范围内活动。党领导人民制定宪法和法律,党又在宪法、法律的范围内活动,这就把坚持党的领导、发扬民主、严格依法办事三者有机地统一起来了。

张文显:完善依法治国的制度保障、强化依法治国的监督机制也需抓紧进行。依法治国必须更加注意法律的实施,真正做到有法可依、有法必依、执法必严、违法必究。这就需要完善制度保障,深化立法、执法、司法、普法教育制度的改革。同时要完善监督法律,建立健全依法行使权力的制约机制。要坚持实行公开办事制度,让人民监督政府机关。要把党内监督、法律监督、群众监督结合起来,并发挥舆论监督的作用,使专门机关的监督与广大人民群众的监督紧密配合,形成严密、有效的监督网络。

香港“九七”后的法制模式 *

张文显教授是我国法学界颇有见树的中青年学者,他的法理学理论在海内外有较大影响。前不久,张教授应邀到香港就中国改革开放后法理学的发展与现状、“九七”后香港与国内的法律衔接等问题作访问演讲。返程途经深圳,记者趁此机会就香港九七回归后的法制模式等问题求教于他。

记者:张教授,香港回归在即,《香港特别行政区基本法》也已颁布5年了,您认为“九七”后香港原有的法律和基本法会是什么样一种关系?在这两种法律体系的作用下,香港的法制模式会是怎样的?

张教授:我认为香港“九七”后的法制模式将是混合型的。为什么这样说呢?第一,香港“九七”后的法制会出现两种制度的混合:从社会整体上讲,到那时香港虽然继续实行资本主义制度,但社会主义的某些因素会不可避免地渗入进去,因为它毕竟是在一个统一的大国之内,是在“一国两制”的条件下。

第二,会出现两种法系的混合。“九七”后香港法律作为英美法系的传统即普通法会继续存在下去,但普通法又是在基本法框

---

* 本文是1995年5月23日《深圳特区报》记者对张文显的采访文稿,未公开发表。

架之内的，而基本法是成文法。这样，从法律的渊源、人的推理、法官的决策作用、判决的形式等方面看，就会明显出现普通法和成文法两种法系在技术和形式上的不同与混合。

第三，势必出现两种法律语言的混合。大陆法系关于法的一些要素、法律行为、法律事实的表述与英美法系有很大的不同，这样将来可能会出现两种语言法庭并存，或一种法庭两种语言的情形，这样一来可能会出现法律适用上是否一致等问题。

第四，会出现两种法律理念的混合。两种法律理念的混合将在很多方面表现出来。如政治与法制的理念。国内强调法律是政治的工具，强调政治、国家在法律运行中的中心位置。而香港所属的英美法系则强调法律至上，强调法在整个政治活动中居于核心，这正好倒过来。又如平等和差异的理念。尽管我们在经济生活中强调效率优先，整个社会的理念还是强调平等，目标是共同富裕。而香港强调的是差异，这种理念允许不平等，人们认为这种不平等对每个人有利，所以普遍接受它。一个被普遍接受的不平等理念就不是一个非常可恶的东西。在他们看来，没有资本家投资就没有工人工作的机会。既然有投资，就会出现差异。因为在投资过程中，投资者必定是最大的收益者，但他在获益同时又给整个社会创造了繁荣、富裕、就业。这样一种差异理念就和社会主义、和党的社会理想存在对立。再如宏观和微观的理念。过去我们有一个提法叫宏观管住、微观放开。现在不这么提了，但在立法观念中仍很明显地存在，我们的立法总从宏观角度去搞。香港则更重微观，他们对每一个经济主体的微观行为规范得非常细致、严密，从公司的设立到运行、纳税、最低工资、劳资关系，都规定得非常详细。大家都按这么一种微观法律规则活动，宏观的目的也就达到了。我们现在宏观的设想往往没有微观的配套，对经济主体的微观法律行为、社会行为规定得不够。

记者：您从以上四个方面清楚地阐明了“九七”后的香港法律

将是一种混合模式。历史经验显示:两种制度的混合过程常会伴随一些矛盾,如您所说的两种语言的并存,不同理念的冲突;也势必夹杂一些利益之争,如一直受英美法律影响的行内人士对基本法所可能产生的消极反应。而“九七”后香港的稳定、繁荣要求法律制度的一致配合,有鉴于此,可否推出这样一个结论:混合模式应该不是香港法律制度的长远目标,而只是“九七”香港回归后的一个必经或过渡阶段?若是这样,在这种混合阶段之后,香港的法律又会是一种什么样的模式呢?或者说,如何改造这种混合模式才能使之上升到一个更高的与整个社会的要求相符的阶段呢?

张教授:回答这个问题,就要联系一个连续的法制里程。从这个角度讲,“九七”后香港的法制里程将是一个长期的由混合到整合的过程,混合一开始将出现无序或脱序现象。两种体系的混合最初是一种机械的交叉,是夹生饭、两层皮,需要有一个整合的过程才能使之实现融合、趋同。不同因素的混合,实际上会表现为一种法律文化的冲突,而要解决法律文化的冲突,就必定会涉及利益冲突,即用谁来整合谁?我个人认为应当是用基本法整合普通法,因为“九七”后基本法是香港的根本大法,只有用基本法来整合普通法,才能使香港法律体制形成一个统一的新的模式。当然,也不能忽视香港原有的法律制度的影响。将来香港本身有一种整合,香港与深圳之间更有一种整合。在这个整合过程中,深圳肩负着特殊的使命,深圳的法律界对此应有充分的准备,从现在起就开展前瞻性研究,思考要超前。

法的精神:一个跨学科的时代性话题*

——答《当代学术信息》记者问

问:吉林大学法学院等单位近期联合发起召开了“全国市场经济与现代法的精神研讨会”,即“大连会议”。会议围绕着市场经济与现代法的精神这一主题展开了热烈、深入、充实的讨论。您是这次研讨会的主要组织者,我们想请您谈谈什么是法的精神,以及法学界讨论这个问题的意义。

答:非常高兴有机会接受您的采访。从现代法理学和法律社会学的角度,我们认为法的精神是法制系统内部的要素,即法的内在方面。任何一个法制系统都包括三个层面:第一,法律的概念、规则、原则、技术体系;第二,立法、执法、司法、公证等法律组织及其活动;第三,法的精神。法的精神是法制系统的灵魂或中枢神经。它支配着对社会经济、政治、文化进行的法律性制度安排,指引和制约着法律资源和其他资源的社会性配置。因而处于法制系统的最深层面或核心层面。

从理论意义上说,研究法的精神具有理论的反思和创新意义。

---

* 本文是《当代学术信息》记者对张文显的采访文稿,发表于《当代学术信息》1995年第2期。

近两年,我国社会科学的各个学科在邓小平南巡重要谈话的鼓舞和指引下,解放思想,实事求是,围绕着建立社会主义市场经济开展研究,取得了一系列突破性学术理论成果。各部门法学在市场经济立法和司法实践的推动下也取得了令人注目的成果。与其他学科和部门法学比较,法理学研究相对滞后,对部门法学和法律实践的指导功能明显疲软。摆脱这种被动的状态,需要寻找一个理论切口或突破口。市场经济与法的精神就是一个最佳切口。之所以把它作为切口,是因为:第一,它具有鲜明的时代性和前瞻性。建立社会主义市场经济体制是当代中国最伟大的社会实践。市场经济是法制经济。建立社会主义市场经济体制的过程必然是建构市场经济法律体系的过程。但是,这里的"法制"不是任何意义上的法制,而应当是由现代法的精神作灵魂和支点的法制。所以,市场经济与现代法的精神就成为法学的一个时代性论题。第二,它具有联结当代哲学、经济学、社会学、文化学等其他学科的多边性,能够促使法学家关注并引进其他学科的最新研究方法和理论用来解决法学理论和法制建设的重大问题,吸引其他学科与法学开展多边研究,创造出与当代社会思潮和社会发展相适应的法学理论。第三,它能够引起整个法学界的重视,形成类似于法律面前人人平等、法的阶级性和社会性、权利与义务的讨论那样的热点。法理学的发展,不仅需要法理学者的开拓创新,也十分需要民法、经济法、刑法、程序法、宪法、行政法、国际法等部门法学的专家的关注和广泛参与。市场经济与现代法的精神显然是一个能够引起法学界广泛兴趣和积极参与的重大论题。

从实践意义上说,研究法的精神其意义在于为法律制度的改革和发展寻找富有时代性和世界性的精神推动。建立社会主义市场经济是以市场化、现代化为目标的制度创新和建设。法律制度的改革和建设是这种制度创新和建设的重要组成部分。而法律制度的改革和建设必须由新的法律精神去推动。应该看到,我国的法律制度虽然本质上是社会主义性质的，是20世纪的，但由于历史上封建法律传统的影响，特别是由于自然经济、半自然经济和产品计划经济的制约，其精神内核与市场经济很不协调。若没有法的精神的转化，法律制度的改革无从谈起，我国的立法、执法和司法也难以适应市场经济的需要。所以，要研究如何建立与社会主义市场经济相适应的法律体系，用什么样的法的精神推动我国市场经济立法，如何促进现代法的精神从理论和观念形态转化为一般立法政策和具体的法律原则、规则、概念和技术。

问：听您以上的阐述，对法学界为什么要开展市场经济与现代法的精神研究有了一个新的理解。那么，接下来想请您讲讲现代法的精神包括哪些要素。

答：现代法的精神是与市场经济的本质和规律相适应的理性精神和文化要素。与市场经济相适应的现代法的精神是一个具有多样性、层次性、动态性的有机整体。可以从不同角度认识概括，所以，对现代法的精神具体包括哪些要素，法学界还没有形成一致的看法，在短时期内也难以形成一致的看法。据我个人的理解，以市场经济为基础，现代法的精神至少应当包括权利本位、契约自由、宏观调控、效率居先和人文主义等要素。其中，权利本位是其首要因素，契约自由是其内核，宏观调控是其政策基础，效率居先是其价值指向，人文主义是其哲学基础。

问：这些概念和命题对法学以外其他学科的人们来说可能比较生疏，您能否做些解释。

答：可以。权利本位是一个重要的概念组合。其要义是：在整个法律体系中，即在权利与义务、权利与权力的关系中，应当以权利为起点、核心、主导和目的。把权利本位纳入现代法的精神之中，意在弘扬人的自主意识和主体精神，认可和扩充人们活动的自由空间，在义务本位和权力本位的历史传统面前实现权利与义务、权利与权力的理性平衡，加速市场经济、民主政治和精神文明的发展。

契约是商品经济的产物,并随着商品经济的发展而普遍化和社会化。当商品交换超越自然性社会联系而打破地域界限,并在时间上和空间上分离时,契约、契约观念和契约制度就应运而生。在市场经济条件下,作为交换媒介和信用关系的契约是平等的当事人自主而合意的行为,因而必然是自由的,非自由的"契约"不能说是契约。契约的自由包括自由缔约和内容自由。契约自由的价值是广泛的。诸如:维护交易安全,增进交易信誉;减少交易费用,提高经济效率;培植自由、诚信、互利、互律的观念体系;破除身份的束缚,特别是企业对政府的行政隶属关系这种当代的身份关系,使生产者和经营者成为真正独立自主的市场主体,推动"从身份到契约"的历史性进步。所以,要倡导契约自由,充分尊重当事人之间的合意和自由选择,为自由契约提供有效的法律保护。

宏观调控是现代市场经济的基本特征,更是社会主义市场经济的显著特征。因而宏观调控必然是现代法的精神的政策基础。宏观调控不同于计划经济体制中的政府管制。它是政府通过法律对经济运行和经济活动实行的以市场为轴心和导向的调控,目的在于以市场为依托和核心来组织经济生活,促进市场经济健康文明地发展,并在此基础上实现国民经济发展和社会全面进步的总体目标。作为现代法的精神之政策基础的宏观调控,必须充分尊重和善于利用市场经济的固有规律,例如公平而自由竞争的规律,利润平均化规律,经济人规律,经济发展与社会全面进步相适应的规律,等等。

价值是法的精神的要素。市场经济是以效率居先安排法律价值体系为特征的。在法律领域,效率居先意味着:第一,在法律制度这一总的制度框架内,要以效率的观念和效率的标准来配置权利、权力、义务、责任等法律资源。第二,以效率为优先价值来引导资源的个别运用。第三,法律资源的初始界定和安排不是恒定的,法律允许权利、权力资源的合理让渡和流通。第四,效率与公平冲突时,为了效率之价值目标,公平可以退居次要位阶,甚至做出必要的牺牲。效率居先不排除其他价值,而是与其他价值(如自由、平等、安全、稳定等)相辅相成的。

人文主义是现代法的精神的哲学基础,因而也就是法的精神之精神。把人文主义作为现代法的精神的核心和基础,首先是因为人是市场经济的中心,发展市场经济的根本目的和历史意义在于人,市场经济的价值最终应当体现为人的物质利益的满足和精神利益的充实,表现为人的自由而全面的发展。其次是因为市场经济本来就是人文主义精神的原生点。权利本位、契约自由、法律面前人人平等、法无明文规定不为罪、凡是法律没有禁止的都是允许的,以及以"自然法"、"自然权利"观念为核心的人权理念,都是人文主义精神的伟大体现,它们都是近代市场经济兴起之后才成为普遍的社会观念和制度规范的。再次是因为健康、文明、高效、有序的市场经济仰赖人文主义的精神环境,并需要由内含人文精神的法律制度去引导和规范。最后人文主义在法律中的涵量是法制文明和社会进步的重要标志。强调人文主义是现代法的精神无疑有助于不断扩大人文主义精神要素在法制中的涵量。

市场经济、精神文明与法制建设*

——访吉林大学副校长、法学教授张文显

日前，张文显教授应邀到香港大学讲学，途经深圳，记者就深圳在建立社会主义市场经济体制、加快法制建设步伐过程中应注意的问题求教于他。

记者：张教授，您对深圳的法制环境印象如何？

张教授：法制环境从理论上讲包括两个层面，一是制度层面，二是理念层面。就第一个层面而言，深圳已走在国内前列。国内没有的立法，深圳有。深圳是全国法律的“试验田”。深圳立法人员素质好、层次高，立法眼界宽，队伍庞大。深圳法学界、司法界与国际上的联系多。深圳现有六十多所律师事务所，六百多名律师，人均拥有律师比例国内最高，依法治市有力度。

记者：在此基础上，深圳法制建设应朝什么方向发展？

张教授：继承、移植、改革是法制建设的三条重要道路。深圳在法律制度层面建设上的继承和移植解决得较好，继承可使立法起点高，移植便于与香港和国际接轨，但光有这二者还不够，我觉

---

* 本文是《深圳特区报》记者对张文显的采访文稿，发表于《深圳特区报》1995年5月23日。

得深圳还应明确提出法制改革问题,因为法制改革是法律发展的根本动力。

记者:如您所说,深圳是全国法律的“试验田”。在试验过程中应注意哪些问题?

张教授:深圳立法要注意的突出问题就是私法公法化的倾向,这是需要改革的地方。经济领域中的很多东西原属私法范畴,私法的最大特点是给主体创造宽松环境,使其在自由和平等的框架内竞争。现在很多法规本来是私法性很强的东西,却公法化了,即用公法那种授予权力的模式来制定私法,把一种赤裸裸的政府行政权力揉进了私法中。这样一来,就用法律把本是经济主体的权利变成了国家权力。实际上反映出立法模式或法律理念和私法是相悖的。如公法化的倾向继续下去,将来深圳的私法不可能和国际上接轨,移植的条文可能一样,但整个法律的中心可能是国家的权力(power),而非经济主体的权利(right),变成国家权力本位,这是私法公法化的结果。不意识到私法公法化这一问题的严重性,不加以改变,加以改革,将来必走弯路。西方20世纪初就因此而走了弯路。所以我认为有必要对私法公法化的倾向加以改革。否则,这种倾向会使深圳在由计划经济向市场经济过渡过程中,本应逐步淡化、弱化的行政权力,反而通过立法得以加大,而且使这种权力合法化,用法律作保障,能在法律上找到依据。这样发展下去不利于社会主义市场经济的健康发展。

记者:在您看来,立法怎样才能有利于社会主义市场经济的健康发展?

张教授:最重要的是,立法必须以市场为中心,为依托。从微观上讲,深圳的法制建设特别要注入与市场经济相适应的现代法律精神,如人文主义、权利本位、契约自由等精神。不用这种精神去推动整个立法,尤其是经济立法,深圳的法律体系就很难说是一种与市场经济相适应的体系。从宏观上讲,立法必须遵循市场经济规律,其中主要包括利润平均化规律,尊重自由、平等、竞争的规律,经济人规律,经济发展与社会全面发展同步的规律。拿利润平均化规律来说,为什么市场经济发育成熟的西方国家经济很少出现结构性失调?除了贸易国际化这个因素以外,很重要的一个原因是不管投资飞机或垃圾场,其长期利润和效益一样,这就是利润平均化规律在起作用。同是市场经济条件下,马克思在《资本论》中所揭露的资本主义的这一经济规律实际上用到我们这里也非常合适、有益。像房地产行业,大家看到有利可图,就一哄而上,发展过头。于是通过一种立法形式或红头文件的形式来限制其发展,使很多投资商一下子陷入困境。为什么当初不能按照利润平均化规律来制定规划或规则呢?房地产既然是可获暴利的产业,就可以实行高税收,使其利润和其它行业平均化,从而避免一哄而上。通过尊重这样一种经济规律,就不会出现经济上的大起大落。只有尊重上述四个规律,我们的立法才能真正与市场经济吻合,这种法制环境下的宏观调控才称得上是市场经济条件下的宏观调控。

记者:深圳在发展经济的同时也非常重视精神文明建设,您可否从法学角度对深圳精神文明建设提些建议?

张教授:法制建设是精神文明的一个重要方面,法制程度的高低代表着精神文明程度的高低。从法学角度来看,我们过去讲的精神文明是义务本位的精神文明,在社会主义市场经济条件下,我认为这样一种精神文明已很难行得通,因为市场经济讲的是竞争,优胜劣汰。如上升到法律的角度,形成对权利的尊重,就是真正的文明。所以,现在和今后应形成人尊重人的权利的社会风尚,尊重每个人的人身权、人格尊严、财产权、自由权。如果每个人都能尊重别人的人格尊严、人身自由、财产权利、基本人权,每个人尊重每个人的权利,那么这个社会就可步入一种良性的而且是真正稳定的现代的精神文明,整个社会的精神文明就是实实在在的了。

记者:一提到尊重人的权利,就容易使人产生误解,在您看来,尊重人的权利与建立社会主义市场经济是否一致?

张教授:可以肯定地说,社会主义市场经济要求尊重经济主体的权利。权利有两个对立面:一个对立面是义务(duty),一个对立面是国家权力(power)。从义务上讲,义务来源于权利,从而服务于权利,这是现代法律精神的一个很重要的方面,例如,我有纳税的义务,但前提必须是我有获得收入的权利;我有保密的义务,但作为一个公民,我首先必须有知情权,无知情权而让我尽保密的义务,那这个义务就是强加的,是根本不合理的。这种思路实际上就改变了中国古代义务本位的法律传统的要求。传统的义务本位不适应市场经济。再一个对立面是国家权力。在公民权利与国家权力之间,也应该是公民权利本位,因为国家权力源于公民权利,说到底,国家权力、政府权力是公民委托授予的。为什么在权力与权利间也要讲公民主体权利本位,而非国家权力本位呢?因为在计划经济条件下,一切都围绕着政府的行政权力转,企业生产什么,生产多少,怎么销售,销到哪里,定价多少,都由政府规定好,你只要去执行就可以了。所以那时是国家权力本位,国家权力本位是计划经济的产物。市场经济的起点是财产权,在市场经济条件下,我有自己的财产权、经营权,生产什么,生产多少,怎么销售,销到哪里,定价多少,我都有自己的权利,这就自然引导到主体的权利,变为以经济主体的权利为中心。只有当我的权利受到侵害时,在行使过程中遇到障碍时,才需要政府的保护、支持,需要政府出面打击和纠正侵权行为。这实际上是要把政府和市场经济主体真正划分开,把经济主体的权利从国家权力中解放出来。只有政府认真地对待公民权利,公民才能认真地对待政府。交换要先有财产,有对财产的主权和能力,否则签订合同能有效吗?所谓平等的当事人就是权利平等的当事人,不是人人平等,人怎能平等,人有大小、高矮,企业有大有小,身份不可能平等。从这个意义上讲,市场经济就是权利经济,只有权利到位,市场经济才能到位。公司制度改造,建立现代企业制度,为什么成为核心问题,说到底是因为企业并非主体;国有企业最大的问题是财产虚置,财产不是自己的,从而也就无法杜绝随意浪费。所以,权利到位市场经济才到位,这应成为一个坚定不移的信念,只有这样,才能从法理上、从法学角度,把建立现代企业制度、把市场经济的内在机制说清楚。

全球化进程中的中国法学*

——访张文显教授

朱振(以下简称朱):社会科学的研究离不开它所面对的时代背景,法学也是如此。当今世界的一个重要趋势就是全球化,因此社会科学的研究必须面对全球化,您对这个问题是怎样看的?

张文显(以下简称张):在各种各样对时代特征的概括当中,"全球化"这一概括是最具有普适性和共识性的。我们生存的这个世界正在发生着历史性变迁,全球化正在有力地改变着人类的生产方式、生活样式和生存状态,也在深刻地影响着人类社会的经济、政治、法律制度及其变迁。在这样一个全球化时代,无论是观察和处理经济问题、文化教育科技问题,还是观察和处理政治问题、军事问题、外交问题,我们都必须有全球意识、全球视野、全球眼光、全球思维,要用全球化意识来应对全球化。同样,依法治国,建设社会主义法治国家的一些根本性问题也必须在全球化的背景中和全球治理结构中加以研究和解决。

朱:关于全球化的研究在当今世界社会科学界是一个热点,比

---

* 本文是张文显就"法律与全球化问题探讨"接受《学习与探索》特约记者朱振访谈的记录,发表于《学习与探索》2006 年第 1 期。

如像罗尔斯、哈贝马斯、吉登斯等这些大师级的人物也在关注和研究与全球化有关的问题。但学术界对于全球化的界定可以说是众说纷纭,有的学者认为全球化只局限在经济领域,有的学者倾向于理解成一个综合的概念。您对“全球化的界定”这个问题是怎样考虑的?

张:全球化是个综合的、全方位的概念,表征的是人类活动范围、空间范围和组织形式的扩大,从地方到国家再到世界范围,全球化表征人类社会的综合性发展趋势。我认为,全球化至少包括以下五个方面:

第一是经济全球化。十多年前人们也许有理由说,经济全球化是一种理论假设,一种未来发展趋势,那么,1995 年世界贸易组织的成立、2001 年占世界人口 1/5 的中国加入世贸组织之后,就必须承认经济全球化已经成为现实。经济全球化的基本标志是国际统一大市场的形成和维护。

第二是公共事务的全球化。所谓“公共事务”是指经济事务之外的事务,诸如文化、教育、政治、军事、外交等。经历了 20 世纪公共事务的国际化、区域化进程,在 21 世纪,公共事务越来越具有涉外性、跨国性,越来越呈现出全球性趋势。

第三是人权全球化。由于经济的全球化和公共事务的全球化带来了社会生活的全球横向交融,人权事务也在全球化的总体场景之下呈现全球化的趋势。人权全球化突出地表现为:人权问题的全球化、人权理论与人权观念的全球化、人权规则的全球化以及人权管理体制化。

第四是环境全球化。环境是人类生存和发展的基础。自工业革命以来,无论是先发达国家还是后发达国家和发展中国家,其经济成果的取得都相伴着资源的巨大消耗和日益严重的环境污染,而且这样的情况仍在持续和蔓延。环境和资源问题是各国共同面临的一个问题,国际社会也做出了持续不断的努力,包括“可持续发展”战略的提出。环境全球化包括两个方面：一是环境问题的全球化；二是解决环境问题的国际合作。

第五是法律全球化。法律全球化趋势主要表现为：第一，法律的“非国家化”。法律并非都是由主权国家制定的，越来越多的法律将由各种各样的经济联合体、知识产权组织、环境保护组织、新闻媒介联合体等“非国家”的机构制定。第二，法律的“标本化”或“标准化”。由国际组织、经济联合体制定一些法律范本，提供给各个国家和地区作为立法的标本或参照。第三，法律的“趋同化”。在商务、金融、知识产权等领域，法律的趋同速度之快、程度之高，超出了人们的预料和想象。第四，法律的“一体化”或法律的“世界化”。第五，法律职业和法律服务的全球化。

朱：从您上面的解释来看，应对全球化的进程，法律的全球化也是一个必然趋势。面对全球化特别是法律的全球化发展趋势，中国法制将发生怎样的变革？

张：改革开放以来，中国法制经历了三次标志明显的变革。第一次变革发生于20世纪70年代末至80年代初，以1982年《宪法》的修订为标志。第二次变革发生于20世纪90年代，以建立社会主义市场经济法律体系为标志。目前，中国正在发生第三次法制变革，它是在全球化的推动下产生的。中国在加入世贸组织前后自上而下进行的大规模法律法规规章清理，根据世贸组织协定进行的法律法规规章修改，以及中国加速融入全球治理结构，标志着第三次法制变革的开始。这次法制变革的基本内容包括：第一，借鉴全球法治文明成果，改革政治法律体制。首先要理顺各级党委与立法机关、执法机关和司法机关的关系，保证法律机关独立负责地行使其立法、执法和司法的职能。其次要理顺立法、执法、司法等法律系统之间的关系，以及各法律系统内部上下左右的关系，大力改革法律机关设置、组织、管理和运行的制度和程序。通过这两个“理顺”，完善和创新人民代表大会制度，建立法治政府，推进司法体制改革,加快宪政步伐。同时还要科学界定法治与社会自治、政治国家与市民社会的关系,一个以市场为中心的、平等、自由和协商的社会领域,始终是法治国家的根基所在。为此,宪法应当扩大人权范围,加强人权保护,排除公共权力对公民权利和自由的不当介入;司法机关必须为公民的权利提供有效的救济手段。第二,法律体系重构。法律体系重构涉及两个方面:一是体系的外部方面;二是体系的内部方面。从外部方面将破除国内法与国际法的人为界限,在经济、政治所需要的领域实现与世界法的接轨。在法律全球化时代,首先面临的是如何协调国内法与国际法的关系。"条约必须遵守"是一条公认的基本原则,一个国家缔结或者参加某项国际条约,就意味着承诺在享受条约赋予的权利的同时必须履行条约规定的义务。立法机关处理国内法与国际法的关系一般有两种方式:一是通过制定新法律或者修改已有法律把国际法转化为国内法的一部分;二是在有关的法律中明确规定当国内法与已经缔结或者参加的国际条约、已经认可的国际惯例出现冲突时,国内法服从国际法(即依照国际条约和国际惯例行事)。这是法治文明的体现,也是 WTO 的基本要求,更是国际法治社会的基本原则,中国作为开放的、文明的、步入法治社会的大国应当树立守法自律的形象和尊严。从内部方面来说,就是调整各法律部门在法律体系中的地位和作用。法律体系的重构是对法律体系内部各组成部分(法律部门)进行的根本调整,以使这个体系适应全球化的时代趋势。现在必须强调宪法统领之下的公法与私法分化,并强调以保护私权为宗旨的民法为主体重构社会主义法律体系。第三,法的精神转换。法的精神是法律制度的灵魂或中枢神经。它支配着对社会经济、政治、文化进行的法律性制度安排,指引和制约着对法律资源因而也包括其他资源的社会性配置。在当今时代,现代化与全球化是一个问题的两个方面,现代化的发展进程与全球化的发展进程是完全同步的。可以肯定地说,在未来的法律发展进程中,我国法律的现代精神、全球精神、人类文明普适精神、法律共同体的职业精神等将更加鲜明,更进一步贯通整个法律体系和法律的运行机制。

朱:您在国内最早提出“全球化时代的中国法学”这个命题,并主持召开了这方面的学术会议。请您概要地谈一谈这个命题所包含的主要内容,也就是说全球化对中国法学会产生哪些方面的影响。

张:提出“全球化时代的中国法学”这个命题,是法学应对全球化的理论自觉,我国法学界很多学者都意识到了这一点。全球化的时代特征和发展趋势决定了我们的法学研究必须有一种国际意识和全球意识,必须在法学理论的研究方面、在法学理论体系的构筑方面,把全球化作为一个重要的参照来进行,深入地探讨,深入地检讨和反思。王铁崖先生曾提出为国际法找到一种法理的基础,现在看来,我们还没有完成已故的王老先生提出的课题。整个的法学理论仍然是一个国内法的理论体系。现在的法律概念、基本范畴的阐释,关于法律运作方式的种种探讨以及在法律关系、在人权、权利问题等方面的结论都是建立在国内法的基础上的。在国际领域上,我们的理论是苍白的。我们不能用现有的法律定义和理论去解释世界范围内出现的越来越多的法律一体化现象。WTO 这样的规则用我们现有的法律概念是无法解释的,要解释也是强词夺理。我们的整个思维方式和理论体系都要用全球化来进行反思、批判和重建。在全球化新时代,无论是观察和处理经济问题、文化教育科技问题,还是观察和处理政治问题、军事问题、外交问题、法律问题,法治社会的建构问题,我们都必须有全球意识、全球视野、全球眼光、全球思维,这意味着法学研究范式必将出现新的转向,即全球化转向。法学研究中的全球化范式,是一种与基于地方性知识、国内法知识、传统法知识而形成的法学研究范式截然不同的新范式。全球化范式提供了法律本体论的一套新的理解系统，即有关法律的本质和发展规律的新的理论体系；提供了新的、全景式的法学视窗，即观察和思考法律与社会问题的新的理论背景、分析框架和参照系；提供了新的审视、批判和重构法学知识的工具。倡导全球化研究范式，提倡全球化思维，就是要推进法学界进一步解放思想、与时俱进，增强全球意识，开阔全球视野，推进中国法学国际化进程，进而推进中国法制面向法律全球化的改革。

朱：全球化对法学教育提出了更高的要求，而我国目前法学教育的国际化水平还很低。法学教育如何应对全球化，适应全球化？作为教育部法学学科教学指导委员会副主任委员和中国法学会法学教育研究会副会长，您有何改革思路和对策。

张：中国目前的大学教育不适应全球化的要求。例如在前南国际刑事法庭一千多名雇员中，中国籍的工作人员只有三人，而人口不到九百万、面积只有二十万平方公里的塞内加尔共和国居然有六个工作人员。我们国家每年至少有六十多人到那里去应聘，参加那里的考试和面试，可是，这么多年来，只有三个中国人通过了考试而被录用。我在反思我们大陆的法学教育到底怎么样？我们的出路到底在哪里？回答自然是：问题出在国际化、全球化程度低，出路在于走国际化、全球化的道路。具体讲，第一，法学教育必须树立国际意识和全球意识，以具有国际性和国际竞争能力的法学教育来应对经济的全球化和法律的相应变革。法学教育工作者要了解世界、研究世界、吸收人类文明的一切积极成果，包括世界各国先进的法学教育思想、教学观念和教学方法，加强法学教育的国际交流与合作。唯有这样才能培养出具有全球化时代法律意识的、有应变能力和适应能力的高素质学生。第二，在课程体系和教学内容上，从观念到法律，从知识到思维，都应当体现全球化。在当前，要把世界人权公约、WTO 规则、有关环境、知识产权、反恐的国际规则作为所有法科学生的必修课，并组织编写理论与实践相结合的、系统且实用的教材。第三，加强经济类知识、计算机技能和英语教学。随着我国加入 WTO 和融入法律全球化潮流,中国的法律服务市场与国际法律服务市场连在一起,成为国际法律服务市场的一部分,法律服务领域的竞争日趋激烈。聪明的外国律师行已经瞄准这个市场,并将以充分的准备前来瓜分这个市场,中国律师行业面临严峻挑战。第四,要加强素质教育。就法学教育来说,素质教育包括三个方面。一是法律素质的教育,经济入世、法律的全球化导向变革,促使我们的法律理念和法律思维也要"入世"和变革。要从过去偏重法律知识传授转向着重现代法律观、法律精神、法律思维方法、法律解释、法律推理、法律论证等法律技术的训练。二是文化素质的熏陶,加强经济学、管理学、社会学、政治学、环境学等跨学科的知识和理论教育,把更多的法科学生培养成为具有良好人文素质、知识结构合理的专家型、复合型人才。三是法律职业伦理的教育,提高法律人的道德素养和公共责任心。

朱:您在上面讲到"现代化与全球化是一个问题的两个方面",但是现在西方学术界对现代性存在诸多批评,比如后现代主义的批评。全球化和现代性本身也是有问题的,我们如何面对这些问题?在传统与现代、中国与世界纵横交错的复杂关系中我们应当如何建构中国的法学、建构一种什么样的中国法学?

张:"全球性法律"、"世界性法律"也是有条件的,我并不主张所有的法律都可以且应当全球化。在赫尔德等人看来,围绕全球化的界定、动力及结构性的后果存在三个宽泛的观点:极端全球主义者、怀疑论者及变革论者。我大体上认同罗西瑙、吉登斯等变革论者的观点,即全球化的当代模式是前所未有的,全球的国家和社会正在经历着一个深刻的变革过程,它们努力适应着这个相互联系更紧密但非常不确定的世界。因此,必须承认的是,法律全球化在目前仍是一个进程,一个过程,一种趋势;法律全球化并不是所有法律的全球化,那些不具有涉外性、国际性的法律不可能、也根本没有必要"化"为"全球性"或"世界性"法律;法律全球化并不意味着国家主权概念的过时或消失，而只是意味着主权概念的进步和丰富，各国之间的法律仍将呈现多样性、多元化。总之，全球化是一张普洛透斯似的脸，变化无常、随时可呈现不同形状，并具有极不相同的面貌。全球化的味道不完全是甘甜的，有时候它很酸，有时候它很苦，有时候它很辣，有时候它还很涩。真可谓苦甜酸辣涩五味俱全。面对政治领袖在全球化社会问题上的兴利除弊，理论家要在全球化学术问题上开展反思和追问。法律人一方面要正视全球化、善待全球化、融入全球化，另一方面要防止全球美国化、西方化、英语化，警惕个别国家或少数国家借助全球化的名义而推行政治单边主义、经济霸权主义和法律帝国主义。

全球化时代的中国社会和中国法学都处在转型中，在此过程中，传统的（前现代的）、现代的和后现代的东西都融合在一起，很难截然把它们区分开来。现在中国法学的建构所能借鉴的知识资源是非常多的，另外我们也不能把知识体系的形成看成是静止的事情。实际上，真正的知识体系都是形成于过去、发展于现在、流变于将来的知识传统。中国社会现在基本上还是一个从传统向现代转型的社会，其中有大量的传统的东西存在，同时也遇到西方现代化或工业化之后出现的一系列问题、弊端、危机。基于对社会的这种认识，我认为现在需要弘扬的还是现代法学。所谓现代法学就是以市场经济、民主政治、科学精神和人文精神为理论背景和主题内容的法学。这种法学能够在中国现代化进程中起到引领、促进作用，从这个角度理解，现代法学是以现代法律精神为核心、兼容传统法律文化和某些后现代法学元素的新的现代法学，即把几种有利于法治和社会进步的不同的法律思想兼容起来的法学。全球化时代的中国法学要有自己的发展方向，这个发展方向就是“新现代法学”。

中国特色社会主义法治建设道路是怎样形成的*

——访著名法学家、吉林省高级人民法院院长张文显

中国特色社会主义法治建设道路是在艰辛的探索之后形成的

记者:在庆祝新中国成立六十周年之际,有关中国特色社会主义法治建设道路的问题成为了法学理论研究和法治建设实践的重大热点。在您看来,中国特色社会主义法治建设道路是怎样形成的?

张文显:中国特色社会主义法治建设道路,是在漫长的历史前奏和艰辛的实践探索之后形成的,并将不断地拓展下去。

首先,新民主主义法制是中国特色社会主义法治的前奏。从

---

* 本文是《光明日报》记者对张文显的采访文稿,发表于《光明日报》2009年10月16日。

我们党建立革命根据地并实施对根据地经济、政治和社会事务治理开始,就伴随着新民主主义法制建设。1949 年 9 月 29 日全国人民政治协商会议第一届全体会议通过的《共同纲领》是新民主主义法制建设的结晶。新民主主义法制建设实践,为新中国社会主义法制建设和改革开放新时期中国特色社会主义法治建设积累了很多宝贵经验。

从中华人民共和国成立到党的十一届三中全会,是我国社会主义法治建设艰辛探索、几经曲折的历史时期。1954 年,新中国第一部宪法诞生。根据宪法,我们又制定了一批基本法律和重要法令,基本实现了人民民主的法律化、制度化,确立了社会主义中国的基本政治制度、立法体制、司法制度以及社会主义法制的基本原则。"五四"宪法和这些基本法律、法令的制定,完成了从新民主主义法制到社会主义法制的过渡。

1978 年 12 月,具有伟大历史意义的党的十一届三中全会在北京召开。这次会议开辟了建设中国特色社会主义伟大事业,也开启了中国特色社会主义法治建设的道路。

在中国特色社会主义法治建设道路形成和发展过程中,邓小平同志作出了重大的历史性贡献。邓小平同志从建设中国特色社会主义的战略高度来思考民主法制问题,他注重总结历史经验和教训,强调社会主义民主的制度化、法律化,使这种制度和法律不因领导人的改变而改变,不因领导人看法和注意力的改变而改变。由于问题提得如此敏锐和鲜明,所以邓小平同志把加强民主法制建设作为我们党和国家坚定不移的基本方针。

在中国特色社会主义法治建设道路形成和发展过程中,江泽民同志和胡锦涛同志发挥了承前启后、继往开来的重大作用。1997 年 9 月,具有历史意义的党的十五大召开,江泽民同志在报告中明确提出要"依法治国,建设社会主义法治国家",并对依法治国基本方略的内涵作出了科学阐释。1999 年 3 月,九届全国人大二次会议将依法治国、建设社会主义法治国家正式写入宪法修正案。

党的十六大以后,以胡锦涛同志为总书记的新一届中央领导集体在实践中提炼并不断丰富了科学发展观。科学发展观理论体系包含深刻而丰富的法治思想。诸如“公平正义”、“宪法法律至上”、“依宪治国”等科学命题,“法治是人类文明进步的重要标志”、“法治是以和平理性的方式解决社会矛盾的最佳途径”等科学论断。这些命题和论断推进了中国特色社会主义法治建设,拓展了中国特色社会主义法治道路。

经历了新中国六十年特别是改革开放三十年的建设和发展,我们可以十分自豪而有理有据地说,我们探索出了一条建设中国特色社会主义法治的道路,并已经形成了中国特色社会主义法治。当法学界普遍使用“中国特色社会主义法治”这一命题的时候,表明法治建设的中国经验已经成熟,中国道路、中国模式已经十分鲜明,甚至可以预言中华法系将在21世纪迎来伟大的复兴。

中国特色社会主义法治建设始终伴随着反封建反极左反西化的斗争

记者:中国特色社会主义法治建设道路形成和发展的历程,体现出了哪些特点?

张文显:在这条道路形成和发展的过程中,始终伴随着反封建、反极“左”、反西化的思想斗争和政治斗争。这在世界各国法治建设历史上是十分独特的现象。

第一,中国社会主义社会是从半封建、半殖民地社会走过来的,加上我国封建社会的历史很长,旧社会留给我们的民主法治传统很少,更多的是封建的专制主义,所以,在我国进行社会主义法治建设首先面对反封建的历史任务。

第二,在建设中国特色社会主义法治的过程中,我们深受极

"左"思潮的干扰和破坏,也正是摆脱了"左"的干扰破坏,才走出了法治的道路。所以,必须始终警惕和反对"左"的政治思潮和理念,牢记邓小平同志的提醒和党章的规定,要反对一切"左"的和右的错误倾向,要警惕右,但主要是防止"左"。

第三,自清末民初以来,在法治领域始终存在西化与反西化的争论和斗争。现代法治起源于西方,西方资本主义法治理念较之封建主义专制理念具有文明意义上的历史进步性,我们应当在立足国情的基础上对西方资本主义法治理念和法治经验加以借鉴。改革开放以来,我们正是大胆借鉴吸收了西方法治的有益经验,加速了我国立法进程,在不太长的时间内初步建立起适应我国市场经济和社会发展的法律体系,同时改革了我国的执法和司法体制和工作机制,提高了执法和司法的水平。

但是,西方资本主义法治理念和法治模式并不具有普适性,更不是人类法治文明的唯一坐标,对西方资本主义法治理念和法治模式照抄照搬,对于社会主义法治建设和政治文明建设是有害的。我们看到,在法律实践中,有的简单套用西方的一些"法律术语",造成执法思想和执法活动的混乱;有的不从我国国情出发,片面崇尚西方的法律制度,甚至盲目崇拜"三权分立"、"多党制"等;有的打着研究政治体制改革和司法改革的旗号,鼓吹"三权分立",否定人民代表大会制度,否定党对法治工作的领导,主张政法机关非党化、非政治化等等。

中国特色社会主义法治区别于其他国家法治的本质特征和标志

记者:中国特色社会主义法治区别于世界上其他国家的法治,有哪些本质特征和标志?

张文显:中国特色社会主义法治的本质特征与标志,可以概括为以下几个主要方面：

第一,党的领导、人民当家作主和依法治国的有机统一。这其中,坚持党的领导是人民民主和依法治国的根本保证。人民民主是社会主义法治的本质要求,依法治国是党领导人民治理国家的基本方略,是坚持和完善党的领导、实现人民当家作主的基本途径和法治保证。西方法治的基本标志是民主与法治国家,中国特色社会主义法治则包括党的领导。

中国特色社会主义法治的根本保证是党的领导。没有党的领导,法治就会流于空谈空想,或者迷离正确方向。所以,在法制现代化的整个历史过程中,在依法治国的各个方面和各个主要环节上,都必须强调始终坚持党的领导,防止淡化、弱化、虚化党的领导讲法治,脱离党的领导搞立法、执法和司法。

中国特色社会主义法治的本质是人民民主,即人民当家作主。坚持人民民主,关键是要坚持和完善人民代表大会制度。

中国特色社会主义法治的精髓是依法治国、建设社会主义法治国家。这里的"国",是作为国家机器和公共权力意义的"国"。所以,依法治国就是要依法治权,把权力纳入法治的轨道。依法治国的"法",包括宪法、法律、行政法规、地方性法规等。其中最重要的是宪法,所以依法治国首先是依宪治国。依法治国的"法"本质上是"良法",即体现人民意志、维护人民利益、保障人民权利的法律,反映客观规律,并且制定得良好的法律。因此,依法治国是良法善治。

第二,依法治国与依法执政的有机统一。党的十五大确立依法治国基本方略,党的十六大正式提出依法执政基本方式。依法治国基本方略与依法执政基本方式的有机统一,既保证社会主义法治的政治方向,又为社会主义法治提供坚实的政治基础。

依法执政是中国共产党执政方式的历史性变革,这一变革的意义在于超越了"在法律范围内活动"的简单要求,实现了党既严格守法又领导立法、保证执法和司法的有机统一，实现了党的领导、人民当家作主、依法治国的有机统一，极大地推动了中国社会主义法治文明的进步。

第三，依法治国与以德治国的有机统一。法律与道德的关系问题，历来是政治家、法学家关心的基本问题。党的十五大以来，党中央总结古今中外治国的成功经验，明确提出了依法治国与以德治国相结合的治国思想。党的十六大将依法治国与以德治国相结合确定为党领导人民建设中国特色社会主义必须坚持的基本经验，并把依法治国纳入政治文明的范畴，在政治建设部分加以论述；把以德治国纳入精神文明的范畴，在文化建设部分加以论述。这些论述阐明了一种现代法治和新型德治相结合的治国新思路。按照这种新思路，依法治国与以德治国并不是彼此对立、矛盾的，而是相互补充、促进的。

第四，建设法治国家与建设法治社会的有机统一。法治国家与法治社会是互为依存、相辅相成的。法治国家表征公域之治，法治社会表征私域之治。在法治国家范畴内，法治意味着民主法律化、制度化，意味着公共权力纳入法治的轨道，实现共产党作为执政党依法执政，各民主党派作为参政党依法参政。

在法治社会的范畴内，法治意味着在经济和社会生活领域，有法可依、有法必依，无论是公民，还是法人，都尊重法律、维护法律的尊严和权威，意味着全体公民和法人学法、懂法、用法、守法、护法，树立社会主义民主法治、自由平等、公平正义理念。总之，法治国家引领法治社会，法治社会为依法治国构筑坚实的社会基础。

第五，继承中华传统法律文化优秀基因与借鉴人类社会法治文明成果的有机统一。继承与借鉴是加快法治建设、实现法制现代化的必由之路。中国古代法制文明中有许多超越时空、具有普遍价值的因素。改革开放以来，我们加强了研究，在对中华传统法律文化加以梳理和甄别的基础上，进行了现代化的改造和扬弃，把那些能够与科学、理性、民主、自由、公平、法治等时代精神融为一体的文化传统融入了社会主义法治之中,使中国法治的民族精神和时代精神浑然一体。

我们也十分理性地重视借鉴和吸纳以西方法治文明为主体的现代法治文明成果。近代以来,基于启蒙思想而形成的依法而治、权力制约、法律面前人人平等、契约自由、罪刑法定、正当程序等法治理念,反映了人类治理国家和社会的智慧和经验。这些都体现在我国的立法、执法和司法活动之中。我们以古为今用、洋为中用、中西合璧、与时俱进的法治建设成就,彰显了中国社会主义法治的民族性、开放性、包容性和进步性。

司法改革要符合中国国情*

南都周刊:6月4日,中国最高人民法院院长、首席大法官肖扬在第12届亚太地区首席大法官会议上作专题发言时,强调中国的司法改革必须坚持符合国情,必须以解决人民群众最关心、最直接、最现实的利益问题为重点。国情是一个非常大的概念,改革符合国情也是老生常谈,作为法学家,您认为在中国目前的社会转型期,司法改革应该符合怎样的国情?

张文显:我国的司法改革在十五大、十六大就已提出来了。在我的印象中,十五大的提法是司法改革,十六大的提法是司法体制改革。这以后,全国范围内对司法改革进行了积极探索,既有自上而下的推动,从党中央到最高法、最高检等相关部门都做出了积极努力,也有一些地方法院进行了一些探讨和创造性试验。

司法本身是一个社会纠纷解决机制,社会纠纷实际上和一个国家的经济、政治、文化、民俗、传统密不可分。国情不同,不同国家对于纠纷的理解和解决方式也不尽相同。比如,国外一些不成为纠纷的事情,在中国可能成为纠纷;对于一种纠纷的解决,国外这样解决,中国也许会选择另外一种方式。在这个意义上,司法体

---

* 本文是《南都周刊》记者对张文显的采访文稿,载于《南都周刊》2007年6月22日。

制的改革不能回避中国国情。

具体到中国国情，我们可能会说，中国有上下五千年文明史，经历了原始社会、奴隶社会、封建社会、半殖民地半封建社会，然后到社会主义社会，旧社会给我们留下的民主法治传统很少，这是一个大的历史维度；如果从当今世界范围来讲，中国是一个发展中的大国，处于社会主义初级阶段；从国家的内部结构来看，经济结构是公有制为主体、多种经济成分共同发展，政治上是坚持中国共产党领导，坚持人民代表大会制度，坚持共产党领导的多党合作与政治协商；另外，我们这样一个大国，国家结构是单一制，是单一制下的超规模大国，从中央到地方权力的划分都会直接影响到司法体制的现状。这些都是最基本的国情。

司法改革应该符合怎样的国情，要看在什么意义上讲国情。国情也是一个与时俱进的概念。例如，现在的国情与改革开放初期的国情就显著不同，再过十年、二十年，国情也会发生新的变化。此外，国情不只是一个国家内部的情况，国情包含着一个国家在世界格局中的地位和作用，世界环境也属于国情。基于这种认识，我认为适当超前的改革并不等于不符合中国国情，而恰恰是引领中国社会前进。

南都周刊：有学者认为，"国情"这个词语太含糊其辞了，容易成为一种借口：拒绝借鉴西方先进的法治思想和做法，一味地保护既得利益者的特权，不积极地为保障弱势群体的权益和公民监督政府提供良好环境，请问如何理解？

张文显：我国到目前为止所进行的司法改革符合中国国情的发展，有利于在全社会实现公平正义，不会只保护既得利益者的利益。中央特别强调构建社会主义和谐社会，非常重视社会公平正义，社会公平正义这个概念本身，就是出于维护社会弱势群体的利益而提出来的。另外，所谓的"既得利益者"这个概念也是值得推敲的，从每个人都是利益主体的角度，每个人都是"既得利益者"，只不过有些人占有社会资源和财富多一些,有些人占有的少一些。经过改革的司法体制应当对一切正当的利益给以平等的保护,在这个前提下对弱势群体的利益给以特别的关注,以保证弱势群体在事实上与强势群体一律平等。

南都周刊:有学者认为,如果一味强调中国的国情,有时会伤害司法的公正性。学者贺卫方也提到,在我们这个转型期社会中,有时追求经济发展的效率和追求司法公正本身有着冲突,比如在拆迁中,法院接受政府要求,强制执行让居民拆迁,使居民对法院的独立性产生怀疑,请问怎样理解这一问题?

张文显:的确,有一些地方司法机关片面理解司法要"服务大局",或者被迫去"服务大局"。我们时常看到,一些地方政府强制司法机关去保证"政令畅通",结果司法偏向强者一边。就拆迁本身来说,有多种情况,一种是为了公共利益而进行的拆迁,比如为了修一条高速路,兴修水利工程,在这种情况下,法院应积极地予以推动。但有一些拆迁,是为了商人利益,为了使商人及早开发,政府及早地收益,就出现了一些强制拆迁,政府站在商人这一边,使得农民一夜之间丧失了赖以生存的土地,城镇居民丧失了世世代代居住的房屋。在这种情况下,就应该衡量一下,拆迁是否是为公共利益,如果不是为了公共利益,就不存在经济发展的效率问题。法院应该为弱势群体提供司法保证,老百姓也可以告政府,法院应该以公共利益为标准,从社会公正的角度来做出裁判。

南都周刊:在中国的土地拆迁案件中,民告官这种情况胜诉率不高,请问难度在什么地方?

张文显:难度包括很多因素。其中之一是,我们国家有关土地的政策、法律还不完善,缺乏透明度、可操作性。现在,我们国家有两种土地所有制:一种是国家所有制,另一种是集体所有制。但是,这个集体,是以县为单位?还是以乡镇为单位?还是以自然村为单位？没有一个法律上的明确界定。在这种模糊的概念之下，什么叫合理征用，什么叫侵权，很难说清楚。一些人就是利用政策和法律上这种模糊坑害老百姓。大部分的违法征用，都发生在集体所有制土地上。另一个因素是，集体所有的土地实际上不能直接买卖，不能直接与商人等价交换，而必须先由政府征用，然后再由政府转让给商人，在这些复杂环节中政府或其官员很容易被商人收买而丧失原则地站在商人一边，从而侵犯了集体和广大农民的利益。

如何看待司法行政化的国情

南都周刊：肖扬在2005年的一次演讲中，说到现行司法制度存在审判活动行政化的问题。事实上，司法权与行政权不分，司法权力行政化，作为中国的一大"国情"，也是司法改革的难点。请问怎样理解这种情况？

张文显：司法改革有几个大的基点：一是应有利于法律公正和社会公正，二是应有利于司法与社会的和谐，三是应有利于人民法院独立审判。人民法院独立审判是我国的宪法原则。当然，独立审判不是不要各部门之间协调，不是不要党的领导。不要把协调和领导看作干预。实际上，有很多案件中涉及经济、政治、民族、军事、外交等等敏感问题，对于这些问题，单独一个法院处理起来很困难。有些案件，特别是涉及群众较多的群体性案件，如果党委或其政法委出面协调公检法，甚至包括协调地方政府和企事业单位，更容易化解社会矛盾。这是一个非常好的办法，与法院独立审判不矛盾。至于有的领导"批条子"，一些政府官员出来施加压力，甚至夸大一些案件的社会重要程度，这就是干预法院的独立审判了，等于用行政权力压制审判权力。这种现象肯定存在，越是落后的地方，越是突出。但从中国目前的整体情况来看，党委依法执政的观念、政府依法行政的观念、全社会尊重司法的观念都在增强，司法权力行政化的现象在逐步减少。

南都周刊：审判委员会的存废问题是这几年学术界的一个热点问题，从争论的观点来看，多数学者认为审委会存在问题，应该予以废除或者改造。有学者认为，审判委员会的存在使审、判分离，行政化权力干预了司法独立，程序不公正可能导致冤假错案。请问怎么看待审判委员会的利弊得失？

张文显：审判委员会的存在，也是中国国情的体现。如何评价审判委员会的作用，要从实际出发，不能按照西方司法的模式来否定我们自己的传统和当下的实际需要。审判委员会的体制由来已久，有其存在的历史性和合理性。我不认为审判委员会的存在，真的妨碍了法官的独立审判。过去有人对审判委员会提出种种异议，比如说审判委员会的委员自己没有资格审理案件，仅凭听合议庭的汇报，就得出自己的结论，这样不妥当，有失公允。这种说法不是没有一点道理。但是，我们也要看到，在中国，法官的整体素质不高，专业化、职业化的程度有限，大局意识、全局观念、公正观念仍有距离。不同地区的法院之间存在着较大差别。在这种情况下，让法官独立审判，难免出现一些差错，甚至出现司法腐败。审判委员会作为司法民主的一种形式，通过民主集中制的方式为重大案件把关，很有必要。审判委员会成员虽然没有接触当事人，没有直接听取控辩双方的发言，但实际上只要合议庭的汇报是客观公正的，审判委员会的委员作为资深的法官，是有能力做出准确判断的，对于案件当中的疑点和难点也有能力提出重要的追问和正确的意见，这对于保证司法质量是有积极意义的。因此，我赞成保留审判委员会，当然要对之完善和改革，使之更进一步体现司法民主，显示司法权威。

国情与引进

南都周刊:谈到国情问题,中西方在司法体制上的不同,反映出在法治资源上的诸多差别。比如说西方重自然法,中国重王法;西方重公平,中国重秩序;西方重私法,中国重刑法。还有学者认为,中国的乡土社会风俗至多只是秩序的资源,而不是法治的资源。正是中国的这些情况,致使司法历史源远流长,但始终没有创造出专业化司法,今天司法改革面临的困难和阻力,根本上说与历史的惯性有着紧密的关系。请问在这种情况下,一味强调国情会不会影响到司法改革进程?

张文显:在中西方的文化比较当中,你说的这些情况确实存在,西方更多强调个人自由与权利,中国考虑的是社会整体利益,西方注重社会充满活力,让个体更为自由,中国更注重社会公正稳定。这些差别是客观存在的,但我想,无论是东方还是西方,都有一些普适性价值存在,比如在司法领域,只要是主张法治的,无论如何,都要尊重和保护人权,都要讲正当程序和司法独立(审判独立),都要维护司法公正、法律公正和社会公正,都要通过纠纷解决机制推动社会的和谐发展。还有,在对于个案的处理当中,要充分考虑到道德因素、民俗因素、伦理因素,也就是说将情与法融为一体。像国外,司法改革也面临着情与法的问题。这恰恰是我们中华传统文化中最擅长的。

南都周刊:具体到中国的法治建设,一直以来存在着两种范式,一种是现代化范式,一种是本土化范式,请问这两种范式在中国的影响及其优劣区别?

张文显:我们从20世纪80年代就开始谈论这个话题。这里面,有一个全球化与本土化,或内源型发展与外源型发展的问题。从本土化的范式来说,司法改革和法律发展要立足于本国国情,从本国实际出发,充分利用本土的法律文化、制度文化,来完善我们的法律规范体系和纠纷解决机制。从全球化的范式来说,既然现代世界经济一体化、公共事务一体化、资源环境全球化,因而国内法和国际法的界限越来越模糊,没有绝对的国内法,特别是为了加快发展,使我们的经济更快地融入经济全球化主流当中,我们必须大量地引进国外法律,来创新和改革我们自己的法律。我们中国没有经历过独立而成熟的资本主义阶段,改革开放以前对外部世界了解程度很低,现在突然面对经济全球化,有点无所适从,更需要大量地移植和借鉴外国法律,特别是发达国家的法律和世界通行的法律,使我们的法律实现跨越性发展。

实际上,本土化和全球化并不矛盾,本土化并不排斥国外的东西,只是主张把国外的东西经过消化改造,转化为本土的东西;国际化、全球化,并不否认历史传统和优秀传统,仅仅是强调移植和借鉴,不是照抄照搬。

南都周刊:说到引用与借鉴,去年河南郑州市中原区法院,推行“先例判决制度”,引发了社会各界以及学者的关注。请问英美法系的判例法制度,有没有引进的可行性?

张文显:在英美,所谓判例法制度,是指同类案件同类处理。至于我们国家,是不是一定要实行判例法制度,需要认真研究。目前,在我国,没有正式制度意义上的判例和判例法。我们所知道的相关措施,就是由最高人民法院组织编辑的案例选编以及其针对一些个案所作的司法解释,它们只是作为参考,并不是作为法律依据。我们目前要实现判例法制度,有一个障碍,就是你使用的是哪一级法院的案件作为先例?另外,我们很多案件的判决,对事实的描述,对法律推理及论证的过程,包括判决书的形成,都过于简单。在这样的判决书中很难总结出判例规则。不像英美国家的判决书,对事实的陈述非常详细,法律的引用,判例的引用,法官自身的推理和论证,都记录得非常严密,更容易找到类似案件的相通处。

司法改革难点在哪里

南都周刊:司法改革可谓困难重重,请问司法改革的真正难点在哪里?

张文显:如果说司法改革有难点的话,我认为主要是三个方面的问题。一是基本理论尚未完全清晰,例如,什么是司法改革?司法改革意味着什么?司法改革是自我完善,还是自我创新,还是变法?司法改革的目标模式是什么?有人说是公正与效率;有人说是司法独立;有人说是公正、效率之外,必须有权威。改革的合理性与合法性,是我们的制度不合理要对之改革,还是我们的制度基本合理,只是它的合理性没有充分发挥出来?是在宪法和法律的范围内改革,还是突破宪法和法律?改革是自上而下,还是自下而上?还有如何认识司法权,等等。二是体制性障碍难以突破。在司法改革中,涉及司法权的范围,司法权是否包括执行权?法院判决以后,是由法院自己来执行,还是法院交给公安局或司法局来执行?司法机关的人事权、财政权到底归属于哪一部分?是中央垂直的还是分级的?是由人大来决定还是由政府来决定?三是改革的策略问题,是渐进的改革,还是激进的改革?我认为,目前为了维护我们的法律秩序,应采取一种渐进的改革,而不是激进的改革;是有所作为的改革,但不是急于求成的改革。总之,尽管司法改革困难重重,但是改革的方向是肯定的。我们没有理由悲观失望。任何改革都不是一朝一夕可以完成的,如果急于求成,照抄照搬西方的司法体制,到头来只会影响司法改革的历史进程,只会葬送已经取得的改革成果。

诉讼爆炸：法院“案多人少”问题需要特别关注*

记者：改革开放以来，特别是近些年来，人民法院受理的诉讼案件成倍地大幅度增加，有人称为是“诉讼爆炸”。请问，吉林省法院的情况怎么样？

张文显：吉林省诉讼情势与全国法院差不多。随着改革开放的深入和市场经济体制的建立，经济社会关系日益复杂化，社会矛盾纠纷千奇百怪，加上人民群众的维权意识日益增强，诉讼制度不断完善和法院司法救助措施的不断扩大，人民法院受理的案件迅速增多。人们经常说出现了“诉讼爆炸”、“诉讼井喷”现象。

以吉林省为例，2008 年，在只有 2700 万人口的吉林省，全省法院共受理各类案件 258312 件，比上年增长 12.9%，诉讼标的总额 370 亿元。其中，省高院受理各类案件 3346 件，同比增长 58.5%。再拿 2008 年的数据与 30 年前的 1978 年的数据对比。据我们吉林省法院院志记载，1978 年，吉林全省法院受理各类案件总数为一万多件，主要为刑事案件和婚姻家庭纠纷案件，而 2008 年，全省法院案件受案总数突破了 25 万件，三十年间增长二十多倍，确实呈现出

---

* 本文是《人民法院报》记者对张文显的采访文稿，发表于《人民法院报》2010 年 3 月 10 日。

"诉讼爆炸"的态势。

记者:那么,法院法官干警增加的情况怎样?"案多人少"的问题到了什么程度?

张文显:根据院志记载,1973年法院恢复时,吉林全省法院有法官干警1008人,至1985年为4613人,目前,全省法院现有法官干警七千余名,其中,法官5084名。若从1985年算起,二十多年间增加不到两倍。按年受案量25万件计算,去年每名法官人均办案为五十件左右;若除去在政工、行政、综合、后勤、法警等部门工作的法官,在审判工作一线办案的法官人均办案七十件左右。绝大多数基层法院和人民法庭,法官人均办案超百件是很平常的。一年365天,去除法定节假日和周末,平均两天就要办一件案件,工作强度可想而知,各级法院尤其是基层法院"案多人少"的矛盾非常突出。在"案多人少"的情况下,为了维护公平正义、促进社会和谐稳定、服务经济社会发展,法官是超负荷工作、法院是超负荷运行。

记者:这么一种情况下,法官的工作效率和质量怎样?

张文显:首先说,法院受理的各类案件中,刑事案件受案量约占全部案件的10%,而民事、行政、执行案件约占90%。刑事案件从侦查、起诉到宣判,是由公检法三家共同完成的,而民事、行政和绝大多数执行案件几乎都是由法院独自受理完成的,可见,法院任务之重、工作量之大。目前,法院系统广大法官干警都是在超负荷地工作,我观察他们的工作模式是"白加黑"、"五加二"。去年,吉林全省法院开展清理积案的"百日奋战"活动,广大法官放弃了双休日和节假日,还要时常加班加点。省法院机关每天加班的人数有一百多,让我非常感动。2008年全省法院受理案件增长12.9%,审结案件同比却增长18.8%,一审案件服判息诉率为90.8%,二审维持率为72.6%,依法改判和发回重审的案件占全部一审结案的2.3%,而发回重审或改判的原因并非都是错案,原因比较复杂,有一部分是由于一审时当事人举证的问题;有一部分是属于一、二审法官对事实的看法和对法律的理解不同,实践中真正属于审判差错的案件不到1%;而经申诉再审程序,最终被依法认定为错案的就更少了,大约仅占一审案件总数的千分之几。这些数字说明绝大多数案件审判质量是好的或比较好的,审判工作的“公正与效率”整体上是有充分保障的。

记者:怎么解决“案多人少”的问题,推进法院工作的健康发展?

张文显:这个问题一是应当引起各级党政领导和社会各界的高度重视。尽管人民法院的各类案件爆炸式增加,而法院的人员编制却难得同步增加。即使近年来在党中央的关怀下,法院编制有所增加,但也远远适应不了案件增长的需要。“案多人少”,这是全国各级法院的共性问题,需要引起各级党政领导和社会各界的高度重视。二是法院编制应水涨船高。法院编制必须打破案增人难增的困局,要考虑经济增长、人口比例以及流动人口等多方面情况,及时制定和增加法院编制,切实解决法院“案多人少”问题,谨防法官成为“办案机器”。三是法官办案多少应当定量,法官办案不仅是一种劳动,而且是融脑力劳动、体力劳动为一体的社会复杂劳动,法官是解决纠纷的,面临的各方面压力和风险比一般行业工作人员都要大,对此,应为法官设定合理的办案指标,且其指标定位应当在法官的体力和心智得以承受的范围之内,保障法院工作和法官队伍建设健康发展。四是法官的退休年龄宜延不宜缩。从现在的情况看,一边是法院“案多人少”,一边又由于有的地方推行“五十多岁一刀切”的干部政策,致使一批年富力强、经验丰富的老法官提前离开审判岗位。由此,造成一边是法官断层,一边是具有丰富经验的法官“靠边站”,造成司法资源的严重浪费。审判岗位是专业性极强的岗位,就像学校的老教授、医院的老医生可以延缓离岗一样,法院的一些德高望重的资深法官也可以延缓退休,如果身体条件允许，推迟他们的退休年龄，使他们的法律智慧、政治智慧、审判经验得以发挥。五是要特别关注基层法院和基层法官，越是基层，“案多人少”的问题就越突出，制定和实施政策时，应当多向基层倾斜。

法学理论与法律实践的完美结合*

4月11日下午四点，我们的采访小组一行准时来到张教授的住处。门打开，我们发现手提电脑在桌上打开，显然他正在工作。张教授和蔼地招呼我们进去，在等待我们进行采访准备工作的几分钟，张教授仍然专心地看着电脑屏幕在工作。

在面对辽阔珠江的窗前，我们开始了这次访问。

身份转变，心态如一——身份转变难改学术追求

面对身兼吉林省高级人民法院院长职务的张教授，我们的第一个问题自然围绕其身份的转变而展开。

"张教授您好。我们知道您被称为'学者型高官'，请问，上任吉林省高级人民法院院长在身份转变上有何特别感受?"

"很多人都问过这个问题，但我确实没有感到很大的变化。"张教授坦言。他认为自己仍身处在法律职业共同体中，其中的法官、检察官、律师、法学教授，职责各有不同。曾经受过法学教育的法学学生，从事法官、检察官、律师此类工作，并没有跨越学科的领域。出任院长前，他也曾与法官、检察官有业务上或学术上的接触

* 本文是2011年4月11日中山大学法学院学生记者对张文显的采访文稿。

与交流;作为学者,他出具过一些法律意见书,并且,20 世纪 80 年代初开始,做过相当长时期的兼职律师。其后担任吉林省省政府的首席法律顾问,提供相关的法律意见。所以,他上任吉林省高级人民法院院长后,并没有如人们想象的那样步入另外一个天地。在主持法院工作的同时,他仍然没有间断研究的工作,例如刚刚就出版了《法哲学通论》一书,并且准备撰写两本关于司法实践的专著《司法的精神》和《法官的智慧》。在工余时,作为高校的博士、硕士生导师,张教授仍然承担着学术任务,利用周末的时间回校与大家讨论学术上的问题。他强调:"学术研究是我人生中一个不变的追求。"他认为,以前主要是作为一个法学教授,兼职其它工作,而现在是主要把精力放在司法工作上,特别是在主持法院的工作,例如主持审判委员会对于疑难案件的讨论。

但是,张教授认为从工作模式、思维方法的角度看,个人身份的变化对他的影响还是比较大的。因为在学校里,从事法理学的研究时,更多的是从形而上的角度看待问题,特别是从法律价值、法律精神、法律与社会的关系、法律思潮的演化等这些相对来说和社会的生活有一段距离的形而上的角度,例如研究距今已有几千年的古希腊、春秋时期的法律思想。即便是面对现实问题,我们也是从理念层面,通过反思、追问来探讨这个问题。他指出,"作为一个法官,当面对的一个实际的问题的时候,是必须要给出裁定的。这就要求我们必须从实际出发,运用实践理性而不是纯粹理性,形而下地看待问题"。

提倡教育多元化:关于现代大学制度——规范与思维的统一

"作为两会的代表,您提出了应贯彻实行现代大学制度的建议。有人指出,1999 年大学制度的改革有利也有弊,可以谈谈您的看法吗?”

当我们提出这个问题,张教授沉吟了一下,然后问我们:“现代的大学制度其实并不是‘现代’的,大学的‘现代性’应如何体现?你们能谈谈自己的看法吗?”

对于这个问题,我们做出了自己的理解:“大学的‘现代性’并不是我们所理解的现代,例如古希腊的生产力并不是很发达,但是它的大学是精英化的,真正贯彻了现代化的大学模式。所以,现在的大学制度不仅是模式化的先进,更重要的是精神上、钻研上的精英化。”

张教授点头表示肯定,同时,他解释了现代大学制度这一理念源于他担任《高等教育法》修改工作组组长一职时的思考。因为论证如何修改《高等教育法》,就是要思考现代教育制度是怎样的。张教授以前曾经担任吉林大学党委书记,也曾经制定过吉林大学的有关章程,其中涉及现代大学精神、现代大学制度和现代大学生活方式等,这几方面形成一个整体。为此,在制定章程的同时,他对于现代大学章程的定型化、制度化有一定程度的研究。并且,制定《高等教育法》的过程中也发现了问题。他总结,中国没有固定的现代大学制度。“在我们中国,大学是各种各样的,有的仍然是精英化的大学,也有大同化的大学,如此一来,它们所奉行的精神就不一样了。”而重点是,精英教育的大学与大同化、职业化的大学所遵循的制度应该有所不同,能否把众多不同的大学用一个制度固定下来?这显然是不行的。张教授认为《高等教育法》仅仅是一个基本教育制度,更多是留给大学自治的空间,而大学自治恰恰体现当代中国高等教育的多元化。而这和他在《法学教育要走多元化的道路》中阐述的“不可能有一个固定、唯一的现代大学模式,也不可能有统一的每个大学都去遵循的现代大学精神”的观点是相符的。说到这里,张教授指出,现在每个大学的校训都基本雷同,其实是没有自己的精神根基,而找到自己的精神根基的前提就是要找准大学本身的定位,实行高等教育多元化。

法学培养模式与法学毕业生之何去何从

记者又问到张教授对于上一年新增的专业法律硕士(法学)有何看法。“现在研究生教育从改革开放初期到现在,培养方向发生了很大的变化。那时读研究生,单纯就是为了从事教育与研究工作。现在研究生教育的出口充满了不确定的因素,90 年代以后,研究生不单纯是研究性与学术性,更多的研究生毕业后从事的是实务性的工作。所以,大学中的研究生教育也不可以是一个模式,从而,很多人对研究生教育提出改革问题。”接着,他向我们解释了我国研究生教育培养的发展道路。90 年代,中国法学教育代表团到美国去考察,发现美国的法学教育主要是“JD”(注:Juris Doctor 或 Doctor of Jurisprudence,法学博士)的培养方式,回来后经过论证,综合我国的国情以及美国法学硕士与“JD”的利弊,提出了法律硕士三年制的解决方案。张教授指出了法律硕士培养的弊端:“人们选择攻读法律硕士的原因是多样的,但是因为培养的课程仍然与法学本科类似,所以很难受到法律职业系统的青睐。”他同时指出:“法律硕士(法学)在法律职业的竞争力上可能要比法律硕士要好,但是在其它的领域中就不一定的。例如在企业中,人们往往希望聘请一个既有商业知识又有法律知识的人才。”

对于法学本科学生就业困难,考公务员成为了法学本科就业的大趋势这一现象,张教授也发表了他的看法。他认为在就业问题上,一是期望不要太高,二是不要想着一步到位。他向我们解释了法学本科就业困难的原因:社会主义市场经济的改革,致使法学的兴起,又经过高等教育扩招的热潮,我国拥有法学专业的院校已经从 80 年代中后期的不到七十所到现在的六百四十多所。光是每年的在校人数已达 50 万,而毕业人数是十几万。但是,检察官、法官、律师等狭义法律职业的空缺显然不能容纳那么多人,又有司法考试这一道门槛,致使每年从事狭义法律职业的人数只有六七千,那么其他人就只好从事其它的不是法律方面的职业或相关职业。张教授强调了一个重点问题:“我们的法学教育究竟是素质教育还是职业教育?”他谈到,很多教授主张法学教育的本质应当是职业教育,那么我们就应该遵循订单式教育(由学生、学校、就业单位共同合作,根据企业需要和要求有针对性地进行培养,企业参与制定人才规格、课程计划、评估考核标准,学生毕业后去企业工作的一种培养方式)。在美国,有两百多所法学院,每个学院招生人数有限,法学院招生人数和每年律师、法官、检察官的增加人数是大致上相当的,这种情况是良性的。而我们面临的困境是绝大部分的毕业生从事的都不是法律职业。他又提出,如果进行的是职业教育,设定的就应该是职业教育的课程。但是如果按照这个教育模式,仍然有绝大多数的毕业生从事的是非法律职业的工作,这样是对学生的不负责。最后,他总结道:“所以,有人提出,要打好学生基础,就要在核心课程之外学些其它课程,例如经济、管理等。使得学生在走出校门后能够更有效地应对社会需求。”

公正与法律——公平正义是永恒主题,但不应成为法律的负载

毫无疑问,社会不公的现象在一定时期内仍然存在,法律在保证公平正义中起到什么样的作用,值得大家深入探讨。对于这个问题,张教授首先肯定公平正义作为法学核心价值,是法学的永恒主题。同时,他认为,在社会中,正义是一种理念也应该是一种实践。社会确实存在很多不公平、不正义的现象,但这个不可以怪罪于法律,因为法律在一个社会当中的作用毕竟是有局限的,给予法律过多负载的话,它也承受不起。他进一步谈到,“有人曾问我,你

当了法院院长,碰到那么多裁判、司法不公的事,你怎么处理的。我说,我们社会当中,相对司法不公来讲,更多不公的现象是出现在社会当中,例如存在于选拔人员干部、社会资源配置、工商税务执法包括公安执法的不公、野蛮等方面。所以,都光埋怨司法不公是没有道理的。因为我们处于社会转型时期,公正是有一个阶段性的。我想,大家感觉到我们的法律没有去应对社会不公或者没有去消解这些问题,但现阶段,肯定是不能完全消解这些问题的。”他表示,在法律实务当中,他也明显地感到政府强迁、土地征用、国有企业改革等这些方面都存在对老百姓不公正的情况。但对这些不公正的问题如何纠正?法院的态度是不告不理,老百姓则想,面对着一个强大的政府,起诉也是没有用的。这从我国连续几年行诉呈现下降趋势可以反映出来。这并不表明政府与公民的关系和谐了,而是表明很多公民对于行诉胜诉的可能性没有预期。所以,最高院去年开会专门分析诉讼案件下降的原因,后来发文规定诉讼案件受理的条件放开。“但关键不在于受理条件是否放开,而是在于是否能让当事人胜诉,获得他应有的权利。所以,这是对于中国司法的挑战。”

谈自身:更多的是机遇——社会成就个人

面对加于自身的各种成就,张教授谦曰:“从我的成长道路来说,个人积累的经验并不多,更多的是社会的机遇。”他饶有趣味地向我们讲起他的经历,从上山下乡、成为代课老师到成为一名工人,因为一个偶然的机会,先是被遴选到机关工作,后来又在工农兵大学生的招生中脱颖而出,被分配到吉林大学。当中的努力、刻苦自然不言而喻。1977 年大学毕业后,被分配到河南法院的他,最后接受吉林大学的安排,选择了留校。他笑说:“三十年之后,组织上让我到吉林省高院当院长,我认为三十年前我没有去到河南省高院，而三十年后又到吉林高院去当院长，这是很有意思的事情。”

他强调：“个人的成长，更多的是时代给你创造的条件，这是一个大前提，如果没有整个社会创造的条件，单凭个人的努力很难实现。”这对于我们的启示是，机会往往留给有准备的人，如果没有自身的刻苦，机遇也会过门而不入。

人大代表就是要表达人民群众的心声*

眼前这位,是记者在大学时代"最不喜欢的人"之一。

记者脑海里还清晰地记得,那厚厚的深蓝色书面上的6个字:"张文显"、"法理学"。因为那6个字,包括记者在内的一批初入大学者,对法律的认识从有趣的千奇案例变成了枯燥的法学理论;当然,也有更多的人,因为那6个字,为自己认识法律、从事相关工作浇筑了最坚固的一道地基。

不管如何,"张文显"和"法理学"曾深刻地印在一批又一批学习过法律的人心中,两者难以分割。

多年后的今天,张文显的名片上已没有了大学校长的字眼,取而代之的是吉林省高级人民法院院长、第十一届全国人大代表。

很多人都想知道,身份的转变,会带来一个怎样的张文显。

做学者,永不放弃学术研究

当被问到"您现在还在研究法学理论吗"的问题时,张文显笑了。他拿出一本书说:"这是我两年来的研究成果,最近刚出版

---

* 本文是《法制日报》记者周斌对张文显的采访文稿,后以"张文显代表:当代表不能光唱赞歌不提建议"为题发表于《法制日报》2010年3月7日。

的。”书名叫《法哲学通论》，依旧很厚。

如果明年“两会”再采访他，他还能拿出两本书来，一本叫《司法的精神》，另一本是《法官的智慧》，已确定在今年出版。

这三本书，都是张文显在 2008 年 1 月担任吉林高院院长后所著。

如此一来，张文显给出的答案已不言而喻，他不仅在继续研究法学理论，而且已经将实践经验转化为了理论文字。

但这不是全部。他每年都会在权威学术刊物上发表论文多篇；他现在身兼 20 种学术职务，其中 8 所大学的兼职教授；他每年要带 2 至 3 名博士生，1 名硕士研究生。

“我仍然是个学者，张文显不会因为当了院长而改变。”他说，他依然肩负着一名学者该有的责任：研究理论，教书育人，传扬法治；依然抱有一名学者原本的梦想：将自己的理论融入到中国整个法律理论体系中，构建中国特色社会主义法学理论体系。

他告诉记者，《法哲学通论》是他第一次以通论的方式写法哲学（法理学），书里对传统的法律思想、理论进行了反思，突出了三个学术原则：一是中国特色、中国经验、中国模式；二是理论创新，提出了法学研究、法律实践和法治建设的问题并作出阐述；三是鲜明的问题意识和范式意识。

说这话时，记者可以从张文显的脸上，看到他那满足、自豪的神情。

“我是一名学者，学术研究是我的兴趣和使命，永远不会放弃。”他说。

做院长，工作一年上一个台阶

当然，张文显起初也有担心，对学术的执著是否会影响到法院的工作，自己的理论，能否被实践检验合格。别人也有同样的担心。

确实,他上任吉林高院院长后的“动作”,不可谓不大。

他系统研究了司法理论、司法改革和司法实践,提出了从立案到涉诉信访一整套理念,并运用于全省法院系统司法改革和审判实践中。例如,在立案方面,他要求以保障人民群众诉权、方便当事人诉讼为宗旨开展工作;在刑事审判方面,要求以贯彻宽严相济的政策、参与平安中国建设为工作思路;在民事审判领域,要求以维护公平正义、化解矛盾作为价值追求;在行政审判中,要求以保护人权、支持管理、构建和谐的政府—公民关系为主线等。他还要将自己多年来一直研究和提出的社会主义法治理念、法治精神以及和谐司法的理念统统用于法院工作实践中。

每年,他都要给全省法院系统制定明确的奋斗目标:2008 年,提出开辟法院工作新局面,并规定了具体标准;2009 年,提出实现法院工作新突破,力争跨入全国法院系统先进行列;2010 年,提出实现新跨越。

一开始,很多人认为这是标准的学者的理想主义——之前有一段时间,吉林一些法院、法官的公信力在省内百姓心中较低,百姓对法官违法犯罪问题的反应也较为突出。

但一系列改革和严格管理后,法官犯罪现象几乎绝迹,违纪违法现象显著下降;审理案件的质量明显提高,上诉、发回重审、改判的案件相比都有大幅度下降,人民群众对法院、法官的印象发生了根本的改变。

“最有力的证明是,对省高院工作报告的赞成票连续两年超过 90%,比前些年高出 18%—20%。”张文显说,这就是人民群众给他上任后打的分数。

做代表,履行职责一丝不苟

说到人大代表这个头衔时,张文显的表情明显的严肃和庄重。

在他心中，人大代表是最为重要、神圣的一种职务。

他一直强调，人民代表大会不是“代表”的大会，而是代表人民的大会。“我是13亿人民选出的1/2981，代表13亿人民去讨论国事，审议重要报告和法律案，这是多么神圣的一件事！”

他说，他要做的、做好的就是履行职责。所以，每年他都认真提出建议案。2008年，他提出修改刑法，将利益相关人纳入到受贿罪的主体范畴，以利于有效惩治腐败分子，实现我国刑法与《联合国反腐败公约》的衔接；当年，全国人大常委会修改刑法时，吸收了他的建议。2009年，他提出林业法院、铁路法院、农垦法院要加快改革步伐，指出行政单位管理司法机关是不适合的，由企业管理司法机关更是逻辑上的混乱；如今林业法院改革有望在今年完成，铁路法院改革也已提上日程。今年，他又提出建议构建大调解格局，把人民调解、行政调解、司法调解、社会（民间）调解等融为一体，建立多元化的纠纷解决机制；现在议案仍在修改中。

另一个重要职责，便是审议政府工作报告等重要报告。他每年坚持的做法是：认真提出修改意见。特别是对政府工作报告以及发改报告和财政报告，他都认真阅读，从实现经济社会科学发展的角度提出自己的意见和修改建议。2008年的时候，他提出国外已经有一部分人对金融危机和经济衰退发出了预警，我们在投资信贷等宏观调控方面应当采取比较灵活的政策，应当进一步刺激经济增长。2009年，他看到财政收入猛增的情况下又扩大财政赤字，建议国务院有关部门对此作出说明，并建议全国人大常委会加强对中央财政收支的监督。今年他又瞄准了建立现代大学制度、预防财政风险和分配公正等问题。

“政府工作报告固然亮点很多，但人大代表审议不能光唱赞歌，还应提出修改和完善的建议。”张文显说，代表有职责代表广大人民提出问题，在准确判断人民群众的根本利益和当下利益的基础上，表达人民群众的心声。

让法律更有尊严*

——访全国人大代表、吉林省高级人民法院院长张文显

“法律白条”、“裁判折扣”、“审结执不能”，这些现象的存在不仅损伤了人民群众的胜诉利益，更对维护法制的尊严和权威提出了挑战。所以集中清理积案，全面加强执行工作，不仅是法律工作自身的需求，更要站在法律尊严的高度去维护。全国人大代表、吉林省高级人民法院院长张文显在两会上亮出了“让法律更有尊严”的观点。

“我认为过去一年最高人民法院和全国法院系统的工作可以用八大亮点来形容。实施能动司法，积极应对国际金融危机和经济下滑所产生的经济社会问题和法律诉讼，服务大局；集中清理积案，全面加强执行工作，维护人民群众的胜诉利益，维护法制的尊严和权威，‘法律白条’、‘裁判折扣’、‘审结执不能’等现象得以缓解，让法律更有尊严；大力开展量刑规范化试点，更好地贯彻宽严

---

* 本文是张文显接受《光明日报》记者王逸吟和《吉林日报》特约记者郭春雨、记者徐阳联合采访的文稿，经过修改后发表于《光明日报》2010 年 3 月 12 日和《吉林日报》2010 年 3 月 13 日。

相济的刑事政策，维护社会主义法制的统一；畅通诉讼程序、拓展再审申诉渠道、加强涉诉信访工作，切实维护人民群众的诉讼权利和其他诉求；进一步加大队伍建设力度，开展“人民法官为人民”主题实践活动，狠抓司法廉政建设，重视法官司法能力和司法作风建设，队伍整体形象和法院公信力明显提升；积极推进司法改革，基层法院经费保障、队伍建设取得实质性进展；更加自觉地接受人大监督、政协和社会监督、检察机关的法律监督，维护司法公正、提高司法效率，接受监督的关口前移；工作报告的文风进一步改进，用数字说话、靠事实报告、以真诚感人。”张文显说，这八大亮点集中反映了法院工作取得的新成就，队伍建设和人民司法事业取得的新发展。

“温家宝总理在政府工作报告中提出，我们所作的一切都是让人民生活得更加幸福、更有尊严，让社会更加公正、更加和谐。当下民众对法治建设的期望，我认为包含了中国特色和时代精神的五个统一，即党的领导、人民民主、依法治国的有机统一；依法治国与依法执政的有机统一；依法治国与以德治国的有机统一；建设法治国家与建设法治社会的有机统一；继承中华传统法律优秀文化基因与借鉴人类社会法治文明成果的有机统一。”因此，张文显代表提出了“让法律更有尊严”的思想。

维护法律尊严需要司法改革的保障。张文显坦陈，我国现阶段的司法改革要解决的是人民群众日益增长的司法需求与落后的司法理念、司法体制、运行机制、司法能力以及相对匮乏的司法资源之间的矛盾关系，要树立的是司法的公信力和权威性。在我国进入“诉讼社会”的今天，司法改革尤其要解决好个中矛盾关系。因此，我们的人民法院司法改革应当结合审判工作的实际规律，结合人民法院工作的实际状况，从严治院、公信立院、科技强院，实现人民法院科学发展；同时，要将司法改革放在以人为本的基点上，将维护最广大人民群众的利益作为司法改革的根本出发点和落脚点;要全面加强法官队伍建设,不仅重视培养法官的职业能力,同时重视培养法官的职业操守,立足基层,扩大法律的公信力与权威性。

身为我国著名法学家、中国法学会副会长、吉林大学哲学社会科学资深教授,张文显代表把工作思考与理论探寻更深层次地结合在一起。全国“两会”期间,他撰写的《法哲学通论》一书出版。该书以“通论”的体系和结构对中国特色社会主义法哲学进行了系统阐述。

在有关和谐法治的论述中,他认为让人民更有尊严的和谐社会,和中国特色社会主义法治建设理想目标的和谐法治是高度的统一。“如果说和谐社会是人类文明的最高标志,那么,作为和谐社会本质要求的和谐法治则是人类法治文明的最高境界。和谐法治源出于作为科学发展观理论基石的和谐哲学,其核心是要用和谐精神引领法治的转型,走向良法善治,要善待个人、善待社会、善待自然,以此实现人与人的和谐、人与社会的和谐、人与自然的和谐。”张文显表示。

《物权法》七问七答*

今年的全国人代会最热门的话题毫无疑义是《物权法(草案)》的审议和通过！因为，自2002年12月以来，九届、十届全国人大常委会对这部法律草案先后审议七次，创全国人大立法史上单部法律草案审议次数之最。而据消息称，本次人代会延长会期，就是为了让代表充分讨论《物权法(草案)》。一部法律的制定为什么会引起这么多人的关注？它的意义何在？围绕物权法草案有哪些争论？人们关注的焦点问题是什么？物权法的基本原则有哪些？它跟普通读者和亿万老百姓的切身利益有着哪些关系？带着这些问题，本报独家采访了曾多次参与《物权法(草案)》讨论、并提出重要立法咨询建议的中国法学会副会长、吉林大学党委书记、教育部人文社会科学重点研究基地·吉林大学理论法学研究中心主任张文显教授。

记者：什么是物权法？制定物权法的意义何在？

张文显：物权法，顾名思义，就是关于“物”的权利和义务的法律，而法律上所说的“物”，就是指财产，即国家、法人、公民个人(自然人)所占有、使用的土地、房屋、资本、资产、储蓄等等。

---

* 本文是《东亚经贸新闻》记者孙悠扬在十届全国人大五次会议审议《物权法(草案)》过程中对张文显的采访文稿，发表于《东亚经贸新闻》2007年3月9日。

制定物权法意义重大。按照《物权法(草案)》的说法,是"为明确物的归属,保护权利人的物权,充分发挥物的效用,维护社会主义市场经济秩序,维护国家基本经济制度,制定本法。"通俗点说,就是为了物有其主、物尽其用。物有其主,就是从法律上明确某一动产或不动产、某一件物品、一宗财产等的所有权,以便定分止争,这是物权法的核心。举一个例子,可以说明这一点。一件漂亮的衣服丢在马路上,可能有很多人去捡,并想据为己有。而如果这件衣服是放在你的身边,就不会再有人来拿,也不大可能想据为己有。前一种情况下,人们不知道衣服是谁的,把它设想为无主物,谁捡到就可以归谁。后一种情况下,人们从直观上就把它看作是你的衣服,是有主物,如果谁敢去拿你的衣服据为己有,就构成盗窃罪或抢夺罪,要受到法律的制裁。通过物有其主,可以维护国家、法人、私人的财产安全,防止国有财产和公共财产流失,防止法人和私人财产被非法侵占。当然,仅仅做到物有其主,是不够的,还要通过法律规范和法律机制,解决物尽其用的问题。因为人类可以利用的自然资源日益枯竭,加上人口持续膨胀,人均可以占有的自然资源比工业文明之前减少了几十倍乃至上百倍,资源成为越来越稀缺的东西。在这种情况下,必须强调物尽其用的法律原则。任何单位和个人都没有权利、没有资格、没有理由浪费稀缺的物质资源,诸如土地、水源、矿产等等。如果有人让土地荒芜,国家可以依据法律规定收回土地使用权。

记者:为什么这部法律审议时间如此之长,审议次数如此之多,能给我们介绍一些背景吗?

张文显:在我国的法律体系中,法律分为根本大法、基本法律和一般法律。根本大法(即宪法)和基本法律由全国人民代表大会全体会议审议通过,一般法律由全国人大常委会审议通过。物权法是一部基本法律,因为它涉及国家财产、公共财产、法人财产和公民财产的归属、使用和收益,特别是涉及公民私有财产的保护。

在世界范围内，从法国的《人权宣言》到联合国人权宪章，都把财产权利作为公民的基本权利，规定基本权利的法律当然就是基本法律。它的重要性决定了必须由全国人民代表大会全体会议审议通过。一般法律经过全国人大常委会审议即可交付表决，基本法律则需要全国人大常委会多次审议后提交全国人大全体会议审议表决，这就增加了审议的次数和时间。《物权法（草案）》已经由全国人大常委会审议七次，原本去年交付全国人大全体会议审议，因为遇到争议和新情况而需要进行修改，所以延期到今年审议。再一个原因是虽然我国的基本经济制度和基本经济关系已经形成，但是财产关系尚未定型，而且处于变动之中，而物权法是对财产关系的法律调整，是对财产权利和义务的定型化。这种未定型的财产关系与定型化的法律关系的矛盾就导致物权法制定过程必然是一个长期的探索过程，是不断修改和完善的过程。还有一个重要原因，就是物权法的制定过程自始至终伴随着政治意识形态和法律意识形态的争论，受到“左”的或“右”的干扰。

记者：能介绍一下围绕《物权法（草案）》的争论的焦点吗？

张文显：我个人认为物权法制定过程的争论焦点有两个：一是《物权法（草案）》是否符合宪法？二是国家、集体、公民的财产权利是否平等保护？

《物权法（草案）》是否符合宪法，要看宪法的物权原则是什么，即看宪法是如何规定基本经济制度和所有权关系的？我国宪法的物权原则首先是社会主义的物权原则，可以概括为这样几个方面：第一，生产资料公有原则。生产资料公有制是社会主义的根本特征，是社会主义财产关系的核心。第二，公共财产神圣不可侵犯原则。第三，保护私有财产原则，承认并维护个人对私有财产的占有、使用、收益和处分的合法权利。第四，按劳分配原则，即实行多劳多得，少劳少得的原则。这是社会主义宪法确立劳动者的经济地位和社会地位的公共政策，也是确认私人财产具有合法来源的根本原则。我国宪法的物权原则其次是社会主义初级阶段的物权原则。邓小平理论的一个重大贡献就是阐述我国将长期处于社会主义初级阶段。这一论断已经写入党章和宪法。我国现行宪法比较科学合理地反映了社会主义初级阶段的基本经济关系。其中所反映出来的物权原则符合我国现阶段社会主义市场经济发展的基本要求。我国现行宪法中的物权原则可通过如下几个方面表现出来:第一,所有制形式多样性原则。第二,以生产资料公有制为主体原则。第三,公有财产神圣不可侵犯原则。第四,私有财产平等保护原则。第五,按劳分配为主体,多种分配方式并存的财产分配原则。这个原则拓展了合法财产权来源的范围。《物权法(草案)》总体上反映了我国宪法确立的社会主义初级阶段的物权原则。对此,毋庸置疑。当然,从语言上《物权法(草案)》如何更加完美准确地表达宪法规定的社会主义初级阶段的物权原则,是需要研究的立法技术。

对于争论的第二个焦点,可以从两个角度来评论。从建立社会主义市场经济体制和市场经济秩序的角度,可以说,无论财产的主体是国家,是法人,还是私人,都是平等的。因为市场经济本质上是一种平等经济、自由经济,如果财产主体不平等,就不可能形成公平自由的市场经济秩序。但如果从维护以公有制为主体、各种经济成分共同存在和发展的社会主义基本经济制度的角度,公有财产与私有财产、国家财产(即全民所有的财产)与集体财产、个人财产不能不加分析地平等而论,因为国有财产(全民所有财产)毕竟是13亿人民共同拥有的财产,属于普遍权利,而私有财产则是个别权利。当普遍权利与个别权利出现矛盾和冲突的时候,普遍权利无疑具有优先地位,应当受到优先保护,这是现代社会普遍通行的物权原则,更是社会主义的物权原则。上述经济制度与经济运行方式的二重性构成了关于公有财产与私人财产是否平等、是否平等保护、是否存在优先性等争论的根源。我们注意到,争论双方是分别从不同视野、不同角度发言的。如果采取唯物辩证法的立场和观点,上述争论是可以避免的。至于争论中上纲上线,制造《物权法(草案)》“违宪”舆论,超越物权法本身而反对物权法立法或试图阻止物权法审议,则是另外一个问题。

记者:有人说物权法是保护富人的法律而不是保护穷人的法律,你怎么看待这个问题?

张文显:我不这样认为。物权法既保护富人的财产,也保护穷人的财产,并且是平等保护。至于富人与穷人财产上的差异,与法律平等保护没有关系。只要富人的财产是通过合法渠道、通过劳动和智慧取得的,就是正当的、合法的,对他们的财产实行保护就是天经地义的。富人与穷人是流动的概念,穷人可能成为富人,而富人也可能一落千丈,成为穷人。我们今天是穷人的时候,不要仇恨富人,而当我们有一天成为富人的时候,也不要蔑视穷人。另外,把人们划分为富人和穷人两个群体,也是不客观的、不科学的,要知道有很多人属于中等收入阶层,而且中等收入的人会越来越多。全面建设小康社会为每个人提供了增加收入和致富的机遇,而市场经济也必然导致财富差异,要以良好的心态对待财富差异。据说,18 世纪中叶英国有一位首相,名叫威廉·皮特。在一次演讲中,他说过这样一句话,“穷人的寒舍风能进,雨能进,国王不能进”。这句话表达了财产权对穷苦人的重要性和神圣性。一介草民,他能够在达官显贵面前保持做人的尊严,他能够对国王的“进入”说不,这样的勇气正来自于法律对他拥有茅屋的所有权的认可。

记者:物权法有哪些普遍原则?如何理解这些原则呢?

张文显:物权法的基本原则包括:财产安全,财产正义,财产公益,财产效率。其中的“财产正义”说的是物权法的正义基础,核心就是物的取得、占有、使用的合法性基础,特别是占有的合法性基础。这是对财产保护的法律前提。物权正义,还包括物权的环境正义,既物权的行使应当保护环境,维护生态平衡等。财产安全是物权法的原点,人类需要物权法首先就是为了保护财产免受非法侵占。财产公益指的是任何财产本质上属于人类共有的稀缺资源,财产的使用应当有利于公共利益,至少是不损害公共利益。对于国有资源和集体资源更是显而易见的原则。财产效率是说,效率是财产的根本价值,效率意味着财产价值极大化、最大化。

记者:物权法对老百姓最直接的影响是什么?

张文显:物权法对老百姓的影响是非常直接和多方面的。过去,老百姓普遍没有自己的财产或者说没有像样的财产,因而也几乎不知道物权法是何物?没有对于物权法的需要。而现在老百姓的私有财产越来越多,不仅有房屋、汽车、储蓄等生活资料,而且很多人还有生产工具、原材料等生产资料。在这种情况下,物权法的出台就极其重要。人们开始需要物权法来保护自己的财产。《物权法(草案)》规定:"私人对其合法的收入、房屋、生活用品、生产工具、原材料等不动产和动产享有所有权。""私人合法的储蓄、投资及其收益受法律保护。""国家依照法律规定保护私人的继承权及其他合法权益。""私人的合法财产受法律保护,禁止任何单位和个人侵占、哄抢、破坏。"《物权法(草案)》还规定:"国家保护私人的所有权。禁止以拆迁、征收等名义非法改变私人财产的权属关系。拆迁、征收私人的不动产,应当按照国家规定给予补偿;没有国家规定的,应当给予合理补偿,并保证被拆迁人、被征收人得到妥善安置。违法拆迁、征收,造成私人财产损失的,应当依法承担民事责任和行政责任;构成犯罪的,依法追究刑事责任。"所有这些规定有助于切实地保护私有财产权。同时非常重要的是,过去一些财产权利界限不清楚的地方,有了物权法也明晰多了。例如,小区内的车库、车位、绿地等公共部分的所有权归属。

记者:在物权法制定过程中,您参加过多少次讨论?提出过多少建议?您的建议都被采纳了吗?

张文显：作为法学专家，我先后四次参加物权法立法征求意见会，以本人名义和单位名义提出过三次物权法立法咨询建议。有些建议被采纳了，例如，在物权法第一条增加“根据宪法”，还有将“国家实行社会主义市场经济”的规定从第 4 条调整到第 2 条，逻辑更加严谨。这些调整很难说是我一个人的建议，提出这些补充和调整的人可能还有其他人。

《法理学论丛》序言*

在具有重大历史意义的党的十一届三中全会召开20周年之际,《法理学论丛》在全国法理学界的关怀和支持下由法律出版社正式出版了。

十年前,在党的十一届三中全会召开10周年的时候,中国法学会编辑,法律出版社出版了《十年法制论丛》,展示了中国法学研究的理论成就,以纪念党的十一届三中全会10周年。读者面前的这本《法理学论丛》第一卷则收入了1989年至1998年十年间我国法理学研究中具有代表性的成果,以此纪念十一届三中全会召开20周年,宣告法学研究的一片新天地的出现。

值十一届三中全会召开20周年和《法理学论丛》出版之际,我们谨以对1989年至1998年10年间我国法理学研究情况的回顾、反思和对法理学未来的前瞻,作为纪念和致贺。

一、十年来法理学研究的基本主题

十年来,在邓小平理论的指引下和在以江泽民为核心的党中

---

* 本文是张文显和李步云为《法理学论丛》所作的代序。该论丛由法律出版社自1999年开始出版。

央的领导下，在改革开放和社会主义现代化建设的伟大实践的推动下，我国法学理论工作者进一步解放思想，开动脑筋，以饱满的热情和强烈的社会责任感，紧扣时代的实践主题展开理论探讨。以大无畏的理论勇气和推陈出新的学术自信致力于法理学的学术创新。把我国法理学研究推进到了一个崭新的阶段，提升到了新的水平。纵观这一时期的法理学研究，受到法理学界普遍关注并富有成就的基本主题大致包括如下几个方面：

（一）关于"建设有中国特色社会主义法学"

建设有中国特色社会主义法学，用法学研究的理论成果丰富和发展有中国特色社会主义理论体系，是中国法学的历史任务。这个论题涉及如何对待马克思列宁主义、毛泽东思想与邓小平理论的关系，也就是如何坚持和发展马克思主义的问题。邓小平理论是马克思列宁主义基本原理与中国实际和时代特征相结合的产物，是毛泽东思想的继承和发展，是当代中国和当代世界最伟大的马克思主义。邓小平理论和马克思列宁主义、毛泽东思想一脉相承，是统一的科学体系，它是我们党和国家新时期各项工作的根本指针，并具有深远的世界意义。邓小平理论饱含丰富的民主法制思想，其中很多思想涉及法学和法制建设的基本问题，属于法学的基本原理。但是，有的人习惯于用马克思主义的前两个发展阶段的某些结论限定或淡化第三个发展阶段即邓小平理论阶段的科学论断。针对这种情况，法理学界加强了对邓小平理论研究的力度，在继续深入研究马克思主义经典作家的法学思想的同时，从不同的角度、在不同的方面对邓小平民主法制思想作了全面、细致的研究和挖掘，并把它创造性地运用于法学研究的各个方面，在建构以邓小平理论为指导的有中国特色社会主义法学方面取得了重大进展。

（二）建立社会主义市场经济体制中的法律问题

在中国建立社会主义市场经济体制是我国在本世纪90年代提出的崭新课题，其中涉及一系列的法律问题，或者说，它引起了我国法律从观念、规范、制度到体系的重大转变和根本性重构。在对市场经济的法律内涵的全面理解基础上，我国法学理论工作者在达成基本共识的基础上，提出了市场经济实质上就是在法制基础上的"法治经济"的命题。由此，我国法学学者展开了社会主义市场经济建设所涉及的一系列重大法律问题的理论研究，其中，对我国社会主义市场经济的法律体系的构成及基本内容的研究，对市场经济条件下的立法问题如守法的指导思想、原则、体制、方法、形式、技术等的研究，对市场经济条件下的执法和司法问题、法律解释问题的研究，对于市场经济条件下的法与利益的相互关系以及公平与效益（效率）的关系问题的研究，对于市场经济条件下的契约自由问题的研究，对于市场经济条件下的公法与私法的划分及其基本原则、精神与制度设计的研究，以及对市场经济条件下涉及如何与国际惯例接轨的法律移植与法制现代化问题的研究，构成了法理学研究的主要热点。

（三）社会主义民主政治建设中的法律问题的研究

在提出和论证市场经济就是法治经济的同时，法理学界鲜明地提出民主政治必然是也必须是法治政治的命题，并进行了科学论证和阐述。在过去几年，法理学界以推进社会主义民主政治建设和政治体制改革的历史责任感，在对民主与法制作一般意义探讨的基础上，将视野主要放在了对中国社会主义民主政治建设和政治体制改革具有重大理论与实践意义的主题上，即如何运用法律手段，通过建立有效的法律制度来肃清政治领域的腐败现象，加强廉政建设；如何通过理性的法律制度建设来有效地实施权力制约和权力监督;如何理解人权、如何处理人权领域的热点问题,健全人权和公民权利保障机制,等等。

(四)关于依法治国,建设社会主义法治国家的理论与实践问题研究

党的十五大以来,以江泽民为核心的党中央正式把依法治国作为党领导人民治理国家的基本方略,把建设社会主义法治国家作为建设有中国特色社会主义政治的基本内容,这对于把有中国特色社会主义事业全面推向21世纪具有深远的历史意义。依法治国,建设社会主义法治国家,涉及一系列重大的理论和实践问题。诸如:建设社会主义法治国家的理论基础和指导思想;依法治国,建设社会主义法治国家理论和方略的形成;依法治国,建设社会主义法治国家的历史意义和综合价值;有中国特色社会主义法治国家的目标模式;依法治国的主体、对象、客体和标准;法治国家的生态环境;建设社会主义法治国家的途径;建设社会主义法治国家与法制改革;依法治国与坚持和改善党的领导,等等。对这些问题法理学界在近二十年来广泛研究与深入争鸣的基础上,又进行了比较认真的研究,提出了很多具有时代特征和世界文明意义的理论观点,也提出了不少可以操作的方案和建议。

(五)"一国两制"与港、澳、台法律问题研究

我国运用"一国两制"方针成功地解决了香港和澳门回归祖国的问题,而随着这一方针的实现以及香港特别行政区基本法与澳门特别行政区基本法的制定并相继付诸实践,其所涉及的一系列法律问题以及它对我们解决台湾问题的意义也日益突出。因此,我国法理学学者投入了很大精力研究"一国两制"条件下中国的法律理论与实践,研究香港、澳门、台湾的法律制度问题,以及港、澳、台法律制度如何与中国大陆社会主义法律制度冲突与协调,如何

在法律上保障“一国两制”方针的切实实行等。

（六）对法理学基本理论问题的研究进一步深入

这种研究涉及的范围很广，诸如法的本质与概念、法的性质、法的起源与习惯法、法的职能与作用、法的类型划分与法的发展、法律意识、法律关系、法律责任、法律效力、法律规范、法律制度、法律科学、法律价值等都在探讨之列。特别是对权利义务的关系问题，即有关权利义务的基础、来源、价值、重心等的研讨；对有关法律观念、法律文化与法的精神的研究；对法制、法治等基本概念的解析，构成近年来法理学持久而影响较大的研究特点。基本理论研究的深入使法理学自身的科学性得到加强，对部门法学的指导意义显著提高。

（七）法制与精神文明建设

精神文明是有中国特色社会主义的重要特征，法制是精神文明的基本标志。改革开放以来，法理学界始终注意法制与精神文明的研究。党的十四届六中全会通过《关于加强社会主义精神文明建设若干重要问题的决议》之后，法理学界进一步加强了这方面的研究。学者们既从一般意义上研究了法与精神文明的关系，以及法与道德、法与文化的关系，又结合中国的实际对我国社会主义法制建设与精神文明建设的互动关系作了全面阐述，特别是对精神文明建设在农村法律意识培育和农村法制建设中的意义，一些学者进行了非常重要的研究。

（八）法学及法学研究方法问题

在专注于对具体的法学理论主题进行研究的同时，许多学者也开始关注法学自身的理论建构问题。因此，学者们立足于国际学术交流与中国社会主义法学的进步与繁荣，对法学自身的现代化问题进行了广泛的探讨，特别是在法学的研究方法上，我国法理学学者开始引入一些新的分析方法和概念工具来研究法理学论题，如经济分析方法和案例分析方法，社会学的实证分析方法，使法理学研究更显生机与活力。与此同时，学者们也开始专门从历史与现实的角度、中外比较的角度来讨论中国的法学教育所面临的问题及其解决途径，检讨我国大规模的全民普法教育实践的得失与意义，探讨我国法律职业的历史与现状及其未来发展。这种研究虽然刚刚起步，但其对实施依法治国、建设法治国家的重大意义和价值不容低估。

（九）国外法学理论研究

十年间，我国法理学界继续对国外的法学理论予以广泛关注，学者们本着吸收其他国家的法学理论的合理成分，充实和提高我国法学理论的理论含量和水准，以参与国际法学理论界的重大主题研讨，展开理论交流与对话，引介了许多理论观点和学说。值得注意的是，在这期间，我国法理学学者除了继续研究和借鉴英美国家的法学理论流派和观点之外，开始将眼光投向了其他国家，特别是欧洲大陆的德国和法国的法哲学，以及日本的法哲学研究。这对于扩大我国法理学学者的学术视野，丰富其理论资源，了解和掌握国际法哲学的全貌及其发展趋势，从而促进我国有中国特色的社会主义法学理论的发展，具有十分重要的意义。我国法理学学者对上述基本主题的研究成果，主要体现在各种人文社会科学学术期刊、报纸上发表了大量的法理学学术论文，出版了一大批具有较高学术质量且颇有影响的学术专著和比较有特色的大学教科书。同时，我国法理学研究的重大成就还体现在，老一代法理学家有许多依然活跃于学术舞台，中年一代法理学家已经成为我国法理学研究的学术中坚，而在中老年两代法理学家的培养和帮助下，年轻一代法理学学者已经开始大批地进入法理学学术殿堂并正在不断地取得优异的成绩和进步。

二、十年来法理学研究的主要特点及存在的问题

(一)十年来法理学研究的主要特点

十年来,我国法理学研究所涉及的主题非常广泛。而从这些主题以及学者们的研究工作来看,我国法理学研究具有如下主要特点:

1. 理论与实践的紧密结合

20世纪90年代,是中国社会发展异常迅速的年代,特别是党和国家建立社会主义市场经济体制和加强社会主义民主政治建设的大政方针的确立,为法学理论研究工作者提供了发挥其智慧和才能的巨大舞台。由于现代市场经济和民主政治,始终是与法制和法治联系在一起的,因此,我国现实社会实践给法学理论提出了一个又一个的具有重大实践意义和理论价值的新课题。学者们以强烈的社会责任感和参与热情,主动地、积极地投身于这些课题的研究,结合中国的现实国情,吸收世界上其他国家成功的经验和失败的教训,提出了一系列既有理论含量又具有实践操作意义的观点、主张和理论,为党和国家重大政策的制定和实施,为国家的立法、执法和司法活动提供了坚实的理论基础。法理学学者主动参与社会实践,求解实践中的重大难题,充分显示了法理学自身的社会作用和价值,同时也进一步检验和完善了许多理论观点,丰富了法理学的内容,拓展了法理学的领域。

2. 思想解放与理论创新显著

理论发展和学术进步的天敌是思想的禁锢与僵化。法理学由于其具有强烈的政治意识形态属性,它所涉及的一些主题具有高度的政治敏感性,因此,我国法理学一般说来保守倾向较为严重,这种情况严重地阻碍了法理学自身的发展。而究其原因,除了法

理学与政治意识形态的亲缘关系之外，从事法理学研究的学者本身因观念陈旧和思想僵化而把法理学学术研究与实际政治活动、把法理学学术观点和主张与现实的政治主张和要求混淆或等同，也是一个非常重要的因素。最近十年，我国法理学学者逐步认识到，坚持马克思主义和发展马克思主义是一个事物的两个方面，它们是统一而不能加以分割的。借口“坚持马克思主义”而在法理学领域抱残守缺、设置研究禁区，既使法理学变成了机械的形而上学的教条，又在根本上违背了马克思主义的批判和创新精神。因此，我国法理学学者以大无畏的勇气解放思想，更新观念，以坚持和发展马克思主义为己任，打破了一些存在多年的思想理论禁区，从而既拓展了法理学的研究范围，活跃了法理学的理论研究，也为我国改革开放形势下的政治、经济、文化、社会实践提供了较为充分的理论指导。法理学对人权问题、公法私法的划分及其相互关系问题、契约问题、法的精神问题等的研究，就是非常明显的例证。

3. 学术争鸣活跃

在任何时候，真正的学术进步与理论的成熟，都是在持续不断的学术批判与学术争鸣中得到的，因为只有不同学术观点和主张的交锋驳难、彼此砥砺，才能发现学术理论观点和主张中的缺陷与不足，从而促使学者不断地思考其主张，逐步完善其观点，也只有这样才有可能使理论本身的科学性及其实践指导性进一步提高和得到加强。最近十年，是我国法理学研究中学术争鸣最为活跃的时期，一些重大而持久的学术争鸣主题成了这一时期法理学研究的重点和热点，如关于民主问题、法律价值问题、人权问题、法文化问题、权利义务问题、法的精神问题、法制现代化与法律移植问题等的讨论与争鸣。正是学者们对这些热点问题的学术理论争鸣，活跃了法理学研究的学术空气，激发了一大批学者的理论热情，在把对这些问题的研究推进到一个新的阶段和水平的同时，有关这些问题的争鸣也在各部门法学中产生了重大影响，从而对整个中国法学研究起到了带动和促进作用。

4. 具有更加开放的姿态

法理学的开放有两个方面:一是对外开放,二是科际开放。过去的十年是中国进一步扩大开放的十年。与国家扩大开放的格局相适应,法理学的对外开放面有所扩大。这主要表现为我国法理学界除了继续对英美各国法学理论予以高度重视和深入研究之外,对其他国家的法学理论兴趣在不断升温,其视野进一步扩大,如对德国、法国、日本等国近现代法学家的法学理论的研究已经展开。在科际开放方面,我国法理学已经不再局限于就法律而论法律,或者说已经不再固守学科之间的藩篱,而是以更加开放的姿态吸纳其他学科的最新成果,以丰富其理论内容,如法理学对哲学、经济学、社会学、文化学的理论和方法的吸收,使法理学的观念、思维方式、研究手段均得到更新,从而既获得了以前没有认识到的新成果,又对原已取得的成果有所深化。

(二)十年来法理学研究存在的问题

尽管十年来我国法理学研究取得了令人注目的成就,但是,从法理学学者的研究主题、采取的思维方式和研究成果的具体内容来看,我国法理学研究的主要缺欠仍很明显。主要表现在:

1. 明显的经验论痕迹

不少学者习惯于将我国有关立法、执法、司法、守法和法律监督等现象加以描述,这种描述又被一些学者直接当作其法理学主题研究的理论结论或者"构想",并用于"检验"我国的法律现实,二者相符便认为是自己理论"正确"或者其"理论"能与实践结合,能"指导"法律实践的典型标志。很显然,这是一种循环论证,这种对法现象的描述与法律社会学意义的实证研究相差甚远。但这种情况在我国法理学教材、著作和论文中并不鲜见。这说明我国法理学仍未摆脱依赖感性认识和直觉体验来阐述法学理论的经验论,法理学的理论水准还处在一种比较低的水平。虽然我们说十年来我国法理学研究取得了很大的进步和不小的成绩，但从严格的科学理论的标准来衡量，我国法理学的理论内涵尚需有质的飞跃和升华。

2. "左"的政治思维对法理学的影响依然较大

近十年来，中国法理学研究的发展是在实事求是、解放思想、更新观念、打破传统的理论禁区当中获得的。在其中，法理学研究不时受到"左"的和右的政治思维倾向的影响，特别是"左"的政治思维定势在法理学界根深蒂固，它对我国法理学研究的负面影响仍是相当大的。法理学学者每每提出一个新的观点或见解，总是有人戴着"左"的政治透镜来审查，动不动就给戴上一顶顶政治帽子，致使许多学术新观点和新见解没能得到充分的研究、论证，法理学学者对这些观点和见解也未能进行有效的理论争辩和学术批判。很显然，如果不继续在法理学领域清除"左"的政治思维倾向的影响，我国法理学很难有突破性的进步和发展。

3. 法理学的学术争鸣缺乏真正的理论深度

虽然迄今为止，我国法理学学者在法理学的几乎所有主题上都存在不同观点和见解，特别是在一些重大主题上，学者之间的学术争鸣和学术批判比较普遍，这是近十年来中国法理学的进步标志。但是，严格说来，我国法理学研究中的学术争鸣和学术批判的水准很低，常常由于争鸣各方缺乏对对方观点的真正理解，致使这种争鸣缺乏实质意义上的理论交锋与学术观点的真正碰撞，不少争鸣者基本上是在与自己的假想对象进行论争，所以，如果将其称之为"聋子的对话"，似乎也不为过。我国法理学学术争鸣的低水准还体现在：一方面，许多理论争鸣缺乏起码的学术宽容精神，不是真正以理服人，争鸣中不时出现意气用事、情绪化，甚至人身攻击等情形，缺乏真正平等的、理性的、宽容的态度；另一方面，争鸣者常常自觉不自觉地以政治意识形态标准来判断学术理论本身的是非，从而将学术问题变成了政治问题，将学术见解上的分歧上纲成政治原则上的分歧，从而为真正的学术研究和学术争鸣设置了巨大的政治障碍。

上述各种缺陷，在我国过去十年的法理学研究中都不同程度地存在，从而在较大的程度上制约了我国法理学的发展。

三、面向未来的中国法理学

党的十五大和九届人大一次会议把“依法治国，建设社会主义法治国家”作为党领导人民治理国家的基本方略，作为建设有中国特色社会主义政治的目标，这是我国法学研究发展的广阔背景，是法学研究人员尽其所能地进行创造性活动的历史性机遇。在这个大背景和历史性机遇面前，我国法理学研究将呈现出如下特点和趋势：

（一）科学形象的确立和科学化的升华

十年前一位颇有影响的历史学家评论法学是“幼稚法学”。在一定意义上，这种评论是中肯的。这些年经过法学界的共同努力，法学幼稚的形象有所改变。但是总体上，与其他有些学科比较，我国法学特别是法理学仍然不够发达，科学形象仍然不够。在进入21世纪的时候，法理学将最终确立其科学形象。这将表现为：第一，彻底摆脱“左”右思潮，特别是“左”的政治思维定势的束缚和干扰，破除历史虚无主义和姓资姓社的困扰，真正以科学精神对待一切法律思想和法学理论，实事求是地从各个时代、各个国家、各种学派的法律思想中吸取符合法律现象和发展规律的认识成果，丰富和发展马克思主义的法学理论。第二，将在总结以往认识成果和深入研究的基础上，建构起能够表明法理学独立地位和理论优势的科学的范畴体系。随着范畴体系的建构，法学的理论大厦也将形成和完善。第三,研究方法上的千篇一律和以相互雷同的分析视角、思维模式去面对复杂的法律现实的状况将得到扭转,现代自然科学方法和人文社会科学的新方法将在法学研究中得到广泛的应用。第四,将出现各具特色的理论体系、学说,这些理论和学说经过实践的检验和学术批评的助长,将逐步形成马克思主义共同指导下的不同学派。现代中国法学无学派的历史将宣告结束。

(二)实践功能加强

对于人文社会科学而言,理论的意义和价值在于倾听时代的呼声、反映时代的要求、回答时代的课题,从而为其时代的社会、政治、经济、文化的实践提供理论指导,设计合理可行的制度构架和操作措施。也只有立足于时代的地基,面向时代的生动实践,理论的繁荣和学术的进步才有可能。法学是一门应用性较强的学科,更应立足实践,面对实践,服务实践。过去十年正是由于社会改革与社会转型的伟大实践,法学才有可能成为中国人文社会科学中的一门显学。作为法学的基础理论与一般理论的法理学,在过去的十年间,紧扣中国现时代的脉搏,和时代一同前进,取得了丰硕的成果。今后必将进一步加强其实践性。实践功能的加强将主要表现为法理学研究的重心切实转向经济建设,就如何用法律机制引导、规范和保障市场经济体制和经济建设提供智力支持和理论指导;同时深入研究社会主义民主政治和精神文明建设方面的法律问题,为推动和保障民主政治和精神文明建设服务。

(三)现代化进程加速

市场经济、民主政治和理性文化要求法制现代化。与此相适应,法理学也将现代化。法理学现代化首先意味着法学理论必将最终摆脱自然经济、半自然经济、计划经济体制、非民主政治结构以及传统法律文化的束缚和限制,以现代化的市场经济、民主政治和理性文化为参照，反观、审视和检验既有的法学观点和理论，实现法理学的理论更新和变革。当然，法学现代化不会是一帆风顺的。它需要法学界进一步解放思想，实事求是，也需要切实贯彻和保障党的“双百”方针。其次意味着法学研究方法和手段的现代化。随着现代科学技术的广泛运用以及法学研究经费的扩大投入，法学研究将彻底转变传统的人工操作方法，而把计算机信息处理技术引进来。这将不仅有利于开展定量分析，实现资料共享，提高法学研究的效率和质量，而且更重要的是，法学可以借助于计算机技术深入法律运行过程中进行实证的调查研究和数据分析，使法学在研究实践、指导实践方面发挥更大的作用。

(四)国际化趋势更为明显

在改革开放的推动下，我国法理学已经突破自我封闭的局面，开始参与法理学的国际交流和合作。但在总体上，我国法理学在国际法理学舞台上平等对话的主体资格还没有得到普遍承认，我国法理学的对外影响仍然有限。进入21世纪之后这种局面将有根本性改观。随着我国法理学的马克思主义理论和方法论优势的进一步发挥，对国外法律和法学的比较研究在更大的范围、更深入的层次展开，对中华传统法律文化和社会主义法制建设经验的总结和加强，特别是对市场经济法律问题的研究将全面进行。这些将使我国法理学的学术水平、民族特色和时代精神有大幅度的增强，从而使我国法学有充足的条件在国际法理学舞台独树一帜，西方法理学对法理学论坛近乎垄断的局面将被打破。

四、《法理学论丛》的宗旨和任务

《法理学论丛》的出版是我国法理学发展中的一件大事。它是我国法学理论工作者发表学术新见解、论证理论新创造、交流学术心得与体会、参与学术争鸣与批判的园地，也是我国法学理论工作者展示其才华的舞台。《法理学论丛》是法理学学者所共同拥有的一块学术百花园。在这块园地里，法理学学者将以改革开放新时代的时代精神和主旋律为其精神导向，以新时代的重大实践主题为其现实坐标，不断深化法理学的理论认识，丰富法理学的理论内涵，升华法理学的理论体系。这也正是《法理学论丛》的根本宗旨与目的。

考虑到为我国法理学学者提供一个十年来我国法理学研究的基本概况，展开其最新的重大发展，作为学者们进一步研究的基础，并以此纪念党的十一届三中全会召开20周年，《法理学论丛》第一卷主要收录1989—1998年间我国法理学学者公开发表的具有重大学术影响或学术创新，即既具有重大实践意义又具有较高理论价值的学术论文。当然，由于这期间不少学者发表了很多高水平的论文，而《法理学论丛》只能要求入选的每位学者自选一篇论文收入第一卷中，还有其他种种原因使一些入选学者的高质量论文未能收入《法理学论丛》第一卷。因此，我们不能说《法理学论丛》第一卷完全反映了十年来我国法理学研究所取得的进展的全貌，这实在是无法避免的遗憾。

从第二卷起，《法理学论丛》将主要刊发我国法理学学者的学术新作。根据我们的设想和一些学者的建议，《法理学论丛》将固定设置“法理学专题研究”、“国外法学理论”，“硕士学位论文和博士学位论文精选”等栏目。同时，《法理学论丛》还将设置“学术批评与争鸣”和“书评”两个栏目。欢迎法理学学者惠赐佳作，并推荐具有较高学术水准与理论创新的佳作。

愿《法理学论丛》成为我国法理学学者畅所欲言地传播和交流思想的论坛，成为我国其他人文社会科学学者了解中国法理学研究动态与最新成果的窗口，更希望《法理学论丛》成为中国法理学走向国际法理学殿堂的坚实基础与可靠起点。

《法理学论丛》是你的，也是我的，同时还是他的。《法理学论丛》的质量和水准是你我他所共同关心或理应关心的关键问题，因为它所力图展示的乃是作为整体的中国法理学的学术水平与理论层次。因此，办好《法理学论丛》是我们的心愿和责任，也一定是中国法理学界的共同心愿和责任。

《中国法学精粹系列丛书》序*

当今是知识爆炸的时代，又是时间四分五裂的时代，这就形成了无限的知识与有限的时间之间的矛盾。其实这也是人生的矛盾，求知的本性与短促的人生的矛盾，这一矛盾深深地困扰着人类。

解决这一矛盾的努力无非有两种。第一种是充分利用时间。但会受到人的生理因素的制约，加上人生必要时间的支付，即使再充分利用时间，每人每天也只有 24 小时，因而这种努力未必真正有效。看来比较有效的是第二种，即对爆炸的知识进行甄别、挑选，取其精华，弃其糟粕。众所周知，著作虽多，但真正有永久价值的经典之作总是少数。择善而从，是人生的原则，自然也是读书求知的原则。读书求知的有效方法是取精用宏、含英咀华，读精品之作、经典之作。经典著作是知识的浓缩、思想的精华，读经典著作是纲举目张、事半功倍，恰似"与君一席谈，胜读十年书"，可以说，不读经典著作就谈不上真正的读书求知。

法治是治国安邦的大政国是，是全球大势和时代主题，也是人类智慧聚焦之所在。在步入法治社会的当代中国，法学日益成为

---

* 本文是张文显与邱本为《中国法学精萃系列丛书》所作的序。该丛书先后由机械工业出版社和高等教育出版社出版。

一门显学，每年发表的法学作品数以万计。法律是时代精神精华的确认，法治是时代精神精华的贯彻，法学是时代精神精华的写照。法学必须是精华，只有精华才配称为法学，只有法学经典著作才是值得供人解读的真正的法学文本。人们希望快捷地找到其中那些真正有价值、有影响、堪称经典的作品。编选《中国法学精萃系列丛书》即是出于此种考虑。

考量著作是否精品、经典有以下标准：

一是思路新奇。学术的生命在于创新，学术的发展新新不已，学术创新之处正是学术精华所在。那些筚路蓝缕、独辟蹊径、开天辟地、振聋发聩之作当属精品、经典之作。

二是资料详实。思想没有全新的，学术是承先启后和不断推陈出新的，对大量的已有资料的搜集、占有、爬梳、概括、提炼本身就是十分重要的学术工作，而在这个基础上的研究才不是无源之水、无本之木。那些钩沉发隐、洞烛幽微、经纬百家、茹古涵今、集大成者当属精品、经典之作。

三是思想深刻。学术的使命是求真，追求真理。但真理作为规律是内在的、深刻的，这就决定了学术思想必须深刻，不深刻不足以入理。思想深刻是学术的价值所在、尊严所在，也是精华所在。那些体大思精、高瞻远瞩、笔扫千军、慎思明辨、警世谕人之作当属精品、经典之作。

四是传世之作。在所有的批判中，最伟大、最正确、最天才的是时间。精品、经典之作不仅是时代精神的精华，而且是时代精神的超越，是经得起时间批判的传世之作。那些与时俱进、雄视百代、历久弥新、嘉惠新学、启迪后人之作当属精品、经典之作。

当然，上述标准是很高的，也许身不能至，但心向往之。我们把它们作为行动的旗帜和追求的目标，并为此而与人们一道不懈努力。

对于本系列丛书来说，我们希望达到以下目标：

一是起到年鉴的作用。从每年公开发表的法学文章中精选出有代表性、权威性、经典性的文章，铭记法学各学科每年的发展状况和学术进展，以供图书馆、资料室收藏。

二是具有教研资料的作用。资料是教研的基础，了解把握研究动态是为教为研之始，本套丛书可以成为教研人员床头案前之必备。

三是具有考试指南的作用。近几年法学硕士、博士考试愈来愈热、人数愈来愈多，每个考生在复习过程中，都要查找、复印、装订相关的有代表性、权威性、经典性的文章仔细研读，极其烦难不便，本系列丛书恰能予以弥补，提供方便。

我们的工作把我们推到了审判官的位置，但我们没有火眼金睛、或许有时还有眼无珠，难免良莠不分，取舍不当。我们在提请公众批判理解的同时，也虔诚地希望公众热情参与，把自己所认为的精品、经典之作推荐给我们。俟条件允许，我们也会敬请有关专家、学者进行评选，以求名至实归、不负众望。

《法律思想的律动——当代法学名家讲演录》序*

思想的魅力在于其对社会事务的深刻审察与独特洞见，而并不在于其全面与周到的思虑，承载思想的语言媒介也许偏激，但其智慧的光芒却总是那么令人炫目；科学的理论无疑需要长期而系统的严格论证，但这种论证并非简单的证明，而恰恰必须是反思性的论理。作为人类文明进步的成就，作为人类自身智慧的表征，思想和理论都既需要通过向社会公众的公开展示来证明自己的存在，确证自身的合法性，又需要通过这种公开的展示来影响和改良公众的社会观念、意识与精神存在状态。因此，思想的交流和理论的交锋，无论是对于学术研究而言，还是对于整个社会的发展而言，都显得极为重要。吉林大学理论法学研究中心举办的"当代法学名家讲座"，就是这样一个专门为当代法学学者提供充分展示其法律思想、论证其法学理论的公开的学术窗口与开放的思想论坛。

"当代法学名家讲座"的起讲始于2000年。那一年，由吉林大学法学研究所改制的吉林大学理论法学研究中心（The Center for Jurisprudence Research in Jilin University）被教育部批准为人文社会

---

* 本文是张文显为吉林大学理论法学研究中心编《法律思想的律动——当代法学名家讲演录》（法律出版社2003年版）所作的序言。

科学重点研究基地，之后又被评定为国家重点建设学科。按照教育部的要求，作为教育部的重点研究基地和高校重点建设学科，吉林大学理论法学研究中心应当努力建设成为高水平科学研究中心、高素质人才培养中心、高质量咨询服务中心和高效率信息交流中心。显然，要成为这样的中心，就必须大力推动和加强学术交流，特别是吉林大学理论法学研究中心地处东北、地缘因素相对不利，在这种条件下，尤其需要高度重视学术交流。为此，我们策划了一系列旨在推动学术交流的常规项目，讲座乃是这系列项目中的一类。讲座又分为"当代法学名家讲座"、"海外法学学者讲座"、"法学理论青年学者论坛"、"跨学科学术讲座"。"当代法学名家讲座"是为国内(包括香港、台湾、澳门)著名法学家开设的，该讲座为法学名家提供了传播学术思想的舞台，为吉林大学尤其是法科学生和青年教师提供了接收名家思想、感受名家风范与魅力的机会。如今，已经有数十位法学名家接受邀请在我们的这个讲座上进行了精彩而极富思想启迪的学术演讲，这些演讲给吉林大学的师生带来了强烈的思想与理论的学术震撼，在全国学术界也产生了极其良好的学术影响。

为了使法学界法律界同仁，特别是年轻的学子分享名家讲座这一极其宝贵的学术资源，我们决定将讲稿整理出版。讲稿是根据录音整理的，绝大部分文稿经过讲演者本人的审阅和文字上的修订。个别讲演因录音事故没能整理出来，甚为遗憾。对于个别未经作者审阅的讲演稿，我们仅从出版物技术规范的角度，作了必要的技术加工而未作任何实质性的修改。所以，呈现在读者面前的这本讲演均保持了原汁原味。

这本讲演集在逻辑结构上分为六个部分。第一部分属于法理学的基本问题和前沿问题，诸如孙国华教授的《当前法学理论研究中的几个问题》、葛洪义教授的《论中国法的现代性问题》、吕世伦教授的《法的真善美》、郑永流教授的《法学方法论》、季卫东教授的

《漫谈全球一体化对法学理论的影响》、朱景文教授的《解决争端方式的选择——一个比较法社会学的分析》;第二部分属于当代西方法哲学研究的问题,诸如信春鹰教授的《后现代法学的几个问题》、陈弘毅教授的《从哈贝马斯与福柯的思想看现代与后现代的法治观》;第三部分属于法律文化与法制现代化研究,诸如蒲坚教授的《中国法制史的现状与未来》、张晋藩教授的《中国百年法制反思》、吕世伦教授的《论我国法制现代化中的国家主义障碍》、贺卫方教授的《漫谈中国司法改革》、陈光中教授的《司法效率与司法公正》、贺卫方教授的《中国法律职业意识的觉醒》、霍宪丹教授的《建立统一的国家司法考试制度与法律教育的改革》;第四部分属于有关宪政与人权的法理学研究,诸如郭道晖教授的《民主的限度及其与共和、宪政的矛盾统一》、《社会权力与法治社会》、季卫东教授的《人民自决的法理——对一项宪法权利的复眼式观察》、徐显明教授的《人权研究的时代性课题》;第五部分属于实证法律的法理学研究或部门法哲学问题,诸如蔡守秋教授的《人与自然的法学思维——环境法研究中的理论问题》、王利明教授的《侵权行为法的理论与实践》、梁慧星教授的《我国〈物权法〉立法中的几个理论与实践问题》、王利明教授的《物权法的基本问题》、王保树教授的《纵论公司法修改与完善》、江平教授的《关于公司治理结构的法律问题》;第六部分属于WTO和法律全球化,诸如张文显教授的《WTO与中国法律发展》、沈四宝教授的《WTO与我国法制建设》、郑成思教授的《WTO与知识产权》、吴汉东教授的《WTO与中国知识产权保护》。

作为当代中国法学学者思想展示与理论交锋的舞台,“当代法学名家讲座”以其爱智求知的热望、独立自由的思想、学术理论创新的勇气、宽容开放的心境,坚定地维护且身体力行地实践着学术民主和理论平等的价值诉求。如今,“当代法学名家讲座”已经成为吉林大学理论法学的学术品牌,成为吉林大学最有影响力的学术活动之一,每年都有来自海内外的著名法学家来校讲演,每次讲演都是座无虚席，甚至过道和走廊都挤满了听众。讲演过程中讲演者的思想拉动、讲演者与听众之间的交互对话，以及不同寻常的热烈气氛，给人们留下了难以忘怀的生动场景和持续的思想冲击。

我们将继续邀请我国的一些著名学者尤其是中青年的法学学者加盟吉林大学理论法学研究中心的“当代法学名家讲座”，我们也将继续整理出版这些学术演讲。让我们以全球化的眼光，来共同感受当代中国法律思想的律动。

2003 年 6 月

《法学理论前沿论坛》序*

吉林大学理论法学研究中心2000年被批准成为教育部人文社会科学重点研究基地以后,开展了一系列制度化、经常化的重大学术活动,"法学理论前沿论坛"是其中之一。本书收入的是"论坛2000"(FORUM2000)中的主报告和主评论。

"法学理论前沿博士论坛"是由我提议,吉林大学理论法学研究中心举办,法学理论专业博士生导师及特邀专家共同主持,每届博士生轮流组织。

论坛的宗旨是为博士研究生们创造一个自由、开放、活跃、严谨的学术环境,以培养富有马克思主义理论素质、时代气质、创新精神、论辩能力、写作技巧,并善于交流的法学理论人才。从这一宗旨出发,论坛坚持科学精神,贯彻学术民主,倡导公允平实、有理有据的学术对话、论辩与研讨。

论坛完全按照国际学术会议的标准和程序进行,每个论题由一至两位校内外著名学者或对本论题有深入研究的学术带头人主持,由一名专业博士生担任主报告人,一名法学理论专业博士生担任主评论人。在发言中,主报告人首先进行论题分析,然后就该论

---

* 本文是张文显为《法学理论前沿论坛》所作的序。该论坛文稿由科学出版社结集出版,第一卷于2003年出版。

题的研究现状、学术价值和实践意义作一综述，接着发表本人的学术观点，并进行阐述和论证；主评论人针对主报告发表自己的评论，或肯定，或修正；或深化，或拓展；或质疑，或补充。主报告和主评论之后，与会师生自由发言。最后，由主持人作总结性陈述和评论，或者给予指导性讲解。

论坛是开放型的，除了法学理论专业的博士研究生和教师之外，其他专业的博士生、研究生、青年教师亦可自由参加论坛，并提问和发言。

法学理论的问题和论题数以百计，如何确定其中一些为“前沿论题”呢？在我看来，主要有六点：

第一，法理学的前沿问题一般来说就是法治的实践前沿在理论上的反映或表现，归根结底，是当代中国及世界经济、政治、科技、文化、社会生活的理论反映或表现。例如，法治与法治国家，民主、法治与宪政，司法改革，法律全球化，法制与可持续发展，知识经济与法制创新，社会弱势群体的权利保护，反腐倡廉的法律机制和道德机制等，都是当代中国或世界最为瞩目的经济实践、政治实践、法律实践和社会实践。理论前沿和实践前沿这两个前沿是一致的、同步的、互为折射的，大部分法理学前沿问题都是从当前的社会实践中概括出来的。

第二，法学理论的前沿问题一般来说是法学研究和学术争鸣中的热点问题，而热点问题必然被法学界普遍关注、广泛讨论、持续争鸣。例如，依法治国与坚持和改善党的领导，依法治国与以德治国，司法公正与司法效率，程序正义与实质正义，公法与私法，权利本位与义务本位（义务先定），权利与权力，契约自由，法律移植，表达自由与知情权，人权与主权的关系，错案追究的法理基础与制度等，都是我国法学界热烈讨论和激烈争鸣的热点，有些甚至构成一个比较长的时间内理论研究和学术争鸣的焦点。

第三，法理学的前沿问题一般来说具有解放思想、更新观念、开拓创新的意义,因而代表着或预示法学的发展方向、发展趋势。例如,当代中国法学研究的学术范式及其转换,法学的现代化和国际化,中国的人权理论与实践,知识产权制度与实践中的法哲学问题,后现代法学(后现代主义与中国法学),中国传统法律文化的现代转型,中西法律文化比较研究等。这些论题本身就具有思想解放和学术创新的意味和导向,对这些问题的深入研究必将推动中国法学的进步以至跨越式的发展。

第四,法理学的前沿问题一般都包含着(明示或隐含)更具涵盖性、启智性的概念,或体现时代特征和时代精神的新话语、新命题。例如,法律本质的层次,法的时代精神,走向法治,走向权利时代,人权国际化,现代法律精神,法律的程序价值,法律的真善美,WTO与法律全球化,法律方法,法学研究范式,法律职业与法律共同体,法律实践推理等。这些新的概念、话语、命题是法学家的认识成果,具有凝聚知识、深化思想、联结实践、引导学术进步等方面的作用。如果没有新概念、新话语、新命题,任何问题都无法被确定为前沿问题,即使人为地将其确定为"前沿"问题,也引起不了广泛重视,或者就不具备研究价值。

第五,由于法理学性质和功能上属于法学的一般理论、基础理论和方法论,所以,法理学前沿问题一般来说具有全局性、复合性、多边形。所谓全局性,指的是这些问题在法学中至少在法理学中带有普遍性、根本性、长期性,对于解决法学的其它问题可以起到枢纽或钥匙的作用;所谓复合性,指的是这些问题通常是渗透在理论法学和应用法学之中,是法理学与宪法学、民法学、经济法学、刑法学、诉讼法学或国际法学共同关注的重大问题,这些问题的阐释和解决,既需要法理学的理论指导,也需要部门法学提供丰富的理论资源和实践经验;所谓多边性,指的是这些论题中相当一部分属于法学与其它学科的多边问题,因而需要综合运用哲学、经济学、政治学、社会学、心理学、历史学以至文学、自然科学的理论和方法去解决。

第六，对前沿问题的研究需要研究者有新的视野、新的境界，采取新的思维、新的参照、新的方法，以形成新的概念、新的观念、新的理论或理论体系。在新世纪之初，中国法学面对着一系列新的时代特征，诸如：经济市场化、知识化、全球化，政治民主化、理性化、法治化，文化信息化、大众化、多元化，法律体系化、专业化、法律国际化和全球化……这些时代特征概括在一系列法学的前沿问题之中。对这些问题的研究，必将使研究者步入新的境界，获取新的果实。

本书在体例上，论题之间各自独立，每个论题分别包括主报告、主评论。主报告包括本论题的研究综述、该论题研究的参考文献。其中主报告和主评论反映报告人和评论人的学术思想、理论观点以及对这些思想和观点的阐述或论证，研究综述和参考文献则反映了报告人和评论人对该问题的了解程度、拥有该论题研究的信息量。这四个方面结合起来，构成深入研究该问题的理论资源。

收入本书的专题报告和评论既标识着法学理论的现实前沿，也展现出中国法学理论研究的未来趋势，具有较高的学术价值。当然，由于论题本身的难度和资料的有限性，也由于作者之间理论功底、驾驭重大理论问题的能力、学术水平以及表达能力的差异，本书的主报告和主评论在学术质量和文采等方面也存在着一定的差别。

愿本书能够把更多的法律人带进法学理论的前沿，能够促进法学界以及法学界与其他学科之间的交流与对话，能够助长中国法学的学术进步。这既是我们编写本书的初衷，也是我们的期待。

2003 年 7 月 22 日于长春

《辽宁大学法学学术文库》总序*

新中国成立以来，社会主义法制与法学经历了60年的发展，特别是改革开放新时期的变革创新，中国特色社会主义法学理论体系趋向成熟、社会主义法治理念得以确立、中国特色社会主义法律体系基本形成。这些深刻变化和辉煌成绩，充分印证了中国法学对法治文明和社会进步的贡献。如今，法治已经成为我国社会最主要的话题之一，法治的理念开始深入人心，法学已经在向中国的“自主性”及法学的中国范式与中国体系发展。

进入21世纪，当我们置身于全球化的背景中，深入思考法治及法学问题时，我们发现有越来越多的影响因子是20世纪所没有直面的、至少是没有成为影响法治基本内涵与构建的主要因素，比如环境问题、科技发展、公共卫生、金融危机、外汇储备、裁军与反恐，等等，而今已成为决定法治进程的重要因素。适应鲜活的社会现实、回应大千世界的变化，法律在行动，法律在前进，于是出现了全球治理结构与法治文明演进、国际规范与价值的重塑、非政府组织对法律规制的介入、基于国际义务的国内法修复，等等。在中国社会进程中长期形成的法治理念、法律制度、法制实践路径均遇到来

---

* 本文是张文显为《辽宁大学法学学术文库》所作的总序。该文库由法律出版社出版。

自新世纪社会问题的挑战。它使法学研究始终面临变革和机遇。它使我们这些法学研究者不能总是停留在对传统法律体系的传承上,不能总是纠结在对眼前法律运行的零星观察与思考中,不能总是沉湎在对西方法律学说和制度的引进与评价上。我们需要突破,需要创新,需要自主,需要在21世纪的今天、在中国社会科学贡献于中国乃至世界发展的成果中,体现法学的话语体系,树立法学的不可替代的地位。所以,探索从来就不是终结的,它始终是在新的起点上。那么,我们的使命是什么?什么是我们的贡献?

21世纪的今天,从事法学研究是幸运的。这不仅仅在于中国的社会主义市场经济和民主政治的制度与实践愈益完善,为我们提供了深厚的实践源泉和进步的社会思潮;同时也在于我们今天所处的世界与历史上的世界,甚至十年前的世界是那么不同,多元化、趋同化、分层化的发展,特别是金融危机的蔓延与深化,使中国及其他新兴经济体成为世界秩序重构的重要力量,提升了我们在国际经济秩序、政治秩序和法律秩序中的发言权和决策权,从而也为我们的法学研究提供了广阔的平台和开放的视野。法治实践的深化呼唤法学研究的繁荣,它赋予我们当代法学人与时俱进的时代使命和不断创新的学术责任。这已经成为法学学术共同体的共识。从日益雄厚的学术积累和不断更新的学术成果就可以看出法学人的不懈努力和追求。辽宁大学法学院教学研究人员的系列成果就是其中的一份。

我与辽宁大学相识已久,交往甚深。他们的经济学、管理学、文学、哲学一直是国内公认的优势学科,他们的法学学科则是经过跨越式发展而后来居上、脱颖而出,已经在法学界拥有显赫之地。特别是2005年成功获得经济法学博士学位授权点,突破了发展的瓶颈,跃上了新的台阶。辽宁大学法学院是改革开放后国内最早创立的全日制法学本科教育基地之一,在老一辈法学专家的奠基与创建后,经过多年的建设和发展,已经成为我国法学研究和法律人才培养的重镇之一。辽宁大学法学院汇集了一批优秀的中青年骨干教师。他们不慕虚名、敬业尚学、勤奋笃实,辛勤耕耘出一片学术沃土,为国家和地方的民主法制建设和现代化事业提供了理论成果和智力支撑。去年他们的实验室被批准为教育部国家级法学实验教学示范中心,再一次反映出辽宁大学法学学科在学科建设和人才培养等方面的不懈探索。

此次设立的"辽宁大学法学学术文库",是辽宁大学法学院在学术研究上又一可喜尝试。辽宁大学作为国家重点建设的"211"学校,在其三期建设规划中,把法学学科作为独立立项建设单位,以"和谐社会的法律规制与创新"为主题,整合学术团队进行学术研究,先后在法治理念、经济法制、国际化问题、司法保障等领域取得了一系列成果。本文库是为了集中展示辽宁大学法学研究成果和整体水平,重点资助在"211"工程三期建设中立项的专著类成果而设立的。在即将出版的成果中,多数是作者主持完成的国家社科基金课题、司法部部级重点课题、教育部人文社科基金课题的结项成果以及部分教师的博士学位论文。首批出版的7部专著,内容涉及法理学、经济法学、诉讼法学、刑法学、行政法学等。这些研究成果立论高远、视角新颖,比如从国际条约义务分析国内经济法的建设与完善,从法经济学视角分析公用事业价格听证制度,从公益诉讼领域重新评价社会公正的法理价值,从刑事诉讼观察国家权力配置的困境及化解,从公共行政和服务行政解析中国行政法的结构性变革,以及刑法犯罪量化要件和言论自由的刑罚限度,等等。本文库以后还会有第二批、第三批专著陆续出版,这些研究成果不但反映了作者们对国家法治问题的深切关注,而且也显示了他们对国家法治发展的理论贡献。这些凝聚着心血的成果让我们看到了辽宁大学青年学者在法学研究上的探索和努力。

我们相信,也期待着辽宁大学法学院的教师会不断贡献新的研究成果，更加成为中国法治建设行列中的重要力量！正是有这样一批又一批年轻后生，中国的法治建设与法学事业才真正富有希望！

是为序。

《王惠岩文集》序*

今年适逢我国著名法学家、政治学家、教育家、政治政策咨询专家王惠岩先生八十华诞，我们出版《王惠岩文集》，全面汇集王惠岩先生法学、政治学论著以及教育思想和实践的成就，以庆祝先生的八秩寿辰。

王惠岩先生 1928 年 3 月 4 日生，回族，辽宁省法库县人。1948 年考取东北行政学院（东北人民大学前身）行政系，1951 年毕业于东北人民大学（吉林大学前身）研究生班政治学组，留校任马列主义教研室教员。1952 年调到法律系任法学理论教研组组长。1955 年晋升为讲师。1957 年被错划为“右派”，1978 年彻底平反。1979 年晋升为副教授。1981 年任吉林大学政治学研究室主任，1983 年创立吉林大学政治学系并任系主任，同年兼任国家社会科学基金政治学学科评审组副组长。1985 年晋升为教授，1986 年担任博士生指导教师，1992 年担任国务院学位委员会法学学科评议组成员，1996 年任中国政治学会副会长，1997 年任教育部人文社会科学研究专家咨询委员会委员，2004 年任教育部社会科学委员会委员，2005 年被聘为吉林大学首批哲学社会科学资深教授。

---

* 本文是张文显为《王惠岩文集》所作的序言。《王惠岩文集》共四卷，由中国大百科全书出版社、党建读物出版社 2007 年出版。

王惠岩先生是当代中国著名的法学家。作为吉林大学前身的东北行政学院建立之初就设有法律系（曾称司法系），这是现代中国最早设立的法学学科之一。1951 年王先生留校任马列主义教研室教员，讲授《马克思主义基本原理》和《联共（布）党史》。1952 年院系调整后王先生被选派到法律系，担任法学理论教研组组长、法学理论教研室主任，讲授《国家与法的理论》、《国家与法权基础》、《宪法学》，成为当时国内高校中最年轻的法学理论研究室主任和主讲教师。在此期间，王先生把马克思主义基本原理引入国家与法的理论的教学和研究中，并结合中国革命和新民主主义法制、社会主义法制建设的实际，不断充实、调整法学理论体系及其内容，取得了突出的成绩，得到了高度评价。1955 年王先生晋升为讲师，成为当时学校最年轻的讲师之一，并担任校务委员会委员，成为该委员会最年轻的委员。1956 年王先生光荣地加入中国共产党。正当王先生满怀热情地深入研究马克思主义法学之时，突如其来的灾难降临了。1957 年王先生被划为“右派”、开除党籍、取消职称、下放劳动。“劳动改造”结束后，王先生重新调回吉林大学，在图书馆做管理员。1960 年王先生被摘掉“右派”帽子，次年调回法律系工作，讲授《中国政治与法律制度史》。1962 年被重新确定为法律系重点教师。1965 年后王先生再次受到冲击，被调离法律系。粉碎“四人帮”以后，王先生回到法律系重执教鞭，讲授《国家与法的理论》基础课，并给高年级学生开设《国家与法的理论专题》，1979 年晋升为副教授并担任法学理论硕士生指导教师。由于“文化大革命”期间国家的法律秩序荡然无存，人权受到侵害，而传统法学又无法适应改革开放的新形势，恢复法学体系和健全社会主义法制成为当时的时代呼声。王先生站在时代前列，回应时代要求，以其深厚的马克思主义理论修养为基础，为法律系学生讲授《论社会主义法制》，并受邀参与《中国大百科全书·法学》的编撰工作，积极探索并形成了马克思主义法学基础理论体系。王先生创办吉林大学政治学专业后，基于对政治学与法学的天然联系的深刻认识，坚持为政治学专业的硕士生、博士生讲授《法学基础理论》、《法理学》，并从政治学的视角探索法学理论的创新，先后发表了《论民主与法制》、《试论邓小平的民主与法制理论》等论文，出版了专著《法学基础理论》，受到了法学界的高度评价，其中《论民主与法制》获得中宣部"五个一工程奖"。与此同时，王先生还积极参与和推动当代中国的法治建设。1993 年王先生给中纪委、监察部撰写了《起草〈中华人民共和国监察法〉的几点思考》的咨询报告；2000 年 3 月和 9 月，王先生先后给中央统战部举办的各民主党派中央领导成员，全国各省、市、自治区人大常委会主任理论研讨班做了《民主与法制》的专题讲座；2003 年 10 月，王先生为上海市局级干部"依法治市"理论研讨班做了《依法治国》的专题讲座。从 1992 年起，全国人大培训中心连续 10 年邀请王先生到该中心为全国各地人大干部讲授《邓小平的民主与法制理论》，听过他的课的学员有五千多人，每期培训班结束后，在学员对教师讲课效果的投票评价中，王先生都排在满意档次的第一名。

王惠岩先生是当代中国著名的政治学家。王先生不仅创办了吉林大学政治学专业，而且，对当代中国政治学的重建与发展做出了卓越贡献，是当代中国马克思主义政治学基本理论的奠基者之一。

1979 年，根据邓小平恢复政治学的讲话精神，我国成立中国政治学会筹备委员会，王先生作为最年轻的学者参加了这次会议。从此，王先生在这片近乎荒芜的领域开始了艰难的拓荒之路，堪称当代中国马克思主义政治学的开路先锋。1983 年王先生在吉林大学创立全国高校中第一个政治学系之时，一切几乎都是从零开始的：没有师资，王先生就三顾茅庐、广求贤能；没有图书、教学场所和设备，王先生就多方求助、争取支持。经过艰苦的努力，王先生带领全系教师积极探索出一条办学路子，确定了政治学系的办学目标，制定了政治学专业的教学计划，规范了政治学课程设置，为全国其它高等学校设置政治学专业起到了示范作用。如今吉林大学已经拥有政治学博士后科研流动站、政治学一级学科博士点，公共管理一级学科博士点，设有政治学理论、法政治学等四个博士点，行政管理、国际政治等五个硕士点和公共管理专业硕士点。作为中国当代政治学的领军人物之一，王先生深知，政治学原理是政治学专业的理论基础，它的成熟与否直接制约着政治学学科的发展。王先生以学者的敏锐和学科带头人的战略眼光，在当代中国政治学恢复之初就将创建政治学原理体系当作重建政治学专业的首要工作，并为创建马克思主义政治学原理体系作出了开拓性的贡献。1985 年，王先生出版的专著《政治学原理》，以马克思主义为指导，结合中国政治发展的历史经验和新的实践，借鉴当代西方政治学的研究成果，创建了有中国特色和风格的马克思主义政治学原理课程体系，赢得了国内政治学界的普遍认同和高度评价，被国内许多高等院校的政治学专业和开设政治学原理课程的其它专业所采用，产生了良好的社会效果和广泛的社会影响。此后，受原国家教委委托，王先生先后主编了《政治学原理教学指导纲要》、《政治学原理教学大纲》、全国普通高校面向 21 世纪教材《政治学原理》、全国高等教育自学考试统编教材《政治学概论》和全国广播电视大学统编教材《政治学原理》，王先生撰写的专著《当代政治学基本理论》被选为全国研究生推荐教材。

王惠岩先生不仅为吉林大学政治学学科的发展殚精竭虑，而且为其他高等院校和整个中国政治学的整体发展尽心尽力。王先生先后担任过国务院学位委员会政治学学科评审组成员，全国哲学社会科学基金政治学学科评审组副组长，教育部人文社会科学研究专家咨询委员会委员，中国政治学会副会长、顾问，中国行政管理学会常务理事、学术顾问等职务。他利用“职务之便”，创造一切可能的机会推动我国政治学学科的发展，帮助许多高等院校设立了政治学系、行政管理系、国际政治系，建立了硕士点和博士点。受教育部委托，王先生负责起草了政治学学科从“七五”至“十五”的科研规划咨询报告，以及政治学教学计划、政治学学科专业目标，为不断完善我国政治学学科体系、指导当代中国政治学的整体发展奠定了坚实基础。目前，王先生作为中央马克思主义理论研究和建设工程政治学课题组主要成员、教育部社会科学委员会委员，仍然活跃在当代中国马克思主义政治学学科建设的第一线。

王先生始终坚持创造性地运用马克思主义指导学术研究，取得了一系列具有原创性的学术成就，形成了马克思主义政治学理论体系。王先生先后出版了《政治学原理》、《行政管理学》、《中国政治制度史》、《比较政治制度》、《领导科学》、《当代政治学基本理论》、《邓小平社会主义民主论》等著作十余部，发表了《政治学原理课程体系的创建与发展》、《关于政治体制改革的若干思考》、《论政治统治体系》、《论列宁主义国家学说的基本点》、《邓小平的民主与法制理论》、《论当代中国政治学的发展》、《马克思主义认识论与科学决策》、《政治体制改革的思考》、《从实际出发，建设有中国特色的社会主义民主政治》、《建设社会主义政治文明》等论文六十余篇，有多篇论文被《新华文摘》全文转载。其中面向21世纪教材《政治学原理》获全国普通高等学校优秀教材一等奖，《当代政治学基本理论》获教育部人文社会科学研究优秀成果一等奖。此外，王先生还作为编辑委员会成员和政治学理论分支副主编参与编撰了《中国大百科全书·政治学》。王先生的论著始终自觉坚持以马克思主义为指导，密切结合中国实际，借鉴西方政治学的研究成果，提出了一系列原创性的理论观点，丰富和发展了马克思主义政治学理论，闪耀着马克思主义的光辉，推动了当代中国政治学的发展。比如，王先生根据马克思主义政权基本理论对国家作用和性质进行新的理解和阐释，是当前研究各种类型国家职能、特别是社会主义国家职能理论的突破；在列宁关于无产阶级专政体系理论的基础上，批判地借鉴西方政治系统分析理论的方法，提出政治总格局的理论。王先生的政治学贯彻了马克思主义的精神，形成了具有中国特色、风格和气派的马克思主义政治学理论，在国内外政治学界产生了重要影响，占有自己的一席之地。

王惠岩先生是当代中国杰出的教育家。王先生长期致力于教育事业，对教育的本质有着深刻理解。王先生在课堂上给学生留下的是恢弘的理论气魄和高超的讲课艺术，他那种逻辑严谨、深入浅出的分析所展示的教学魅力，使每一个听课的学生都为之折服。这种折服不仅来自于马克思主义自身的理论魅力，更来自于王先生对马克思主义法学和政治学的深刻理解和透彻分析。培养马克思主义者始终是王先生的基本教育理念。每年研究生新生入学时王先生都要亲自进行入学教育，其中最重要的一项就是要向学生们讲清楚，他的弟子必须是马克思主义者。在学生的心目中，他是法学家、政治学家，也是教育家，是年轻人的思想导师。王先生多次语重心长地对弟子们讲："如果我培养出来的学生最终成为非马克思主义者，那我就不仅是对不起党，而且是对党的犯罪！"在六十年的教学生涯中，王先生始终坚持以马克思主义为指导，以"为人治学其道一也"的原则感召、教育学生，以理论和实际结合的方法培养学生。到目前为止已培养了二百多位硕士、五十多位博士，还有三十余位博士生在读。毕业生中不仅有教育部跨世纪优秀人才、新世纪优秀人才、全国百篇优秀博士论文奖获得者、高校青年教师奖获得者等学术带头人和学术骨干，而且有一批高级党政领导干部、大法官、大检察官、名律师、社会活动家。作为吉林大学政治学学科带头人，先生不仅倡导严谨求实的学风，并且特别注重对青年教师的培养，精心培育了一支结构合理的学术梯队，其中既有学术造诣精深、国内著名的老专家，又有富有创新精神、在国内政治学界颇有影响的中青年学者，还有崭露头角的学术新人。这一学术团队已经获得了"五个一工程"奖、教育部人文社会科学优秀成果奖、国家级精品课程等中国哲学社会科学领域的几乎所有奖励，成为吉林大学政治学学科不断发展的宝贵资源。

王惠岩先生是著名的政治政策咨询专家。多年来，王先生坚持理论与实践相结合，不仅站在学术前沿，而且站在实践前沿，关注现实、参与实践，致力于法治文明和政治文明建设，致力于中华民族的伟大复兴。王先生的法学、政治学教学与研究，一直服务于改革开放的伟大事业，理论研究蕴涵着对实践的高度关注。王先生在研究民主和法制时，思考的是如何维护国家的长治久安和健康发展；在研究国家政权及其发展规律时，思考的是社会主义中国的国家本质和国家职能；在研究国家与民族问题时，思考的是中国如何维护统一的多民族国家和如何处理中央与地方的关系；在研究国家政权结构和组织形式时，思考的是怎样完善人民代表大会制度和更好地发挥其作用；在研究政治统治体系时，思考的是中国的政治体制改革和中国共产党领导的多党合作与政治协商制度的完善；在研究政党和政治团体时，思考的是中国共产党与政权及政治团体的关系问题，等等。正是由于具有这种立足国情、服务社会、参与实践的高度自觉，王先生在法学、政治学的研究过程中紧紧把握当代中国政治发展的时代脉搏，以一个法学家、政治学家独到的眼光，对现实政治生活中存在的重大疑难问题做出理论上的回应，积极为当代中国改革开放的实践提供理论资源和智力支持，产生了良好的反响。王先生撰写的咨询报告《西方文官制度》被党的十三大作为建立国家公务员制度的重要参考。王先生基于他的政治总格局理论所提出的政治体制改革理论和建议，不仅在理论上深刻地阐明了政治体制改革的原则和依据，而且在实践中具有重要指导意义。王先生《关于政治体制改革的若干思考》被中共中央宣传部研究室《社科动态》转载，供中央领导同志参阅。2000 年 3 月 1 日，王先生给全国人大常委会做了《马克思主义国家政权理论的几个基本问题》的法制讲座，受到中央领导同志的高度评价，江泽民总书记还专门索要了讲稿。

半个世纪的辛勤耕耘，使王先生在国内外法学界和政治学界享有崇高的声望。王先生曾先后应邀到美国明尼苏达大学和拉特格斯大学发表《中国经济体制改革中的法制建设》的演讲，在日本关西学院大学发表《中华人民共和国选举制度》的演讲，在韩国国防大学发表《中国的政治发展》的演讲，展现了中国法学家和政治学家的风范，受到有关国家政府和研究机构的高度评价，被誉为“大学者”。王先生还经常应邀到全国各地讲学，并被南京大学、武汉大学、中山大学、四川大学、东北大学、郑州大学、云南大学、深圳大学等20余所高等院校聘为兼职教授或名誉教授。王先生担任教育部人文社会科学重点研究基地吉林大学理论法学研究中心名誉主任，北京大学政治学理论研究中心、中山大学行政管理研究中心的学术委员会主任。王惠岩先生不仅在学术界享有盛誉，而且得到各级党政领导机关和社会各界的高度评价，获得很多荣誉，多次被评为吉林省省管优秀专家、吉林省省直先进工作者、吉林省优秀教师，2000年被评为长春知名教授，2003年荣获吉林省从事哲学社会科学研究工作四十年突出成就奖，2004年被确定为中央直接联系的高级专家，从1991年起享受国务院政府特殊津贴。

王惠岩先生之所以能够得到学界的尊重、学生的爱戴、社会的认可和赞誉，是与我们所体悟到的“王惠岩精神”分不开的。在某种意义上，可以说“王惠岩精神”是以爱国主义为核心的民族精神、以改革开放为核心的时代精神以及以求真务实、自由民主、开放兼容、明德隆法、与时俱进为主要内容的吉大精神的体现和演绎。这种精神有着丰富的内涵。概括而言，有以下几个方面：

一是信念坚定、矢志不渝。信念坚定突出地体现为对中华民族、对中国共产党的赤诚之心，对中国特色社会主义的坚定信仰。王先生自幼家境贫寒，亲身感受过日本占领时期和国民党统治时期中国人民的苦难。1948年他中学毕业时有几所大学可供选择，但他首先选择了东北行政学院这所中国共产党创办的大学。从1957年被错划为“右派”算起，直到1978年彻底平反，王先生人生中最宝贵的20年是在屈辱和困顿中度过的，经历了常人难以想象的种种磨难，但是王先生对马克思主义的信念没有一点动摇，对中国共产党的热爱没有任何改变，为中华振兴而奋斗的激情没有丝毫减少。我们常常听到王先生从学理的角度分析和总结历史上的经验教训，却从来没有听到王先生因自己二十年的不公正待遇与磨难而对党和国家流露出一句埋怨之词。相反，每当遇到有人对党的领导和社会主义道路提出质疑时，王先生都会拍案而起，痛斥这些观点的荒谬，力陈只有在中国共产党的领导下走中国特色社会主义道路才能实现国家繁荣富强的道理。作为当代中国政治学界公认的最有影响的政治学家和马克思主义政治学理论体系建设的推动者之一，王先生是我国政治学界中青年学者最为敬重的导师之一。在他身边学习和工作过的学生和同事，以及真正领悟他的思想理论的学者和领导干部，都深切地感受到王惠岩先生对中华民族、中国人民、中国共产党的热爱，对马克思主义、毛泽东思想、邓小平理论和“三个代表”重要思想、科学发展观及和谐社会理念的坚信，对改革开放和社会主义现代化建设伟大事业的支持。

二是守正创新、与时俱进。王先生坚持马克思主义绝不是固守教条，而是用马克思主义的立场、观点和方法，结合中国实际和时代特点不断进行理论创新，提出了一系列原创性的观点。比如，王先生根据马克思主义政权基本理论对国家本质和职能进行新的理解和阐释，扭转了过去仅仅强调国家就是一个阶级对另一个阶级的专政的工具的狭隘观念，提出国家的本质是通过把冲突控制在“秩序”范围以内而保障经济基础、促进生产力发展的新观点。王先生在坚持马克思主义的同时不仅不反对研究和借鉴西方政治学理论，而且主张在坚持马克思主义的前提下对西方政治学理论应该有全面、深入的了解，因为只有这样才能站在世界学术的前沿。王先生的“政治统治体系”的新概念,既遵循了列宁关于无产阶级专政体系的基本原理,又借鉴了西方政治学理论的概念和方法,是政治学理论研究中的重要突破和创新。

三是师德高尚,为人师表。王先生对党的教育事业无比忠诚和热爱,具有高尚的职业精神。他执著追求学术真理,坚守自己的学术良知和社会责任,不会因为别人不理解而改变。王先生不管做什么事情,只要认准了,就要努力做到最好。为此,在学术界留下了重情重义、豪气干云、不畏艰难、不达目的誓不罢休的深刻印象。他爱岗敬业,尽职尽责,每一堂课都精心准备,不论内容讲过多少遍,每次上课前都要重新备课、重新组织材料。正是由于如此,他的课堂能够做到内容生动、主题新颖、信息量大,每一句话都是建立在深入的思考和充分的依据基础之上,给人以深刻的思想启迪。王先生践行着“传道、授业、解惑”的教师职业精神和职业伦理。他经常教导弟子,做学问与做人是并重的,从某种意义上来说,做人要比做学问更重要。人品好,老实忠厚的人做出的学问是踏实的,学风也是正派的;人品不好,投机取巧、抬高自己、打击别人,这种人做出的学问也不会踏实,往往是搞出一些油腔滑调、哗众取宠的东西。人品和学问是成正比的,如果人品不好,即使做出了一点学问,取得了一些成果,也是站不住脚的。王先生在这方面对弟子潜移默化的影响极其深刻。王先生对学生在学业上的要求十分严格甚至严厉,有的弟子曾经因为在读书或毕业论文的写作期间不够勤奋受到过严厉批评,但同时王先生对学生又是真心爱护、十分关爱。这种关爱并不是表现为语言的问寒问暖,而是表现在默默地为弟子们的成长所做的每一件事当中。王先生不喜应酬,但有弟子的家属从外地来长春,王先生都会非常热情地款待,让弟子和家属格外感动。1998 年,古稀之年的王惠岩先生捐献出自己积蓄多年的稿费并和弟子共同筹集资金在吉林大学行政学院设立了“王惠岩奖助学金”。这种对促进政治学发展的无私奉献精神为同行所称道、为学子所感怀。王先生心胸开阔，豁达大度，他从不因为学术观点的不同而阻止其他高校的政治学发展和人才成长，而是千方百计给予帮助和推动。

四是热爱生活、乐观进取。王先生在生活上和事业上始终保持乐观情绪，即使在蒙受磨难和屈辱的时候也未能改变他的这种精神。无论是在农场“劳动改造”，还是在图书馆担任图书管理员，王先生始终没有放弃自己对理想和事业的追求。例如，在图书馆工作期间，王先生不仅阅读了大量的马列经典，写下了近百万字的笔记，增强了马克思主义理论素养，为后来的教学科研工作打下了坚实基础，而且努力钻研和掌握图书管理业务。有趣的是，作为著名法学家和政治学家的王先生在填写干部履历表时，在“有何特长和爱好”一栏中自信地写道：图书资料的采购、分类、编目、典藏、参考阅览等业务。先生有发怒的时候，但从来没有对人生悲观的时候。他在执教五十周年论文集的后记中写道：“一个人在人生道路上不可能总是平坦的，当你遇到打击、困难时，是消沉下去？还是有毅力，坚定理想，努力学习，勤奋工作？这是对每一个人的考验。我的论文集的出版，就体现了坚定理想、勤奋工作的结果。”

《王惠岩文集》是改革开放以来王先生在法学特别是政治学领域教学与研究成果的集中体现，也是当代中国法学和政治学时代精神的体现。文集饱含着王先生对祖国的热爱、对民族振兴和民生问题的深切关注，体现了优秀知识分子的人文关怀和爱国精神，必将对人们起到极好的教育和启示作用。王先生在吉林大学学习、工作了六十个春秋，见证了吉林大学的发展历程。他把自己的一生都奉献给了吉林大学，对吉林大学的法学、政治学以及整个人文社会科学的繁荣和发展做出了巨大的贡献。出版王惠岩先生的文集，不仅借以表达吉林大学广大师生对王先生的崇敬之情，更是想通过对王先生的理论和思想的传播和学习，领悟他做人、做事、做学问的精神。

今年恰逢王先生和脱弱女士的钻石婚纪念，他们相濡以沫走过了一个甲子。王先生这棵学术界的常青树，历经风雨的洗礼而在教育战线上昂然屹立，忠贞的爱情、温馨的家庭给了他无穷的力量。文集的出版，算是敬献给这份伟大爱情的一份最弥足珍贵的礼物。在文集出版之际，也祝愿两位八旬老人：晚年幸福，长寿安康。

2007 年 7 月

《法律推理的理论与方法》序 *

法律推理是人们从一个或几个已知的前提(法律事实或法律规范、法律原则、法律概念、判例等法律资料)得出某种法律结论的思维过程。法律推理是一种创造性的法律实践活动,无论是立法,还是执法、司法,甚至守法,都离不开法律推理。特别是在法律适用阶段,法律推理几乎成为法官审判活动的全部内容。

在西方,从古希腊、古罗马开始,从事法律职业的专家和思想家们就非常重视法律推理问题,近代以来法律推理一直是法学研究和法学教学中的普遍论题,20 世纪 70 年代以后更成为法哲学的热门论题。80 年代中期到 90 年代中期的 10 年间,西方法学界多次召开大型国际会议专题讨论法律推理。在我国,历史上也不乏有关法律推理的思想和经验,进入改革开放新时期以后,随着我国法制建设步伐的加快,法律实践活动内容的丰富和复杂,法律推理闯入法学家的视野,有关法律推理的论文和著作章节开始出现。但是,总体而言,我国法学界和法律界对法律推理问题关注不够,研究工作刚刚起步。对于如何理解法律推理、法律推理的作用、法律推理的标准,如何处理法律推理中真理与价值的矛盾、法律推理

---

* 本文是张文显为张保生所著《法律推理的理论与方法》(中国政法大学出版社 2000 年版)所作的序言。

的类型、法律推理的方法,如何处理形式推理与实质推理的关系,如何正确运用演绎推理、归纳推理、类比推理、模糊推理、概率推理、统计推理等逻辑方法,如何正确运用辩证推理、因果关系推理、实践推理等有关法律推理的基本问题,还没有成型的研究成果问世,至于有关法律推理的深层次问题,更谈不上有什么深入研究。

在这样的实践背景和研究基础上,张保生同志选择法律推理作为其博士论文的选题和今后一个时期的研究方向,显示出作者具有巨大的理论勇气和自信。博士论文答辩之后他的论文被专家们一致认定为优秀博士论文,这表明其理论勇气和自信是建立在深厚的学术功底和对这一论题的深刻把握之上的。

在博士论文的基础上,张保生同志撰写了这部学术专著。这是国内公开出版的第一本有关法律推理的法哲学论著。作者凭借自己多年来在哲学领域的深厚学术积累和造诣,以及近年来对法学的不懈钻研,对法律推理这个法哲学问题作了真正意义上的法哲学研究。近年来,学术界在法律推理的研究上存在着两种正好相反的偏差:一种偏差表现为简单地将逻辑学的理论推广延伸到法学中来,没有充分把握法律推理的特殊性和特色,显得哲学气息有余而法学色彩不足;另一种偏差表现为以就事论理的经验主义态度谈论法律推理问题,未能深入挖掘法律推理中的法哲学底蕴,显得经验气味十足而理论提升不够。前一种偏差在许多法理学和法逻辑学的教材中表现得比较明显,后一种偏差在部门法学的研究中表现得比较明显。这部著作成功地克服了这两种偏差,显示出浓厚的法哲学意蕴。

作为本书的第一读者,我认为本书有以下几个特点:

第一,把法律推理视为法律思维学的核心范畴来构筑理论框架、并展开深入研究,是本书之法哲学特色的一个突出体现。正如作者在书中所指出的那样,目前法理学教科书通常把法律推理放在法的实现或法律适用部分加以论述,研究对象局限于司法推理,研究内容局限于推理的逻辑方法。这种研究思路实际上没有正确把握法律推理在法律领域、从而在法学领域的重要地位和作用，因而不可能使法律推理的研究走向深入。作者对这种研究思路提出了质疑，并为我们展示了一种崭新的研究思路。作者把法律推理视为立法、执法、司法、法律服务、法律教育与研究等各种法律实践和认识活动中的横断性思维活动，并将其置于法哲学认识论的核心地位，把法律推理当作法律思维学的核心范畴来加以研究。对法律推理的这种理论定位和研究思路，使得本书的研究得以在更高的普遍性层次上和更开阔的视野下进行。

研究法律推理可以有不同的角度和层次，以法律推理活动的外在形式如公理、公式或符号系统等为对象的研究，属于法律逻辑学的任务；研究法律推理的技术方面或具体操作则是诉讼法学的任务。本书对于法律推理的研究不仅在研究思路和具体观点上有许多创新，而且在研究框架上亦有所突破和创造。作者以法律推理主客体之间的认识和实践关系为主线，力图建构法律推理研究的新框架。按照历史与逻辑相统一的观点回答法律推理的概念和本质问题。运用结构分析方法分析了法律推理的基本要素。运用矛盾分析方法分析了法律推理过程中规则和原则、逻辑和经验、确定性和非确定性、真理和价值的基本矛盾。每一部分的内容也都有各自严密的逻辑结构。譬如，在法律推理的方法一章，作者打破传统的形式推理和实质推理的二分法，按照逻辑方法、科学方法、哲学方法、实践理性方法的结构来展开法律推理方法的研究。

本书的写作目的不是向读者提供一些推理技术，而是重在阐释法律推理的理念，要实现这种意图须将法律推理置于法律思维学的体系之中加以把握。法律思维学是关于法律认识和实践的主客体及其相互关系的学说，它不以法律为研究对象，而是以人如何认识法律为研究对象，是通过反思人们思考法律问题时的所作所为，对思维所担负的角色作深入的研究。法律思维学就是法哲学的认识论，将法律推理置于其中的研究，把法律概念和判断的形成、各种推理方法的运用都看作是法律思维的必要环节，但推理性思维则居于核心地位。

第二，坚持主体性原则。从法律思维学或法哲学认识论的角度研究法律推理，着重研究的是法律推理的主体方面，即把法律推理视为主体认识和实践相统一的能动性活动，以推理主客体的认识和实践关系为主线，在其相互作用中把握主体思维的特点，特别是通过对法官和律师推理性思维的重点研究揭示它的本质和规律。这种“目中有人”的主体性研究有助于克服目前国内外法律推理研究中普遍存在的方法论问题上的抽象化、教条化的倾向。

第三，运用矛盾分析法。法律推理研究以主体的推理性思维活动为对象，这个对象没有可以感性地加以把握的具体形象，所以必须运用反思的方法。作为哲学认识论的根本方法，反思方法要求沿着对象由于自身矛盾运动而自己构成自己的道路，研究法律推理本身的建构和发挥认识和实践功能的过程，因此它本质上就是矛盾分析法。矛盾分析法作为辩证唯物主义认识论的根本方法，同黑格尔正反合的方法在逻辑形式上具有一致性，但后者是让历史符合逻辑，而前者则追求逻辑与历史的统一。因此，运用矛盾分析法，要求从法律推理最抽象的概念（正义理念）出发，在抽象向具体的历史演进中，揭示出它们由于内在矛盾的自身运动、自我否定而呈现出自己发展自己的逻辑过程。

第四，主张广义法律推理说。在理论体系的建构方面，作者立意把法律推理视为一种渗透于立法、执法、司法以及各种法律实践和认识活动中的横断性法律思维活动，这同国内现行法理学教科书把法律推理仅仅理解为司法推理因而将其置于法的实现或法律适用的位置有明显区别。实际上，立法、执法、司法、法律服务、法律教育与法学研究中的思维活动，都包含着法律推理。只要人们置身于法律问题的思考，就不能逃避作一些法律推理，即使普通百姓日常生活中的法律思考也不例外。正因为法律推理渗透在人们的各种法律思维活动之中，才为各种具体法律思维活动赋予了理性特征。

第五，强调法律推理实现法治的手段作用。法律推理旨在为立法、执法和司法提供正当理由，因此，它在法的创制活动中已成为民主政治的重要体现。在司法活动中，法律推理增强了判决的一致性和正当性，可以为法律问题提供健全的、经过充分论证的答案，因而成为法治区别于人治的根本标志之一。法律推理是程序正义的体现和实现法治的手段，从这个意义上说，法治要依靠法律推理来实现。我国法律实践长期存在重实体法轻程序法、重判决结论轻判决理由的倾向，许多法官和律师对法律推理的理论和方法基本上不熟悉，这不能不说是建设法治国家的一个操作性障碍。因此，从实践意义上说，对法律推理进行深入研究，可以为各个法律部门的认识和实践活动提供理性基础和思维方法，也是尽快提高立法者、政府官员、警察、法官和律师法律思维素质的一个重要途径。

第六，逻辑分析与价值分析结合。关于法律推理，国内外法学界比较重视的是其形式方面，即注重对法律术语、规则、裁决等进行逻辑分析；而本书作者的研究则属于法律思维学、认识论或价值论的范畴。如同许多法律问题不能只从逻辑上寻求答案一样，对法律推理只作逻辑分析是远远不够的。法律推理必然受到社会、政治和文化等各种价值观念的影响。特定的法律观念和原则通过立法和司法活动、法律学术观点以及法典和法规文献等形式表现出来，它们都体现了一定的价值观。价值分析的方法主要是通过考察不同历史时期、不同法律制度、不同审判结构下，法律推理按何种目的标准建构社会成员之间的权利和义务关系，对不同法律推理活动所蕴含的价值进行认知和评价。

第七，跨学科研究方法。研究方法的多样性是本书的鲜明特色。作者在对法律推理的研究中综合运用了多层次、多学科、多学派的方法。研究方法的多层次性表现为,作者既运用了哲学的方法,如系统分析方法、结构分析方法、矛盾分析方法,又运用了一般科学的方法。研究方法的多学科性表现为,作者综合运用了法学、经济学、社会学、逻辑学、历史学等学科的研究方法。研究方法的多学派性表现为,作者在马克思主义的指导下融汇了分析法学的逻辑分析方法和语义分析方法、自然法学的价值分析方法以及其他学派的一些合理的研究方法。研究方法的科学性、多样性,为本书的研究及其结论的科学性、可靠性奠定了坚实的基础。目前国内外学者主要运用法律实证分析、逻辑分析和语义分析的方法来研究法律推理问题。这些方法虽可使研究工作更加微观,但却容易陷入"只见树木、不见森林"的局限。特别要强调的是,法理学和诉讼法学虽然有密切的关系,但这两个学科之间过去很少在研究方法上互相借鉴,本书则在这种结合上作了一些尝试。

第八,体现真理集合论原则。本书始终贯彻真理是一个过程、绝对真理是由相对真理组成的辩证法思想。法律思想史上的每一个学派、每一位学者的学说都有自己的学术地位,都发展了真理的一个方面。尽管这些学说单独抽出来可能有一定的偏颇,但正是这些思想的争论和在交错中自觉不自觉地融合对方的观点,以及对前人观点的综合开辟了真理发展的道路。学术研究是对各种学说所蕴含的思想价值作出选择的过程,对不同法律推理学说的评判、吸收和摒弃,为本书的写作提供了丰富的思想营养,也使它呈现出在已有思想文化成果基础上重新构筑新理论体系的特征。

时际张保生博士的这本著作出版发行,谨以上述评论为序,以示祝贺和祝愿。

2000年2月6日

《法律与发展研究导论》序*

九年前，春季研究生考试评卷时，我从一份法理学试卷的末尾看到这样一句话："老师，如果我今年考不上，明年我将重上考场"。被考生的这种奋斗精神和治学志向所感动，也是基于他的优良成绩，我录取他为我的硕士研究生。这位考生就是眼前这本著作的作者——姚建宗博士。硕士研究生毕业留校工作两年之后，姚建宗师从中国人民大学法理学和法律思想史教授吕世伦先生攻读法理学，于1997年获得法学博士学位。本书是在其博士论文的基础上扩充和深化而成的，是一篇难得的力作。

发展问题是第二次世界大战后人类社会面临的重大而迫切的问题。自50年代以来，随着发展过程的深入和复杂化，各学科也都把自己的视点聚焦在发展问题上。发展问题对我们这样的国家显得更为突出。我国不仅是一个发展中国家，而且正处在社会转型时期，旧的计划经济体制正在被社会主义市场经济体制取代，政治体制、文化系统、社会观念也将相应地发生重大的变革。与此相应，"发展"问题成为时代的主题，发展研究成为理论界和学术界的热点。在这种社会实践和学术理论的背景下，法律与发展问题被

---

* 本文是张文显为姚建宗所著《法律与发展研究导论》（吉林大学出版社1998年版）所作的序言。

提到法学研究的前沿,成为法学界最近几年日益受到重视的一个研究领域。姚建宗博士选择“法律与发展”作为博士论文的主题和科学研究的主要方向,表明作者对法学前沿有敏锐的把握,对中国社会发展怀有自觉意识和历史责任感。

对法律与发展作出系统的研究,特别是在较为广泛的主题面和比较深入的层次上对二者作关联研究,在实践上必将提高法制建设的自觉性和前瞻性,使我国的立法和法制改革主动适应社会发展的现实和趋势;在理论上将填补我国法学的空白,使法学研究与其他学科的研究更加密切地联系起来,谱写社会发展研究的交响乐,共同推动社会进步。本书的理论意义和实践价值也许正在于此。

在整部著作中,作者自觉地以马克思主义特别是邓小平理论为指导,从理论上和政治上划清马克思主义的法律与发展研究与西方资产阶级向第三世界推行所谓“法律发展”的界限。在这个大前提下,作者比较系统地研究了国外法律与发展研究的各种模式、各种理论体系和主要文献,采集出了其中有益的因素,为开展法律与发展研究初步建构起自己的理论模式,并形成了自己的研究特色。

在研究过程中,基于法律与发展这一主题的多边性即跨学科性的认识,作者阅读了大量发展哲学、发展社会学、发展经济学、政治发展研究、文化发展研究的论著,综合其中的研究成果为法律与发展研究服务,从而使本书有较高的理论起点和宽厚的知识结构,也使本书的论点鲜明,论据充实,论理有力。我想每一位细心的读者都会接受这种评价。

本书在建构法律与发展理论模式和理论体系的同时,提出了一系列富有启发的见解。诸如:对 70 年代以来发展实践和发展研究一般特征和趋势的分析——从单一的经济增长到综合的全面发展、从以物为中心的发展到以人为中心的发展、从被动型依附型发展到主动型内源型发展、从短期发展到可持续发展、从地域性发展到全球性发展;法律的发展必须与社会的发展协调,只有在法律自身发展的情况下,法律才能对社会的发展产生积极的意义;法律发展即法制现代化,这是一个国家从法的精神到法的制度的整个法制体系逐渐反映、适应、推动现代文明发展趋向的历史过程,等等。这些见解和观点对于法律与发展研究乃至整个法学研究,都不乏指导意义和参考价值。

姚建宗博士的首部专著即将付梓,作为他当年的导师和今天的同事,谨以上述回忆和读书杂感对这位学术新人表示热忱祝贺,并寄以美好的期望。

1998 年 6 月于吉林大学南苑

《权利法哲学研究导论》序*

随着我国步入法治国家的快车道,我们也进入了崭新的权利时代。杨春福同志的新著《权利法哲学研究导论》是这个时代的理论呼唤和学术探索之作。

杨春福的《权利法哲学研究导论》是其博士学位论文的扩展和深化。作为其博士论文的评阅人和本书的第一读者,本书极富时代特色的理论观点和深邃的学术见解,给我留下深深的印象。

应该说,自从20世纪80年代中国法学界聚焦权利问题以来,有关权利论题的著述百花竞放。与大量此类著述比较,杨春福同志的这本专著有以下特色和特点。

第一,本书首次对权利法哲学研究从思想史的角度作了一个较为明确的历史划分,对每一时期权利研究的代表性学说进行了考察分析,尤其注意不同时期权利学说之间在学术思想和文化传统上的绵延。

第二,在对前马克思主义权利研究历史考察分析的基础上,简要总结了马克思主义权利法哲学研究的情况,并根据马克思主义权利法哲学的基本观点,建构了一个富有当代中国特色的权利法

---

* 本文是张文显为杨春福所著《权利法哲学研究导论》(南京大学出版社2000年版)所作的序言。

哲学研究的理论体系,即权利本体论、权利价值论、权利运行论,使权利研究在一个比较合理的框架内得以深入和拓展,并使权利理论层次分明、浑然一体。

第三,权利属于法学与其他学科的多边问题,仅从一个学科、或仅以一个学科的理论和方法,是无法实现对权利的科学研究的。作者对此有清楚的意识和理解,所以,在研究过程中,他始终注意综合运用哲学、法学、史学、经济学、社会学等诸多学科的理论和方法,从多维视角透视权利这一现象,从不同学科的知识链中分析权利这一范畴,对权利的主体性、关系性、实践性和辩证性做出了令人耳目一新的诠释。

第四,以唯物史观为指导,以人类学的发现为素材,提出了原始权利的概念,并分析了原始权利及其特征,继而研究了权利的起源和基础,其中对权利的道德基础、经济基础、权力基础、心理基础和法律基础的研究颇具特色。

第五,以一般价值理论和法律价值理论为依托,抽取出权利的价值理论,进一步阐明了权利对个人、集体和社会的有用性,权利在表现、实现自由、正义、效率等价值形态方面的意义和作用。

第六,结合运用法律社会学的实证分析方法阐述了权利获得的标志,分析了滥用权利的构成要素,提出了防止和纠正权利滥用的观点和对策。

当权利成为一个跨越时空的时代话题,当人们期待有更多权利论著出现,以有助于人们树立理性的、民主的、自由的、平等的权利观的时候,杨春福同志的《权利法哲学研究导论》由南京大学出版社出版,这是值得庆贺的。

是为序。

2000年4月16日于长春市东朝阳胡同静安居

《当代中国法律与发展研究》序*

20 世纪 80 年代以来，随着“发展”成为时代的主题，“法律与发展”也越来越成为法学研究的热点和重点问题。1998 年吉林大学出版社出版了国内第一部法律与发展研究方面的专著，即姚建宗博士的《法律与发展研究导论》。两年后的今天该领域又一部学术力作即将出版，这就是黄文艺博士的《当代中国法律与发展研究》。如果说姚建宗博士的《法律与发展研究导论》侧重对法律与发展问题进行总体、概括、比较研究，那么黄文艺博士的这本著作则侧重对中国法律与发展问题进行定向、具体、较为详尽的研究。两部著作前后链接、互相照应，堪称姊妹篇。

近代以来，作为后发展的国家，中国在追求民族振兴和国家富强的道路上经历了艰难曲折的道路。1978 年以后，在改革开放与建设有中国特色社会主义的历史进程中，中国迎来了百年来少有的社会全面进步和持续发展繁荣的黄金时期。从法律和法学的角度看，中国最近二十多年的发展实践乃是一场活生生的、深层次的法律发展运动。这场法律发展运动既不同于西方社会自然演进的法律发展，也不同于一些发展中国家依靠外部推进和全面移植的

* 本文是张文显为黄文艺所著《当代中国法律与发展研究》（吉林大学出版社 2000 年版）所作的序言。

法律发展,而是富有鲜明的中国特色和时代特征。建立在西方法律发展经验和其他发展中国家法律发展经验基础上的法律发展理论,很难解释中国的法律发展实践,更不能照搬来指导中国的法律发展实践。建立起与中国的法律发展实践相适应的法律发展理论,这是中国法学家的时代使命,是中国法学家通过法律与发展研究而奉献社会、造福人类的主体价值。本书是这一方面的有益尝试,其理论与实践价值亦在于此。

据我所知,在研究过程中,作者收集和梳理了大量历史文献与论著。譬如,在法律文化传统一编,作者比较系统地整理和研究了有关中国古代法律文化、西方法律文化、社会主义法律文化以及比较法律文化的重要文献与论著,吸纳其中有益的成分,从而使法律文化传统的研究具有较高的理论起点、深厚的历史底蕴与开阔的学术视野。

在整部著作中,作者坚持以创新为研究导向,提出了一系列富有启发意义的观点。如在法律发展模式一编中,作者将学术界的主张概括为现代化模式与本土化模式,并从法律的定义、法律的功能、法律发展的历史观、法律发展的途径、法律的知识论、法律发展的主体论、法律发展的资源论这七个方面对这两种模式作了比较分析。在分析这两种发展模式优劣与利弊的基础上,提出了辩证发展模式的主张。在法律文化传统一编中,作者打破了法律文化传统的一元论,而主张法律文化传统的多元论,认为当代中国所面对的法律文化传统不单纯是形成于中国古代的法律文化传统,还包括近现代以来受西方法律文化和前苏联的革命法律文化的影响而形成的两种法律文化传统。作者对这三种法律文化传统的形成、发展及其特征,作了较深入的解析。

黄文艺博士 1989 年以优异的成绩考入吉林大学法学院,在本科学习阶段就对法理学有浓厚的兴趣,我曾指导过他的学年论文和学位论文写作。后来,他相继成为我的硕士研究生和博士研究生，攻读法理学，1996年在吉林大学获得硕士学位，1999年在中国人民大学获得博士学位。本书是他十年间潜心治学的一个成果，全书学术思想清晰，史论交融，资料翔实，技术规范，凝聚着他的心智和勤奋。在具有标识其学术里程意义的首部著作出版之际，作为他昔日的导师和今日的同事，谨以此序对这位学术新人表示热忱的祝贺，并寄以美好的期望。

2000年2月吉林大学南苑

《法律的人文主义解释》序*

当代中国的法理学(法哲学)正在经历研究范式的转换。这一转换的标志就是法理学正在从阶级斗争为纲的研究范式中解放出来,换言之,以维辛斯基法学为代表的阶级斗争范式即将终结。但是,出路何在?法学界正在探索各种不同的出路,因此出现了不同的研究范式或尝试,并取得了相应的成绩。

很明显,这无疑是一个代表时代进步的正确方向,也配得上说是一件可喜可贺的幸事。然而,正确的并不等于科学的(科学只提供知识,而不是别的什么东西)。正如孟德斯鸠所言:做好事不如(远比)把事做好容易几千倍。尽管这些有益的尝试已屡见笔端,但我们稍加考究就会发现,这些尝试都或多或少是一种立足于法律工具意义上的改造和解读模式,遵循的是一种把法律看作是定分止争、冲突解决的外在的社会控制的手段与工具的理解理路,从而使它们都带有着浓重的物质工具主义或匠气色彩。而人类文明的事实却一直告诉人们——正如作者在本书中所力图阐释的那样——法律不仅仅是现世主义的工具,它还是人的需求的产物,是以人为中心旨归并具有浓厚的人文色彩的。所以根本说来,这些

---

* 本文是张文显为杜宴林所著《法律的人文主义解释》(人民法院出版社 2005 年版)所作的序言。

解读和改造的尝试还是现有体制内的循环,还是没有去旧式化,它们仍然深陷于旧式法学的研究窠臼和话语系统中而不能自拔。当然也就同样充满着自证其反的契机和危险,也就依然不能消解人们心中关于法律的某种不快和焦虑的感觉。道理很简单,诚如爱默生所言:人借以安身立命的不是物质,而是精神。因而,毫不夸张地说,对他们而言,只有当代眼光在场,而特定的理念却依然缺席。它们所做的充其量仍然不过是一个尾随者的国度的人们所作所为:缺乏对人类悲剧性生存景观的痛惜和同情,缺乏对人类整体经验的敬畏和遵从,简言之,在法律与人文之间集体无意识,相应地,法学当然包括所有的部门法学研究显得都缺乏问题意识,也缺乏真正的学术争鸣和证明。

显然,对我们所处的这个时代来说,这明显是远远不够的,至少是不能法正当化的。因为我们的时代期待于法学乃至法制的不仅是要在理论和实践上建立秩序,而且是想通过新的研究模式以及新的法律手段从根本上改变社会,为人类寻找意义,传播意义,营造幸福的生活,简言之,法律对幸福生活的世俗指导应当取代任何别的承诺而占据首要地位。因而现代社会中对法学或法律的任何解读和改造都必须立基于如下最起码的命题,那就是,现代法律或者说法学的正统性理据或合法性的法源在于,膜拜人文幸福生活的高洁,崇尚人文价值的庄严。这也即是说,应当对法律进行人文主义解读和人文主义改造。

杜宴林博士的这本专著无疑就是这样一个全新的尝试和全方位的研究和实践。全书从对法律人文主义精神的深切关怀(焦虑)出发,详细阐述了人文主义的价值意蕴、法律本体的人文主义基础、法律的人文主义演变及形成、法律价值的人文主义证成、法律职业的人文主义立场,最后旗帜鲜明地提出要认真对待人文主义。

全书核心学术思想鲜明,围绕核心思想而展开的各种论述有理有据、环环相扣,并提出了一系列富有启发和拓新意义的见解。

诸如:对人文主义的梳理,作者定位为作为主题的人文主义;对法律本体的阐释,作者则从文明史的角度详细分析了法律产生的人文主义基础和前提;在法律的演进与变迁中,人文主义是核心旋律;两大法系的立法无一例外都证成着并将继续证成着法律的人文主义旨趣和价值荷载;法律教育应当重塑人文主义教育模式以及法制现代化的根本逻辑在于人文精神的现代化等等。这些见解和观点对于整个新世纪的法学研究,无疑都具有开拓性意义,也充分表明新一代学人自觉的学术责任感和历史使命感。

本书作者杜宴林博士是我在吉林大学(以前在中国人民大学)公开招的第一届博士研究生。自大学本科以来一直接受吉林大学理论法学的熏陶和教育,谦虚谨慎、刻苦好学,有着厚实的学术素养和潜力。在攻读博士学位期间,进一步施展了自己的勤奋好学的学术品格和实力。作为他的指导教师和今天的同事,在他的首部专著即将公开出版之际,谨以上述杂感对这位学术新人表示热诚祝贺,并寄以美好的期望。

2005 年 4 月于长春

《法律控权论——权力运行的法律控制》序*

孟祥锋同志的博士学位论文修改出版，作者的辛勤汗水换来学术硕果，法政治学则又添一佳作，可喜可贺。

一篇论文、一部著作，成功的标志在于四个要素，即论题、论点、论述、论艺。论题是主题的简明表达，论题的前提是问题。马克思说得好："问题就是公开的、无畏的、左右一切个人的时代声音。问题就是时代的口号，是它表现精神状态的最实际的呼声。"能否提出具有重大意义、创新意义的论题，是论文（著作）成功与否的一半。论文（著作）要有观点，要有思想，要有态度和主张，特别是要有核心的或者说主导的学术思想，构成贯通全文（全书）的基调、主旋律。论文（著作）的功夫在于论述和论证，在于有据有理，实证材料翔实，说理分析充分。论文（著作）还要讲究艺术，讲究"装饰"，论文（著作）的切入和淡出，论述和论证方式，乃至标题和目录等等，都要讲究艺术，要把论文（著作）作为艺术品来精雕细刻。孟祥锋同志的博士学位论文和在论文基础上修改而成的这篇著作在上述各个方面都是值得称道的，他的博士学位论文之所以

---

* 本文是张文显为孟祥锋所著《法律控权论——权力运行的法律控制》（中国方正出版社 2009 年版）所作的序言。

被评定为优秀博士论文,正在于这四个方面的完美结合。

"法律控权"主题鲜明,极具时代性。从"权力运行的法律控制"切入,重点突出,角度新颖,针对性强。系统而深入地研究这一课题,意义重大。法律控权表征着权力运行的一般规律和基本趋势,是法学与政治学、法理学与部门法学共同关注的多边话题,其理论价值不言自明;法律控权研究对推进我国的法治建设与廉政建设具有双重现实意义,其实践价值也不言自明。

在法律控权课题之法学维度研究中,宪法学、行政法学、刑法学、犯罪学、诉讼法学等部门法学从各自视角做过大量分门别类的研究,取得了可喜的成果。但对策性的分散研究多,整体、系统研究不够,从法理学角度和高度对该课题进行深入而系统的研究仍处在初始阶段,研究的"兴奋点"也多局限在"以权利制约权力"、"以权力制约权力"等几个领域。孟祥锋同志长期关注权力控制的话题,并作过有益的探讨,硕士毕业后又长期在中央纪委、监察部工作,积累了中国转型期控制权力、防治腐败的许多一手素材。在此基础上,他尝试以法理学的方法为主要分析工具,综合运用多种方法,整合当前已有研究成果,较深入地研究权力运行的法律控制问题,称得上积极探索,也实现了若干创新:

一是在整合已有成果的基础上,作者从法理学的角度对法律控权问题进行整体研究,尝试在建立法律控权基本理论框架上有所突破。本书的结构体系充分展示了这一点。

二是立足于历史与现实的统一,较全面地论证了法律控权的"时空方位"和重大意义。提出法律控权是法治的核心价值和关键环节,表征着权力运行的一般规律和根本趋势,是人类政治文明和法治文明的共同财富。权力的异化和滥用发生在权力运行过程之中,是权力运行失范失控的产物。在各种控权模式中,法律控权处于优位,中国反腐败的根本出路在于法律控权,重在制度建设。

三是立足于总结人类推进法治事业的经验教训,尝试概括法律控权的一般规律和基本路径,对中国法律控权应采取的战略进行梳理和概括,提出法律控权必须走良法善治、渐进务实、中道理性和综合施治之路。

四是在澄清理论混乱的基础上,作者明确概括了法律控权独有的五大机制或模式:以权力制约权力,以权利制约权力,以程序制约权力,以责任制约权力,以非政府组织的权力制约权力。法律控权五大机制构成了一个互补互动的有机整体,其地位与功能虽有不同,但相辅相成、缺一不可。其中,"以权力制约权力"、"以权利制约权力"是基础性机制,而"以程序制约权力"、"以责任制约权力"是保障性机制,而"以非政府组织的权力制约权力"则是辅助性机制。

此外,本书提出了诸多新观点、新对策,如提出法律控权的本质是"人民控权",制约与监督是"以权力制约权力"的两种互补的具体形式,确认与保障官员的"有限权利"是"以权利制约权力"的一种"特殊形式"。论文还提出了以加强人大监督为主体,以其他各种形式制约监督为补充,逐步形成有中国特色的权力制约监督体系的建议。

本书不仅在内容上有所创新,而且坚持了"质文并重",在论文的形式上也有可称。首先是结构合理,逻辑严密。论文按照研究法律控权的内在逻辑关系,主要回答了四个基本问题:一是"法律为什么要控权",二是"法律为什么能控权",三是"法律如何来控权",四是"法律靠什么来控权"。其中,前两个所要回答的是法律控权的地位和作用问题,后两个所要回答的则是推进法律控权的战略路径与机制方法问题。论文的结构框架主要由"导论"开篇,然后共分"法律控权地位论"、"法律控权战略论"和"法律控权机制论"三大部分。起承转合,自然递进,布局谋篇,颇有匠心;其次是文风畅达,妙语连出。由此可见,作者理论功底与文史哲功底较为扎实,又能融会贯通,因此用时便可随心所欲,斐然成章。虽是严肃的学术著作,但读来晓畅明白,毫无生涩呆板之气。这也是难能可贵的事。

书山有路,学海无涯,路径在于"勤"、"苦"两字。孟祥锋同志在繁忙工作之余,有志于学,只争朝夕,累年不辍,苦乐自知。这种锲而不舍、自强不息的精神,深植于中华民族先贤的光荣传统,吾不仅赞同,而且引以为同道。

法治课题千百个,学术创新无穷期。毋庸讳言,本书也存在缺点和不足,例如有的很有价值的新见解没有展开充分论证。此外,法律控权问题也还留有大量的"悬念"等待继续求解求证。希望孟祥锋同志站在新的起点上,工学竞进,继续攀登法治的高峰。生逢其时,勉之勉之!

2008 年 10 月于长春净月书屋

《比例原则的法理研究》序 *

许玉镇博士的学位论文经过修改即将出版，作为她的指导教师，我们极为兴奋。

许玉镇博士出身于教师家庭，自小受到良好的文化熏陶，养成了勤奋好学的习惯。1992 年她从辽宁省实验中学被保送进入吉林大学法学院学习。读本科时，我们就给她上过课，那时她总是早早来到教室，占据前排位置，以便听得清楚，并方便向老师提问。入学第一年期末考试，她就取得了全班第一名的成绩。1996 年，她被保送到法学理论专业攻读法学硕士学位，其间逐渐显现出勤于钻研、善于思考的优秀素质。1999 年考取吉林大学法学院法学理论专业，攻读博士学位。同年，留在吉林大学行政学院任教。攻读博士学位期间，她较早地确定了研究方向，并进行了博士学位论文开题报告。在论文的最后写作阶段，她一边在北京进修意大利语，一边进行论文撰写，自然十分辛苦。她以坚强的意志完成了博士论文的写作，并顺利地通过了论文答辩。同年，又顺利地赴意大利深造。

她的博士学位论文主题是公法上的比例原则。比例原则当时

---

* 本文是崔卓兰和张文显为许玉镇所著《比例原则的法理研究》（中国社会科学出版社 2009 年版）所作的序言。

是公法、尤其是行政法学领域比较前沿的一个课题,国内外资料偏少,可以借鉴的研究成果更是寥寥无几,写作难度很大,她因其有良好的法理学理论素养,并善于把法理学原理与公法的基本原则融为一体,毅然攻下了这块硬骨头。比例原则的核心是调整公共利益、国家利益与私人利益的关系。依照比例原则的精神,在一般情况下,公共利益与私人利益应该得到国家的平等保护,但当两者发生冲突而不能两全时,应当进行公正权衡,如果采取的行政措施对公民利益的损害明显大于社会的公共利益,则不能为之;即使因重大公共利益需要暂时牺牲私人利益时,也要遵守法律保留、信赖保护等原则给予合理补偿。其核心是行政权力的行使除了有法律依据这一前提外,行政主体必须选择对公民侵害最小的方式,且必须进行公共利益与私人利益的比较权衡。其目的主要是规范、制约行政自由裁量权。这些内容无疑对我国的法治建设有积极的借鉴意义。

比例原则在一些大陆法系国家被称为公法中的“帝王条款”,目前大部分国家的行政法中都规定了该原则,而我国法学界对比例原则的研究并不深入,与其在公法中应有的地位很不相符。许玉镇博士选择“比例原则”作为博士论文的主题和科学研究的主要方向,表明作者对学术前沿的敏锐把握,对社会主义法治建设和政治文明发展怀有自觉意识和责任感。

今年是改革开放三十周年,这三十年是中国法治建设重新起步和快速发展的三十年。改革开放与法治建设息息相关、相辅相成:一方面,改革开放的伟大实践产生了对法律和法治的迫切需求,推动了法治的建设和发展,也给中国的法学工作者提供了前所未有的发展机遇,使个人的发展与国家的需要密切结合;另一方面,法治建设回应和适应了改革开放的需要,立法、执法、司法、普法等法治工作为改革开放创造了良好的法治环境。改革开放以来,我国社会主义法治建设最具有重大现实意义和深远历史意义的标志性成果有两项：一是依法治国基本方略的形成和发展，二是依法执政基本方式的形成和发展。具体讲，我国在宪政建设、民主科学立法、依法行政、和谐公正司法等方面取得了巨大成就。但是我们也要看到，行政垄断、行政越位、行政缺位、行政违法、行政侵权等现象仍然大量存在，与法治政府的目标相距甚远。我们相信在深入研究基础上，科学地引入比例原则必将对我国法治政府的建设产生深远影响。

许玉镇博士的这部专著从探究比例原则的历史沿革着手，深入剖析了比例原则的内涵界定、理念基础、法律定位与价值功能，论证了比例原则对我国法治建设的借鉴意义，堪称该领域的难得力作。该书有较强的思想性和学术性，逻辑严谨，研究规范，论点鲜明，论据充实，论理有力。我想每一位细心的读者都会发现这些评价绝非虚夸。

我们既是她学业上的导师，也是她生活中的朋友和同事。十多年来，我们一起分享了许多学术和生活中的快乐，也一起排除了许多困难。在其第一本学术专著付梓之际，我们谨以此序表达祝贺，并祝愿她学术上再接再厉，生活上幸福美满。

2008 年 9 月

《司法制度的理性之径》序*

作为一名学者型法官，长春市中级人民法院院长孙万胜同志近年来在司法改革研究领域，立足于司法改革实践的理论诉求，对司法改革和司法权基本理论问题进行了较为系统深入的理论探讨。在其博士学位论文《司法权的法理之维》(法律出版社 2002 年版)出版后，新著《司法制度的理性之径》又即将付梓。这两部专著的陆续出版，充分显示出一个司法改革实践者和参与者对改革的理论关注。这种对司法改革理论研究的有益探索与尝试，确是可喜可贺之事。我为吉林大学校友孙万胜博士在司法改革理论研究领域所取得的成绩感到由衷的高兴。

党的十六大提出，社会主义司法制度必须保障在全社会实现公平与正义，并对完善司法机关的机构设置、职权划分和管理制度，改革司法机关的工作机制和人财物管理体制，加强对司法工作的监督，建设一支高素质的司法队伍等重大问题提出了总体要求。落实好十六大对司法改革提出的各项要求，实现司法制度创新，一个重要的前提条件就是在十六大精神指导下，以“三个代表”重要思想为指针，进行司法改革理论创新。这是因为，任何一种社会实

---

* 本文是张文显为孙万胜所著《司法制度的理性之径》(人民法院出版社 2004 年版)所作的序言。

践活动都具有合目的性,蕴涵着深刻而丰富的理论期待。在推进司法改革进程中,为了减少改革实践的盲目性,以最少的改革成本实现预定的司法改革目标,就需要改革者具有一种成熟的改革理性。这种改革理性的一个重要标志就是以其理论的敏锐性和实践的责任感,能够把那些在司法改革实践中具有理论研究价值的全局性和根本性问题确定为自己的研究主题,并运用法学、哲学、政治学、社会学等多学科的学术资源进行理论解释与批判,从而对司法改革实践发挥出持久而积极的理论导向作用。

孙万胜博士在司法改革理论研究中,紧紧围绕司法改革的核心问题——司法权的调整与配置,在司法权的观念创新和制度创新两个层面坚持不懈地进行了理论探讨,先行出版的《司法权的法理之维》集中体现了作者在司法权观念创新方面的理论成果,而这部新著则反映了作者在司法制度创新方面所进行的理论探索,从而对司法改革实践形成了一种体系化的理论认识。这不仅丰富了对司法改革实践的理论探讨,促进司法改革理论与实践进一步紧密地结合起来,而且有助于适应司法改革实践的理论期待,增强司法改革实践的理论合理性程度,孙万胜博士两部著作的理论价值和实践价值也正在于此。

一项优秀的理论研究成果必须具有深刻的思想性和合乎规律的创新性,这需要研究者具备两方面的基本条件:一是具有理论敏锐性,能够捕捉到反映社会实践前沿的理论前沿问题;二是研究者能够有新视野、新境界,采取新思维、新方法,以形成新概念、新观念、新的理论体系。从本书的内容来看,作者在进行司法制度理论研究过程中以自己的实际行动践行着这种理论思维方式的基本观念,保证了理论研究应具有的学术水准。

通观全书,作者的理论立场和研究方法有这样几个特点:

第一,坚持马克思主义法学观为理论指导。在法学理论研究领域,必须坚持指导思想的一元化,即坚持马克思列宁主义、毛泽东思想、邓小平理论和“三个代表”重要思想的指导，这既是由法学的党性和人民性所决定的，也是法学科学性的必然要求。本书作者运用马克思主义法律观和邓小平民主法制理论，深入思考当代中国司法改革进程中所蕴涵的基本理论问题，有效地克服了司法改革理论研究中的不足，增强了理论研究的批判能力和解释能力。作为自己的理论研究使命。为此，作者紧紧围绕司法权这一司法改革的核心问题，运用马克思主义的阶级分析、价值分析、实证分析以及系统分析等多种研究方法，对社会主义司法制度完善与发展过程中涉及的一般规律性问题和具体操作性问题进行了阐述，既保持了研究方向的正确性和应有的科学性，又不失对司法改革实践的理论导向作用。

第二，运用权利本位研究范式作为理论思维背景。任何一种新的理论模式作为理论和方法论革命的产物，都具有审视、批判和重构的功能。权利本位研究范式为我们提供了用现代法精神审视和批判现存法学理论和法律制度的武器，并在审视和批判的过程中收到了正本清源、推陈出新、破旧立新的效果。作者在司法制度理论研究中自觉地运用权利本位研究范式作为理论研究背景，对司法制度完善与发展过程中涉及的理论和实践问题，如司法制度的功能，司法制度与司法传统的互动关系，当代中国司法制度的发展历程、时代背景、主要矛盾、精神基础及改革路径，自觉地运用权利本位研究范式进行观察、思考，从而使其研究成果具备了研究者所赋予的人文关怀理念。

第三，在形成体系化的司法权理论体系方面作了进一步探索。任何一门科学理论体系的形成总是以该学科的基本概念、范畴的形成为前提的。科学成熟的标志，也总是表现为将已经取得的理性认识成果——概念、范畴、定律和原理系统化，构成一个科学的理论体系。作者在《司法权的法理之维》所取得的理论成果基础上，注重司法权观念与制度层面的衔接与转化，立足于国家与社会之间结构关系的现代性解释，运用法律的形式合理性与实质合理性这一对研究范畴，紧紧围绕着司法制度创新过程中的一般规律性问题进行理论解读，使作者对司法权的认识逐步系统化。全书理论基础扎实，研究思路清晰，逻辑结构严谨，研究结论也更易于让人信服，司法改革实践将证明作者这种研究方法的理论价值意义。

本书在展开司法权的制度理论体系过程中提出了一系列具有理论价值和实践价值的见解与观点，例如，司法制度是政治制度中具有一定自主运行逻辑的组成部分；司法制度的功能在于为司法权运行过程中确立、实现法律的形式合理性标准提供制度保障；司法制度以司法理性为内在依据，司法制度应该尊重司法技术的自主运行逻辑，司法制度依靠司法伦理获得普遍的服从与认同；中西司法制度在观念基础和制度面貌方面存在诸多差别的一个根本原因在于不同的社会历史结构使然；一个国家司法制度的国际地位取决于它能够提供多少为国际社会所共享的价值观念；当代中国司法制度的主要矛盾是实现社会公正与法院具体实现手段之间的紧张关系，而消除这种紧张关系必须充分考虑中国的现实国情条件，即法治传统的缺乏和区域经济发展、城乡经济发展、社会阶层等三方面的差别；当代中国司法制度的发展路径应该是进化基础上的有限建构；当代中国司法制度的发展与完善应该紧紧围绕体制、管理、诉讼、法官这四个方面的制度理性展开，并按照“传统相近，能为我用，形成特色”的原则吸收借鉴大陆法系和英美法系的司法制度，等等。这些见解和观点对于丰富司法制度理论研究，推动司法改革实践的深化与拓展具有一定的理论参考价值。

孙万胜博士长期在司法实务部门担任领导工作，作为改革的实践者，能够自觉地运用自己掌握的理论知识对司法改革实践进行学术化的理论研究，并使自己的研究成果保持了较高的学术水准,这充分表明了作者所具有的理论责任感和实践责任感以及与之相适应的理论研究与实践转化能力。我期待着孙万胜博士能够在司法改革理论研究领域和实践领域不断取得更大的成绩。

是为序。

2004 年 1 月于长春

《民事执行权研究》序*

这是一本司法学的专著，也是一本部门法理学的力作；是一位高级法官的经验总结，也是一位在职博士生的学术结晶。作为作者的指导教师和朋友，谨以如下杂感和评论作为本书的开头语。

在当代中国，法理学与部门法学的划分只有分类学的形式意义，而没有学术上的本质意义。法理学如果只是固守于基本理论问题本身的宏大叙事，不去关注部门法学的发展及其实践问题，不仅研究领域难以拓展，而且理论体系本身也会陷入曲高和寡、华而不实的尴尬境地。具体说来，缺乏对部门法学关注的法理学研究，一方面将无法从部门法学的理论和实践中获得丰富而新鲜的营养和素材，从而走向空洞和教条；另一方面，也将因法理学不能为部门法学的研究提供有针对性的理论指导和方法指引，导致部门法学研究难以向纵深发展。值得一提的是，近些年来法理学者注意把眼光投向部门法学和法律实践，并产生了一大批研究成果，不仅丰富和充实了法理学理论，而且也促进了应用法学研究的进步。尤其是法理学者对于司法制度、诉讼程序、法律解释等问题的研究，对于法理学本身的繁荣和促进部门法学的进步，有目共睹。运

---

* 本文是张文显为童兆洪所著《民事执行权研究》(法律出版社 2004 年版)所作的序言。

用法理学的方法研究部门法学和法律实践中的问题,具有高屋建瓴、纲举目张的优势,从而实现理论法学与应用法学的融会贯通,并且提升法学研究的整体水准和品味。童兆洪博士的这本著作,是近年来从法理学角度研究部门法律制度和实践的佳作,也是吉林大学法学理论专业以司法学为研究方向的一部优秀博士学位论文。

在法理学领域,民事执行权理论可能是一个小题目,但在民事执行理论中却是一个大课题。随着我国社会主义市场经济的迅速发展和经济体制改革的不断推进,民事审判和民事执行已经成为解决社会利益冲突、维护社会和经济秩序的主要手段。然而,我国目前却面临着严峻的执行难问题。执行难问题长期得不到有效解决,已经严重影响了社会秩序和经济秩序的稳定,成为制约社会主义市场经济健康发展的重要因素。正因为此,民事执行问题成为整个社会普遍关注的热点问题。改革民事执行体制,加强民事执行工作已经成为我国司法改革的一项重要内容和当务之急。围绕着执行难问题,理论界进行了有益的探讨,实务界展开了积极的探索,民事强制执行立法也在酝酿之中。但与其他部门法学研究相比,我国民事执行理论研究明显薄弱,不仅深度不够,没有形成独立而相对完善的理论体系,而且缺乏对执行实践中有关问题的准确把握和回应。显然,我国的民事执行理论研究尚不能为当前民事执行改革和民事强制执行立法提供充分和科学的理论支持。童兆洪博士这本著作选择民事执行权这一角度,主要运用法理学研究方法,并结合其他学科的研究方法,就民事执行权理论问题展开了深入、系统和细致的探讨,丰富和提升了我国民事执行理论,对于民事执行改革和民事强制执行立法都有重要的理论和实践价值。本书主要有以下几方面的创新点:

其一,拓展了民事执行问题的研究领域和深度。民事执行的过程实质上是民事执行权的运行过程,民事执行权理论是民事执行理论的基石和核心。以往有关民事执行理论的研究对民事执行权问题虽有涉及，但要么顾此失彼，要么浅尝辄止。本书对民事执行权进行了系统研究，在回顾了民事执行权历史演化的基础上，分别论述了民事执行权功能和价值取向、民事执行权定位、民事执行权性质、民事执行权构造、民事执行权配置、民事执行权主体、民事执行权客体和民事执行权运行等基础理论问题，形成了一套逻辑严谨、完整而自洽的民事执行权理论体系，可以说填补了民事执行理论研究的空白。在研究方法上，本书以法理学理论为指导，综合运用历史考察、社会调查、价值分析、逻辑分析、比较研究等研究方法，突破了以往研究民事执行问题"就事论事"，单纯实践和技术层面，缺乏理论思辨的缺陷，拓展了民事执行理论研究的领域和深度。

其二，创造性地阐析了民事执行权定位与性质的界分。作者认为，民事执行权定位与性质是两个相互联系但有着实质性差异的问题，应分别研究。民事执行权定位问题以民事执行权在国家权力体系中的位置为研究对象，主要目的是通过确定民事执行权在国家权力体系中的地位，解决该权力在国家机关中如何合理配置这一根本性问题。民事执行权性质问题以民事执行权基本属性为研究对象，主要目的通过描述民事执行权与其他种类的国家权力之间的本质区别，决定民事执行权不同于其他国家权力的构造及其合理分配，以及独特的运行体制、运行原则、运行程序、运行方式、运行方法等具体问题。赋予民事执行权的定位和性质以不同的内涵，在此基础上分别进行研究，是作者的一大创新。应该说，这一学术观点和研究进路不仅为我国民事执行权法院配置模式提供了理论支持，而且也为我国法院民事执行体制改革和完善提供了理论依据。

其三，理性揭示了民事执行权的司法权定位和强制权属性。基于定位和性质的界分，作者就此问题分别提出并论证了自己的观点。就民事执行权定位问题,针对一些学者认为民事执行权不属于司法权的观点,作者认为司法权是一个开放性的权力体系,没有绝对确定的边界,提出将民事执行权定位为司法权既有理论合理性,又有现实必要性。作者关于应当将民事执行权定位于司法权虽然是对现行体制的维护,但所提出的理论和现实依据是新颖而独到的,论证也是严密而有力的。特别是有关将民事执行权定位于司法权现实必要性的论述,提醒我们对中国司法问题的研究不能忽视和背离中国的特殊语境。将民事执行权基本性质揭示为强制性,是本书的又一理论创新。这一观点可能会引起争论,但是从强制性角度审视民事执行权,的确是一个独特的视角,对于深化民事执行权研究的意义不容低估。而且,作者对民事执行权性质的理论界定,决定了民事执行权在运行机理上应当区别于以判断性为基本属性的民事审判权,并在民事执行程序的设计上应体现其基本属性的确定性和规律性,从而使民事执行工作统一管理体制构建具有了正当性和科学性。

其四,合理优化了民事执行权配置理论。在对民事执行权定位和性质等问题深刻剖析的基础上,根据民事执行权包含具有内在联系与内在矛盾的不同权能,作者提出并充分论证了民事执行权二元构造原理,即民事执行权包含执行实施权和执行裁决权。从中提炼出审执分立、权力制约和执行实效等相关原则,架构有效的民事执行权分权运行机制。在此基础上,从现实考量和理论阐析的维度合理优化了民事执行权配置的理论,使行使执行实施权的执行局和行使执行裁决权的执行裁决庭分立、将执行裁决庭列入审判庭序列,以及设计执行官和执行法官等制度的创新具有理论的说明和支持。民事执行机构和人员设置等制度的构建既与民事执行权的理论体系全面贯通,又具有历史传承的延续性和现实国情的合理性,从而使民事执行工作由理论的创新走上制度的创新。

本书除了上述理论上的创新外,在许多具体的制度设计和实践操作问题上，作者提出了诸多具有新意的观点和思路。比如对于民事执行权客体问题，作者以民事执行权构造等理论为基础，揭示了执行实施权和执行裁决权两者在客体上的不同，尤其是从民事优先权、“扣押质权”、债权平等以及私权优位等原理出发，提出了处理民事执行权客体之间，以及与其他国家权力客体之间竞合的具体规则。又如，针对执行实施权和执行裁决权的不同性质和内容，作者还前瞻性地提出了两者不同的运行理念和原则，特别是对于执行裁决权运行机理的研究，较为系统地设计了执行审查性权力和执行监督性权力这两种不同类型的执行裁决权在运行组织以及举证责任等方面不同的程序构造，丰富和完善了民事执行权分权运行机制的实践和理论。

作者本科毕业于北京大学法律系，长期在司法实践部门工作，有着丰富的实践经验，始终保持着浓厚的学术兴趣，长期不懈地坚持学术研究。本书是作者在博士论文《民事执行权的理论构建》的基础上修改和补充而成的。书中不仅运用了大量的资料，论述充分透彻，深入浅出，而且体系安排合理、逻辑结构严密，从中可以看出作者学术态度的认真和严谨。加之作者对民事执行实务十分了解，对问题的把握也较为到位，本书在理论联系实际方面体现出明显的优势。在攻读博士学位期间以及此前，作者就出版和发表了许多论文和著作，在理论界和实务界有较大的反响。为完成博士论文及本书的写作，作者全身心地投入，几乎倾注了工作以外的所有时间和精力。作为他的指导教师，看到自己学生的研究成果得以出版，感到由衷的高兴！相信本书的面世将对法学理论研究尤其是民事执行理论的研究起到推动作用，希望作者能够以此为新的起点，在今后的工作和研究中取得更加丰硕的成果。

2004 年 7 月于长春

《马克思主义法律思想研究》序*

读者看到的这本《马克思主义法律思想研究》是西南政法大学付子堂教授所著的研究型教学用书，也是迄今为止法学理论领域最为系统和全面地研究马克思主义法律思想的学术专著。在祝贺该书出版之际，我谨以关于用发展着的马克思主义指导法学等人文社会科学建设，特别是法学等人文社会科学教材建设的认识和体会，代为序言。

中共中央《关于进一步繁荣发展哲学社会科学的意见》指出，要把马克思主义在中国发展的最新理论成果贯穿到哲学社会科学的学科建设之中，力争用十年左右时间，形成全面反映当代中国马克思主义最新理论成果的学科体系，并明确提出要研究和编写充分体现当代中国马克思主义最新成果的哲学、政治经济学、科学社会主义教材，以及政治学、社会学、法学、史学、新闻学和文学教材。认真领会《意见》的精神，总结改革开放以来我国高校哲学社会科学建设的基本经验和存在的问题，应当更加明确地认识到，在繁荣和发展法学等人文社会科学的过程中，必须高度重视教材建设，法学等人文社会科学建设必须坚持用发展着的马克思

---

* 本文是张文显为付子堂所著《马克思主义法律思想研究》（高等教育出版社2005年版）所作的序。

主义为指导。

法学等人文社会科学建设必须用发展着的马克思主义为指导,首先是由中国高等教育的性质和任务所决定的。帮助大学生包括研究生们了解社会主义学说的历史,了解社会主义的基本问题,使他们树立远大理想,是高校的重要职责。这就要求面向全体学生的,以哲学、政治经济学、科学社会主义为主体的公共理论课教材以及面向法学等人文社会科学各个学科学生的专业基本教学用书,必须充分反映马克思主义基本原理。其次,也是由法学等人文社会科学的性质和任务所决定的。我国的法学等人文社会科学是社会主义意识形态的重要组成部分,承载着为国家建设提供理论支撑和智力服务的历史任务。高校法学等人文社会科学教材在培养高素质人才方面起着基础性、主导性作用。有鉴于此,法学等人文社会科学教材必须确保具有正确的理论导向和鲜明的时代精神。最后,是由我国法学等人文社会科学的研究对象和研究重心所决定的。我国的法学等人文社会科学以中国的经济、政治、法律、文化、社会为研究重心,以回答和解决当代中国建设中的重大现实问题、战略问题为己任。高校的法学等人文社会科学课程以培养学生解决当代社会问题的能力为目的。由此决定,我国高校法学等人文社会科学教材必须以中国化的发展着的马克思主义为指导。这样讲,并不是脱离马克思主义理论体系和历史传统,更不意味着忽视或放弃马克思主义基本原理。马克思主义、列宁主义、毛泽东思想、邓小平理论和"三个代表"重要思想是一脉相承的理论体系。用发展着的马克思主义为指导,是以马克思主义基本原理为基础的,并且是以马克思主义经典著作为理论资源的。

审视高校法学等人文社会科学教学用书的现状,我感到存在一些亟须改进的问题。一是教材中的一些内容滞后于时代发展。20 世纪 80 年代以来,我国的法学等人文社会科学研究取得了许多重要成果,各个学科领域的知识创新引人注目。然而,我国高校教材反映和体现这些成果的机制和水平不尽如人意。一些教材理论与现实结合得不够,落后于时代的发展。我以为,必须高度重视法学等人文社会科学教材的更新和创新,突出强调把知识创新和理论创新的成果用教材作为载体加以整合和凝练,再用教材进一步推进知识创新和理论创新,提高人才培养的质量。二是某些教材存在盲目照搬、移植西方概念体系和理论模式、淡化主流意识形态的倾向。由于历史的原因,我国法学等人文社会科学在学科体系方面与西方发达国家存在一定差距,特别是在新兴学科领域的差距更为明显。因而,为了建设新兴学科、完善学科体系,我们需要借鉴西方的经验,吸收西方相应学科的某些概念和理论框架。然而,在这个过程中,也的确出现了食洋不化的现象。表现在教材上,就是不加甄别地移植西方的概念体系、理论体系,赶时髦,使马克思主义的话语系统受到削弱。这就要求,在借鉴西方理论的时候要保持清醒的头脑,对于那些涉及基本理论和指导思想的概念和范畴要进行马克思主义的阐释和加工分析。三是忽略或忽视实践中的马克思主义,拘泥于本本。在实践中提出、在实践中应用、在实践中检验并在实践中丰富和发展,是马克思主义的理论品质,更是中国化的马克思主义的显著特征。要强调把文本与实践结合起来,着眼于实践中运用和发展的马克思主义,着眼于对社会实际问题的理论思考,着眼于新的实践和新的发展。这样,我们所阐释的马克思主义才是与时俱进的、开放的理论体系,我们的教学用书才能够既有严整的理论体系和凝重的历史感,又有鲜明的时代特色和鲜活的现实感。

因此,如何用发展着的马克思主义指导法学等人文社会科学教材建设,是一个需要认真探索的课题。总结改革开放以来高校法学等人文社会科学教材建设的经验,结合自己的体会,我认为以下几个方面是极为关键的:

第一,对于公共理论课教材来说,要全面开发马克思主义的理论资源,充分体现马克思主义各个领域和各个发展阶段的理论逻辑,并以马克思主义的最新理论形态去包容以前阶段的理论成果,展示马克思主义理论的与时俱进和一脉相承;要用科学的态度对待马克思主义,分清哪些是必须长期坚持的马克思主义基本原理,哪些是需要结合新的实践加以丰富发展的理论判断,哪些是必须破除的对马克思主义的教条式的理解,哪些是必须澄清的附加在马克思主义之上的错误观点,逐步形成能够表达马克思主义本质精神和时代特点的马克思主义基本原理教科书。

第二,对于法学等人文社会科学各个学科的教材来说,首先是用马克思主义认识论和方法论,认识本学科专业领域的研究对象,揭示法学、经济学、政治学、新闻学、管理学、社会学等研究对象的客观规律,为这些领域的知识体系建构马克思主义的理论原则和理论基础提供有力的学理支撑。其次是用建设中国特色社会主义理论,作为理论创新的平台来指导和规范各学科的理论研究和理论创新。当然,这也要求作者们遵循教学用书的规律和规范,科学把握教材与教学的关系,体现先进的教育思想、教学理念和教材理论。遵循教学用书的规律和规范,就不能以武断的方式灌输理论论点而不加以论述和论证,而应当提高说理性和对比性,通过严谨的逻辑论证、充分的事实证明以及各种观点的比较和判断,让学生们心悦诚服,创造性地把指导思想与知识体系融为一体。

第三,编写教学用书必须坚持以人为本。首先,教学用书必须是高质量的,即具有鲜明的理论观点、丰富的思想含量、较高的学术品位,贴近学生,贴近时代,贴近社会,贴近生活,贴近教学,对学生具有说服力、吸引力和亲和力,并能够激发他们的学习动力和兴趣。其次,要把政治坚定、有较高学术造诣、丰富教学经验、热心人才培养、代表先进教育思想和教学观念的教师吸引、凝聚到教材编写队伍中,并特别重视吸引和支持优秀学科带头人和中青年学术骨干从事教材编写。要组建法学等人文社会科学教材建设的“国家队”。实践证明,编写出一本内容先进、技术规范、形式实用的教材不是一件容易的事情,而要编写出一部充分反映当代中国的马克思主义、体现教学内容和课程体系改革成果、适应培养富有创新精神和实践能力的高素质人才需要的教学用书则更难。

第四,以发展着的马克思主义指导法学等人文社会科学教学用书的编写,要求编写人员以建设中国特色社会主义的政治勇气和破除教条主义、本本主义的理论勇气,研究新情况,解决新问题,总结新经验,形成新观点,发展新理论,并将之充实到教学用书之中;要保持并不断提高教学用书的先进性,开创法学等人文社会科学建设的新局面。

在马克思主义法律思想研究方面,西南政法大学具有深厚的学术积淀和良好的学术传统,至今一直在该领域保持着全国领先地位。从法学前辈黎国智教授开始,数十年师承相继,学术研究的特色与优势十分明显。付子堂博士自20世纪80年代中期起,即在黎教授的指导下,甘于寂寞,不为市场大潮所动,刻苦研读马克思主义法学经典,脚踏实地,持之以恒,并且学有所获,取得了丰富的研究成果。《马克思主义法律思想研究》即是一个代表性体现。此书虽是一部学术专著,但对于法学学科专业而言,完全可以作为博士和硕士研究生学位课程的教学用书;对于法学以外的其他哲学社会科学的各个学科专业来说,此书亦可作为各专业博士研究生“马克思主义与当代社会思潮”课程的教学用书,或者作为各专业研究生的公共理论课教学参考书。国务院学位委员会办公室和教育部研究生工作办公室,通过专家匿名评审等严格的程序,遴选此书作为向全国推荐使用的国家级研究生教学用书之一,我认为是很适当的。付子堂教授现系中央“马克思主义理论研究和建设工程”法学课题组成员,《马克思主义法律思想研究》也属于本课题组的一项新成果。

是为序。

2005年元旦于长春

《环境正义的法哲学研究》序[*]

马晶博士的《环境正义的法哲学研究》即将出版了。这是一本具有填补学术空白意义的论著。值马晶博士这本著作出版发行之际,谨以下述续想为序,以示祝贺。

这本著作探讨的环境正义概念、环境正义所涉及的一系列重大理论和实践问题,除唤起人们关注环境正义之外,还强化了环境权意识以及人与自然和谐相处的意识。

自然环境是人类生存和发展的基础和条件。自工业革命以来,无论是先发达国家还是后发达国家和发展中国家,其经济成果的取得都相伴着资源的巨大消耗和日益严重的环境污染,而且这样的情况仍在持续和蔓延。在工业化国家,许多污染物,特别是有毒物质、温室气体和废物量的排放仍在增加,这些国家的浪费型生产和消费方式基本上没有改变。在世界许多较穷的区域,持续的贫穷加速了生产性自然资源的退化和生态环境的恶化。地球未来将越来越干旱、燥热、缺水;气候的反复无常只会越来越多。人类消耗地球资源及破坏环境的速度使实现可持续发展面临的挑战日益严峻。由于缺水,土地退化,热带雨林毁坏,物种灭绝,过量捕

---

* 本文是张文显为马晶所著《环境正义的法哲学研究》(延边大学出版社 2005 年版)所作的序言。

鱼,大型城市空气污染,温室效应等现象广泛存在,环境呈现全面危机。

环境危机的严峻形势首先催生环境权的出现。在环境污染加剧、人们的生活质量和生存面临危机的情况下,1960 年在美国发生了一场关于公民在良好环境中生活的宪法依据是什么的争论。在这场争论中,环境权的概念脱颖而出。人们把环境要素视为共有财产,公民有权利要求享有良好的环境。之后,1970 年的《东京宣言》写道:"我们请求,把每个人享有其健康和福利等要素不受侵害的环境的权利和当代人传给后代人的遗产应是一种富有自然美的自然资源的权利,作为一种基本人权,在法律体系中确定下来"。[1]1972 年《人类环境宣言》规定:"人类有权在一种能够过尊严和福利的生活的环境中,享有自由、平等和充足的生活条件的基本权利,并且负有保护和改善这一代和将来的世世代代的环境的庄严责任。"[2]1992 年"国际环境与发展会议"正式将环境权确认为人的基本权利。环境权的一般定义是享受良好环境并进行支配的权利,具体内容包括:第一,健康、舒适、安全的环境保证;第二,当代人传给子孙后代的是不被污染、不受破坏的自然资源要素;第三,当代人负有保护资源和改善环境的庄严义务,包括阻止环境破坏、排除侵害、恢复环境、采取良好措施预防环境破坏等等。

人们不仅应当享有环境权,而且环境权应当是一种普遍权利和基本人权。当人们思索这个问题的时候,环境正义的概念就随之萌发。20 世纪 80 年代初期发生在美国一个非裔美国人社区的抗议国家环境保护局在其居住区内建设多氯联苯填埋场的计划的运动,引发了环境正义问题,促进了环境正义概念的形成。环境正义的原初意义是:所有人在环境法律制度、环境管理和环境政策的发展、执行和实施方面,不分种族、肤色、国别和收入的公平对待和富有意义的参与。公平对待意味着不应有任何人群,包括种族、少数民族或社会经济团体会由于政治或经济力量的缺乏而被迫承担暴露于污染不利影响中的不成比例的份额。

20世纪90年代以来,随着绿色和平运动和生态伦理学在全球范围内的扩张,环境权和环境正义概念进一步唤起人们对自然价值的反思,对人与自然关系的关注,人与自然和谐相处的观念由此复兴。人与自然的和谐是一个古老而常新的话题。中国古代就有“天人合一”的哲学思想。现在讲人与自然和谐比古代社会更有针对性,因为我们面临着环境污染、生态脆弱、能源危机等问题的困扰。强调人与自然和谐,并把人与自然和谐作为社会和谐的基本内容,就是要求人类善待自然,尊重自然,保护自然,正确理解自然,合理利用自然,建立人与自然相互依存的良性循环关系,建立资源节约型、环境友好型社会,确保社会系统与自然生态系统协调发展,把和谐社会建立在稳定和平衡的生态环境之中。

如果说在世界范围内都存在人与自然和谐相处问题,那么,在中国这个问题尤为突出。我国人均资源量少,人均土地面积、耕地面积、水资源量、矿产资源量均严重低于世界平均水平量,而且资源质量相差悬殊,低质资源偏大,地区分布不均衡,组合也不理想。多年来资源开发强度高,后备资源不足,加之利用率低,资源浪费严重,更加剧资源供应的紧缺。[3] 我国主要污染物排放量远远超过环境容量,不少地方老百姓喝不上干净的水,呼吸不到新鲜的空气,流经城市的河段普遍受到了严重污染,相当多的城市空气有害健康,1/3的国土受到酸雨影响,噪音扰民相当严重,生态恶化尚未得到有效遏制,水土流失、土地沙化仍在发展,林地流失依然严重,90%以上的天然草原在退化,10%—15%的高等植物物种处于濒危状态,有害外来物种入侵加剧。人与自然关系的这种失调不仅造成了巨大经济损失,危害群众健康和公共安全,而且影响社会稳定和国家安全。[4] 所以,必须格外重视。而只有在全社会树立环境权观念和环境正义观念,环境保护、生态维护、人与自然和谐才能根植于坚实的理性和道德基础之上。这正是马晶博士的这本著作的价值所在。

2005年11月于长春

注 释

1 《中国大百科全书·环境科学》，中国大百科全书出版社1986年版，第192页。

2 董云虎、刘武萍编著：《世界人权约法总览》，四川人民出版社1991年版，第1404页。

3 参见陆百甫："建设资源节约型社会"，载《〈中共中央关于制定国民经济和社会发展第十一个五年规划的建议〉辅导读本》，人民出版社2005年版，第266页。

4 参见解振华："努力建设环境友好型社会"，载《〈中共中央关于制定国民经济和社会发展第十一个五年规划的建议〉辅导读本》，人民出版社2005年版，第266页。

《契约制度的正当性论证:一种以主体为基点的研究》序 *

最近二十年,无论是在国外,还是在国内,部门法哲学(或如西方学者所称的"应用法哲学"——"applied legal philosophy")研究和教学活动日渐活跃,正在成为法学领域的亮点。部门法哲学对法学领域经典的、重大的、前沿的、疑难的问题的研究正在成为推动法学理论创新和发展的新的知识增长点。大约十年前,我在为美国哲学家、法学家迈克尔·D. 贝勒斯的部门法哲学专著《法律的原则——一个规范的分析》中文版出版而作的评介中指出:"在当代西方法学研究中,法哲学(法理学)研究逐步扩大和深入至具体法律领域,出现了一批从法哲学(法理学)的层面、用法哲学的方法探讨部门法中的一般原则和原理的论著。这些论著提供了对部门法的伦理基础、价值基础、社会基础及其发展规律的哲学反思,构成了把法哲学与民法、刑法、宪法、程序法等部门法学连接起来的中间学科"。这本译著对我国学者开展部门法哲学研究产生了一定的推动作用。该书出版后,我国部门法哲学研究异军突起、方兴未艾。

---

* 本文是张文显为资琳所著《契约制度的正当性论证:一种以主体为基点的研究》(中国政法大学出版社 2009 年版)所作的序言。

自本世纪初,本人积极倡导开展部门法哲学的研究和教学活动,吉林大学理论法学研究中心在法学理论、法律经济学等学科点设置了部门法哲学研究方向,成立了部门法哲学研究机构,为研究生和高年级本科生开设了部门法哲学讲座课程,这门课程被学生们称为“高水平研究型课程”。这些教学和学科创新吸引了一大批青年学人从事部门法哲学研究。他们中间既有深厚法理学理论背景的硕士生,也有良好部门法学知识背景的硕士生,本书的作者资琳就是其中一位民商法专业硕士毕业后从事部门法哲学研究的青年学者,本书是作者在读博期间进行部门法哲学研究的结晶,是在其博士学位论文《契约制度的正当性论证》基础上修改、充实而成的。

契约制度原本是民法学的典型论域,然而由于民法学理论和方法自身的局限,致使契约法中的许多根本理论问题和制度理念问题无法在民法学中得到彻底解决,而需要借助法哲学的理论和方法来阐释契约法的根本性理论和理念。资琳以其深厚的民法学知识为基础,运用法哲学的反思方法对契约制度的正当性这一契约法的根本问题进行了探索。作者首先分析批判了道义论契约论和目的论契约论这两大主流理论,指出它们均不能令人信服地回答契约制度的正当性问题,之后尝试借助罗尔斯的道德主体论,通过自己的理论解读,回答契约制度的正当性问题,为现代契约法的基本制度及中国契约法的现实提供充分的理论阐释。

通读全书,可以看出该书有如下几个特点:第一,洞悉到了主体在契约法理论中的重要地位,并以主体为基点来进行研究,这样就为契约法理论的深入研究提供了很好的视点;第二,将罗尔斯的道德主体论适用于契约法中,这可能为融合社会契约论和民法中契约法理论的研究提供新的思路;第三,对契约法理论脉络的梳理是基于该书的研究目的和研究问题而进行的,并不是简单的资料整理,这样的梳理就构成了后文理论阐述的必需;第四,对中国契约法案例的分析,并非纯粹民法意义上的契约分析,更多的是强调用契约的视角和原则去重新分析阐释中国的一些社会事件;第五,该书资料翔实,分析透彻,逻辑结构比较严谨,观点能够自圆其说,具有独到见解。总之,该书欲从哲学层面,以主体为基础,为中国的契约法提供一种和谐的理论体系,此种探索和努力是难能可贵的。

该书所构建的契约法正义原则具有广泛的解释力和理论内部的一贯性,也能够在一定程度上为中国契约法的现实提供协调一致的指导作用。可以说,该书无论是对契约法的理论研究,还是对契约法的司法实践,都具有重要的参考价值,是国内部门法哲学研究中具有一定代表性的著作之一。当然,本书在理论模型构建和某些学术观点的阐述上尚需继续探索。

资琳是我指导的博士研究生。她聪慧过人却谦虚谨慎、刻苦好学;她熟谙民法上的基本原则和具体制度,又善于从法哲学中汲取丰富的理论素养;她在以财经政法为主的多科性大学出色地完成了本科和硕士学业,又在综合性大学受到了严格、规范、多元的学术训练。作为她的指导教师,在其首部专著即将公开出版之际,谨以上述杂感对这位学术新人表示真诚祝贺,同时也以此来鞭策她做出更多更好的研究。

2009 年 4 月于长春净月书屋

《信息权利研究》序 *

我们已经进入信息社会，也正在进入权利时代。20 世纪中后期以来，信息技术的飞跃使信息社会充分发展、知识经济初现端倪、权利现象空前丰富，法律的经济社会基础发生了结构性的变化，从而为法学理论和实践提出了新的课题。法学理论需要回应时代的挑战，不断开拓前沿领域和丰富研究内容。

权利研究一直以来是法学理论的核心问题之一，研究和阐释权利理论在知识经济和信息社会背景下彰显出来的新问题，是理论法学的时代使命。李晓辉博士关于信息权利的研究成果将传统理论和前沿问题紧密结合，在前沿问题中反思权利基础理论，在基础研究中阐释前沿问题，无疑是回应信息社会权利发展的可喜尝试。

本书以论证信息权利的正当性为目的，以揭示信息社会的结构变迁对权利理论的影响为指向，以权利推理为研究工具，对信息权利诸问题进行了综合研究。在这一过程中，本书通过“信息权利”这一研究对象浓缩了“权利的一般结构”、“权利客体理论”、“权利正当性论证”、“权利与利益”、“权利与损害禁止”、“权利推

---

* 本文是张文显为李晓辉所著《信息权利研究》（知识产权出版社 2006 年版）所作的序言。

理”、“信息社会与权利发展”等基础性问题。同时,通过论证信息权利正当性反思了诸如“信息的法律意义”、“信息产权”、“隐私权”、“知情权和表达自由权”等权利实践问题,将这些以信息为客体的权利种类整合在信息权利概念之下进行重新阐释。本书论述中,不乏新话语和新观点,前者如“信息环境权”、“信息安全权”、“权利推理的基本型”等概念;后者如“法律上的信息是满足特定条件的符号系”,“信息权利是以满足一定条件的信息作为权利客体的法律权利类型,它是由多个子权利构成的法律权利束”,“权利推理是一个发现和确认新权利的辩证思维过程”等等,体现了突出的创新意识和前沿问题意识。

李晓辉博士于1998—2004年六年间在吉林大学法学院和理论法学研究中心研读法学理论,相继获得法学理论专业硕士和博士学位,其间主要研究“知识经济与法律发展”、“信息社会与权利理论”等问题。在研究过程中,她广泛涉猎了信息经济学、信息哲学、伦理学、权利理论、逻辑学等领域,综合其中的研究成果搭建信息权利的研究平台,克服了资料缺乏等困难,为解决此类前人少有涉猎的新问题付出了大量努力。本书是作者在其博士论文的基础上扩充和深化而成的,是她几年来勤勉治学的成果,其内容充实,行文简约,是权利研究领域中的一部佳作。

在作者首部学术作品付梓之际,仅以此序相贺,并寄予美好的祝愿。

2006年3月16日

《公司自治论》序*

最近二十年，国内外部门法哲学（或如西方学者所称的“应用法哲学”——“applied legal philosophy”）的研究和教学活动日渐活跃，成为法学知识生产和传播的一个亮点。部门法哲学对法学领域经典的、重大的、前沿的、疑难的问题的研究极大地推动了法学理论的创新和发展，有效促进了法学知识生产的增长。大约十年前，我在为美国哲学家、法学家迈克尔·D. 贝勒斯的部门法哲学专著《法律的原则——一个规范的分析》中文版出版而作的评介中指出：“在当代西方法学研究中，法哲学（法理学）研究逐步扩大和深入至具体法律领域，出现了一批从法哲学（法理学）的层面、用法哲学的方法探讨部门法中的一般原则和原理的论著。这些论著提供了对部门法的伦理基础、价值基础、社会基础及其发展规律的哲学反思，构成把法哲学与民法、刑法、宪法、程序法等部门法学连接起来的中间学科”。[1]这本译著对我国学者开展部门法哲学研究产生了一定的推动作用。此后，我本人在吉林大学不间断地积极倡导、推动开展部门法哲学研究和教学活动。吉林大学理论法学研究中心成立后，在法学理论、法律经济学等学科点设置了部门法哲学研究

---

* 本文是张文显为蔡立东所著《公司自治论》（北京大学出版社 2006 年版）所作的序言。

方向，开设了针对研究生和高年级本科生的部门法哲学讲座课程（这门课程被学生们称为“高水平研究型课程”）。2004年，我们还与中国政法大学诉讼法研究中心共同策划，举办了“部门法学哲理化”学术研讨会。

为实质性地推动部门法哲学研究，2000年吉林大学理论法学研究中心学术委员会针对中国建立现代企业制度实践中出现的正式制度与商事生活实践样式严重背离这一前沿问题、热点问题，决定设置教育部人文社会科学重点研究基地重大项目“现代企业制度的法理研究”，以期对中国建立现代企业制度遭遇的种种困惑和尴尬进行系统的理论反思，并提出相应的理论解决方案，推动法学的理论创新和发展。本书作为该项目的最终成果，是中心所倡导和推动的部门法哲学研究初见成效的标志之一。

在我看来，本书的突出特点首先在于它的研究视角。全书的理论追求在于建立一个反思和评判公司立法的理论立场和基本框架，破解中国建立现代企业制度实践中的根本矛盾和主要症结，并提出理论的解决方案，而不是设计或诠释具体的公司法律制度。作者聚焦于反思中国建立现代企业制度实践中出现的正式制度与商事生活实践样式严重背离这一问题，总结了公司制度生成的历史逻辑，得出了公司制度从来就是人们自发行动的结果，而非国家建构的产物的结论。在此基础上，遵循历史与逻辑相统一的研究进路，对理论上关于公司（法人）本质的承诺进行了批判性回顾，提出了公司的本质是合同网络。以公司的合同理论作为全书的理论立场，经由契约自由的正当性这一中介，论证了公司自治的正当性，证成了公司制度应由当事各方自发互动而形成的论断。作者独特的观察视角和理论视野，不仅能为部门法学研究的理论转型、理论法学与部门法学的对接，从而为法学研究的转向提供范例，而且可以为中国法学界乃至整个人文社会科学界对现代企业制度的理论研究和实践考察提供一个崭新的切口，为中国现代企业制度理论研究的深化和拓殖提供更大的可能空间。

其次在于明晰的问题意识。全书直面我国公司实践中存在的根本问题,以反思和批判中国建立现代企业制度的实践为基调。作者强调,建构论唯理主义对中国公司制度的生成和秩序的形成的具有深刻影响,是中国制度建设问题的症结。通过对公司本质作出明确的承诺,对公司制度生成路径进行历史性的梳理和理论上的正本清源,系统清理了建构论唯理主义,客观地分析了其有效射程。在此基础上,对公司法功能作出理性定位,并围绕功能确定公司法的品格和内容,给出公司法由纸面上规则转变为实践中制度的基本方案,形成了较为全面、系统、有效的现代企业制度理论,对于理性审视和批判反思中国建立现代企业制度的实践,对于破解中国建立现代企业制度的实践谜思,对于破除对建构论唯理主义的路径依赖及由此给中国公司制度建设带来的负面影响,对于为脚踏实地的具体制度建设提供理论支持,具有重要的现实意义。这种直接面对真问题的法学理论研究,才可能为中国公司法的发展乃至现代企业制度的推进在指导思想和具体制度设计等方面提供全方位的有效智力支持。

再次在于高远的立意。作者强调改变传统的公司治理路径,国家必须主动以放松管制作为主要的规制手段。这意味着中国的公司立法必须实现根本的转型,即从以强制性规范为主转向以任意性规范为主;从以实体性规范为主转向以程序性规范为主。通过这些转向,为公司自治营造适宜的场所,使公司制度能够在法治的呵护下成为一个开放的结构,不断演化创新。

总之,本书采用理论方法(theoretical approach)去研究法律的特殊领域或特殊方面,以聚焦法律环境中的道德关怀、政治关怀的方式来处理法的一般理论问题。在研究方法上具有哲学属性,同时又以法律知识为基础,致力于对现实法律和法律制度的批判和改革。[2] 作者以一种富含生活逻辑与理论逻辑的分析理路考察和研究现代企业制度的建立与成长,可以说是公司法学哲理化的一次有益尝试,是推动部门(应用)法哲学研究的有益探索。

当然,作者虽然试图超越部门法律学,但还存在用部门法律学自身的理论资源实现对部门法律学的基本范畴、基本原理、基本命题的批判与重构的倾向,本书还带有诸多的部门法律学的痕迹。作者在采用法哲学的理论框架和话语系统,建构理论法学与部门法律学研究和教学的共同学术空间、学术平台等方面也还有许多的工作要做。

尽管本书还存在着较大的提升空间,但它毕竟代表了作者一个时期的思想高度。作为作者的老师,我非常高兴与作者共同见证了中国部门法哲学起步和发展,不仅深知作者在写作过程中付出的巨大努力,而且也为作者取得的成绩感到由衷的欣慰。我也热切地期望越来越多的学者投身部门法哲学的研究,在这一充满希望的领域中,摘取更多的学术瑰宝。

2006年6月于长春净月书屋

注 释

1 [美]迈克尔·D. 贝勒斯:《法律的原则——一个规范的分析》,张文显等译,中国大百科全书出版社1996年版,封底。

2 See T. D. Campell, Series Preface to Applied Legal Philosophy, Ashgate Publishing Company, 2002.

《产品质量法概论》序*

人类社会进入20世纪之后,法律领域的重大变化和显著进步之一就是"法律社会化"。法律社会化以把个体利益与社会利益有机联结、保障消费者和社会弱者的利益为特征。产品质量法及相应的产品责任法就是法律社会化时代潮流的产物和标志之一。我国产品质量法的制定和施行顺应了这一法律潮流。正当我国产品质量法公布实施之际,曲振涛和赵大利两位学者完成了《产品质量法概论》的著述,即将付梓奉献给广大读者。应他们的约请,略述片语,以表祝贺之忱和推荐之意。

产品质量既是一个经济问题,也是一个法律问题。从经济的角度,产品(商品)的质量构成了使用价值与价值,生产者直接关心的是产品的价值,即产品能否带来最大限度的利润,消费者则直接关心的是商品的使用价值,即能否满足自己物质或精神上的需要。在市场经济条件下,生产者为获得最大限度的利润,必须注重产品的使用价值,而质量在某种意义上决定着消费者对产品使用价值的衡定。所以,生产者必须时刻关心其产品的质量。如果说:在过去,质量问题只是一个利润和效益的问题,那么,在产品质量法施

---

* 本文是张文显为曲振涛与赵大利所著《产品质量法概论》(北京出版社1994年版)所作的序言。

行以后,质量问题就同时是一个法律问题。一件产品从设计、制作、运输、销售到使用,必须符合法定的技术标准。特别是某些涉及国计民生的产品的生产须获得政府或行业的质量认证。任何企业或个人都不得生产和销售不符合质量标准的产品,如果因质量问题对他人和社会造成伤害,就必须承担法律责任(包括民事责任、行政责任以至刑事责任)。产品质量其经济方面的问题主要由经济学家和技术专家们去研究,而其法律方面的问题则主要由法律专家来研究。本书作者都是年轻有为的法律研究专家,他们在本书中对产品质量的法律问题进行了比较系统的探讨。

市场经济是法制经济。法制在市场经济中的作用既体现为宏观调控,也体现为微观约束。在某种意义上,对市场主体的微观行为实行规范约束比宏观调控更重要,因为只有在主体的具体行为遵循市场规律,符合依据市场规律制定出来的规范的前提下,宏观调控才能发挥其经济的和社会的功能。产品质量法正是对市场主体的微观行为实行规范约束的一种重要法律。当前,我国的市场经济尚处于发育阶段,市场上的不正当竞争现象大量存在,假冒伪劣商品泛滥就是突出例证。某些生产经营者为了获取高额利润,故意降低技术标准,生产和销售质量低劣的商品;有的生产经营者甚至为了追逐不义之财,公然制作和出售假冒伪劣产品坑害消费者。在这种情况下,国家颁布和实施产品质量法,把执行产品质量标准作为严肃的法律义务,并对制作和销售假冒伪劣产品责任者实施法律制裁,这对于我国市场经济的健康发展必将起到重大的作用。更值得人们注意的是,针对广大消费者利益受到侵害却得不到及时、公正、合理补救的现实情况,产品质量法赋予广大消费者一个保护自己合法权益的武器。本书对于如何依据产品质量法保护自己权益、补救蒙受的损失,也作了有益的研究和宣传。这对于提高生产经营者的责任观念和消费者的权益意识,无疑有着积极的作用。

《中华人民共和国产品质量法》加上《中华人民共和国消费者权益保护法》的颁布和实施，使我国在这个领域的立法又向前迈进了一大步，在框架上接近世界的先进行列。但是，我国学者在这方面的理论和技术研究相当薄弱，更谈不上系统和深入，迄今有份量的学术专著寥寥无几。这显然不适应产品质量法和消费者权益保护法的立法完善以及执法和司法的需要。在这个意义上，本书又具有不容忽视的学术和理论价值。

作为本书的第一位读者，我有如下印象：第一，本书从内容上比较系统全面。书中论及国内外产品质量法特别是其中法律责任问题的方方面面，向人们展示出一个充实的理论框架。第二，基本观点明晰，并有许多新颖之处。特别是在前面几章的理论部分的阐述中，作者提出了不少独到见解。第三，注重理论与实践的结合，以大量的实际案例说明理论的问题，指导消费者学会运用法律保护自己的合法权益。第四，深入浅出，通俗易懂。

当然，由于实践给我们提供的经验尚待总结，也由于国内外有关资料不甚充足，本书在理论体系的建构和实践技术的说明两个方面还有待完善，个别观点还需要进一步推敲。我相信经过他们的继续努力，这些不足将被克服和弥补，他们从事的这项开创性研究工作将取得新的进展。

1993 年 12 月 2 日

《WTO 与环境保护》序*

1986 年,在中国经济体制改革朝着社会主义有计划商品经济方向昂首阔步的时候,中国政府适时提出"恢复在关税与贸易总协定中的缔约国地位"的申请,并开始了"复关"谈判。世界贸易组织(WTO)成立后,从 1995 年 11 月起中国的"复关"谈判变为"入世"谈判。经过 15 年漫长而曲折的谈判,我国于 2001 年 12 月 10 日正式成为世界贸易组织成员。"入世"将使中国经济和社会发生革命性的变化,它在推动中国经济进一步市场化、全球化、知识化的同时,也将推进中国经济的"绿色化"。而对后面这一点很少人意识到,更不用说关注和研究了。那力和何志鹏同志比较早地意识到这一发展趋势,并开展了超前研究。这本著作是她/他们在这方面的研究成果。首先我热情地祝贺这本著作的完成,也为吉林人民出版社慧眼识真金而表示由衷的敬佩。

从关贸总协定(GATT)到世界贸易组织(WTO),世界贸易和经济总体上向着绿色贸易和绿色经济的方向发展。绿色贸易和绿色经济是以可持续发展观为指向的。可持续发展观是针对工业化造成的人与自然关系的严重失衡以及当代人与后代人的利益张力而

---

* 本文是张文显为那力与何志鹏所著《WTO 与环境保护》(吉林人民出版社 2002 年版)所作的序言。

形成的新发展观。可持续发展系指既满足当代人需要又不削弱子孙后代满足其需要之能力的发展。工业化革命以来人们不可持续的生产方式和生活方式造成自然资源的日渐短缺和生态环境的急剧恶化,有限的自然资源和恶劣的生存环境难以继续支撑过度增长的人口。只有积极寻求经济与人口、资源、环境的良性循环,重建人与自然之间的和谐关系,才能使人类摆脱困境,健康生存,生生不息。WTO 从建立初期就注意到贸易与环境保护的协调,《关于建立世界贸易组织的马拉喀什协议》将自由贸易与环境保护作为重要指导原则写入前言。该序言指出,贸易的目的应当包括提高人类的生活水平和根据可持续发展的目标最佳地利用世界资源两个方面。以后世贸组织越来越重视抑制贸易中不利于环境的消极方面,并试图以贸易规则来促进环境保护。在《服务贸易总协定》等基本文件中都包含有环保条款,《与贸易有关的知识产权协定》(TRIPs)明确规定对有害于环境的“发明”可以拒绝授予专利权,以防止有害于环境的发明、生物学方法的商业应用。世贸组织还建立了贸易与环境委员会,协调贸易与环境的关系。WTO 在实践上也介入了环境与贸易争端,1998 年 WTO 关于海虾—海龟诉讼案的裁决更是引起了广泛的关注。裁决认为:在 WTO 体制下,各国政府完全有权利、也有义务保护人类、动植物生命和健康,采取措施来保护可能用竭的自然资源。环境保护和贸易的关系将被作为 WTO 新一轮多边贸易谈判的问题。调整贸易与环境的关系成为 WTO 体系的重要内容。有关环境保护的目的、内容、措施在国际贸易体系中所占的位置越来越重要,环境保护已经成为世贸组织的新任务和新方向。所以,WTO 之下的国际贸易和经济为“绿色贸易”、“绿色经济”。

在世贸组织体制中,绿色贸易和绿色经济政策体现在许多方面,其中包括:第一,商品(如食品、纺织品、机电产品等)自身必须符合国际统一的或国际公认的环保标准,那些含有农药或污染物残余物以及重金属含量过高的农产品,不可降解的塑料包装品,含有氟利昂的制冷设备,放射超标的家用电器,某些对人类健康、人类安全和生物多样性有潜在影响的转基因高科技产品,将逐步被排除在自由贸易之外。贸易中的环保标准不能是双重标准,而应该是非歧视的。第二,生产制造产品的过程、方法、场地也要符合环保标准的趋势也在逐渐形成并有所发展。如果生产制造过程危及湿地、污染海洋、破坏臭氧层、加剧荒漠化、危害濒危物种、削减生物多样性、破坏生态平衡,WTO 成员可以拒绝进口这类产品,或者征收环境税。第三,禁止以有害于人类健康和生态环境的方式从事贸易活动和投资活动。

由于 WTO 将实施日益严格而复杂的环境标准、环境检疫和环境管制,由于全球范围内绿色消费意识和消费方式的普及,各国政府和企业必须首先在外贸领域继而在整个贸易和经济领域限制、禁止对环境有消极影响的产品及其制造生产方式。随着产品的环境质量日益成为影响其市场竞争力的因素以及产品的环境成本日益加大,环境科学、环境技术转让、环境保护产业迅速发展起来,环保产业开始成为新的经济生长点,环境、生态友好型经济蒸蒸日上。贸易和经济绿色化就是循着这一逻辑形成和快速发展起来的。

与贸易和经济的绿色化相适应,我们一方面要遵守国际社会制定的与贸易、经济交织在一起的环境保护规则,另一方面要根据世界贸易和经济绿色化的趋势加快完善环境保护法律体系,强化环境法律实施和监督机制,以全面适应环保时代国际贸易的新要求。过去,我们总是强调我们是发展中国家,以此为由要求降低产品的环保标准,现在我们面临着国际市场的压力和广大的消费者的挑战。一方面,外国的消费者不接受我们的不符合环保标准的产品,我们的产品由此出不去,出去了还得被打回来。另一方面,我国消费者对符合环保标准的外国产品会倍加青睐。当消费者选择商品的时候,健康、生命安全、环境友好将成为重要因素,我国企业和我国政府主管部门应该更多地从市场需要、从绿色消费趋势的角度主动提高环保标准。

发展中国家总是把发达国家出于环境原因而实施的贸易限制称之为"环境壁垒"。对环境壁垒我们需要掌握和熟悉 WTO 的有关原则和规则,才能从容应对,克服壁垒,发展我们的外贸出口。同时,从环境权作为人类基本权利的角度,从经济和社会可持续发展和子孙后代命运的角度,从我们都是一个关注自己健康和安全的消费者的角度,观察和思考"环境壁垒"问题,在世界贸易中增大环境保护因素是理性的、进步的,对提高我国国内的环境保护水平是有促进作用的。

经济与环境问题是我们时代的主题,WTO 与环境保护则是这一时代主题的具有世界意义的特殊表现。那力和何志鹏同志的这本著作对这一时代性、全球性的主题进行了比较全面、深入和富有前瞻性的研究。我相信,这本集理论与实践为一体的著作的出版必将对我国理论界和实践界观察、思考和处理这一主题有积极的作用。

是为序。

2002 年 2 月 18 日

《现代警务行为的理与法》序*

陆晶的《现代警务行为的理与法》即将出版了。作为她的指导教师和本书的第一读者，我为之兴奋，并以下述感想作为一个序言。

我们所处的时代是一个制度创新的时代，也是一个法制昌明的时代。从上个世纪中期以后，一些西方国家展开了“新公共管理运动”(New Public Management)。这场运动将传统公共管理的主体中心主义、权力中心主义转化为客体中心主义和服务中心主义。与行政管理目标的变迁相适应，行政管理的手段在20世纪中后期也发生了较大的变革。相对于传统的行政管理手段，现代行政管理手段的权力性、强制性色彩减弱了，淡化了，而越来越多地体现出民主、协商的品格，体现出行政主体与行政相对人相互合作的精神。这种新的品格和精神既在变革后的传统管理手段中得到反映，如在行政许可、行政处罚中增加听取相对人陈述意见和举行听证的程序，在行政征收、行政强制中增加事前告知程序和为相对人提供申辩的机会，等等；更在20世纪中后期新出现、新发展的许多新管理手段中得到体现。在我国，继党的十五大提出“依法治国，

---

* 本文是张文显为陆晶所著《现代警务行为的理与法》(中国人民公安大学出版社2005年版)所作的序言。

建设社会主义法治国家”的治国方略之后，党的十六大提出了建设政治文明的历史任务，十六大之后又进一步提出依法执政、法治政府、和谐社会、科学发展观等先进理念。这些方略、历史任务和先进理念体现在警察权力运行上，就是要进一步解决公安机关的依法执法和依法行政问题，解决人民警察以人为本、执法为民的问题。

任何一项法律制度的变迁都是基于社会变迁的理性变迁所致。法律制度和法律生活的理性是指法的灵魂和法的精神。法律的理性在不同的历史时期其内含是不尽相同的。在我国古代，“理”性与“情”“势”字相连，简称情理。根据儒家经典，融合了伦理道德、生活常例和儒家学说的“情理”构成法律的精神。法律的制定和适用不能脱离这种情理。到了近现代，民主成为一种制度、一种社会生活方式，理性则往往与法治相连。在某种意义上，法治代表着理性，代表着社会生活的常态和秩序。法治的实现意味着社会应主要经由法律来治理，主体的行为应纳入到法律铺设的既定轨道；社会利益整合应通过法律实施和实现；立法政策和法律必须经由民主程序制定；法律必须建立在尊重和保障人民自由和权利的基础之上；法律必须具有极大的权威性；法律必须具有内在的稳定性；法律必须有连续性和一致性；法律必须以平等地保护和促进一切正当利益为其价值目标；法律应能有效地制约国家权力，防止国家权力的失控与异变；法律应力求社会价值的衡平与互补，促进和谐社会的构建。上述意义上的法治是与现代理性分不开的。没有理性就没有秩序，也就没有法治，更没有公民自由和权利的实现。现代警务行为的执法目标是以制度化的方式实现公共利益，为社会提供最好的公共服务。随着现代警务行为理性的变迁，警务行为的构成由原来的单一羁束行为变成羁束行为与行政裁量行为的复合体，这就为行政裁量权的行使保留了一定的空间。以此为逻辑前设，我们再谈现代警务行为的规范，重心就是对行政裁量权特别是自由裁量权的规范。那么,如何规范和制约警察的行政裁量行为以期实现行政预期呢?这就成了警察执法面临的重大课题。

从理论上讲,警务行为的法律依据是国家制定法。现代警务行为要求警察权力在行使过程中,不能仅依靠制定法,还要依据法律的原则和精神;不仅要尊重和维护相对人的法定权利,还要尊重和维护虽然没有法律明文规定、但依据法的原则和精神,应为管理相对人所享有的权利以及管理相对人的权利诉求。值得注意的是,在实践中许多警务行为的实施依据是存在于制定法之外的一些非正式法。由于刚性的制定法自身的局限性,决定了它往往不能适应不断变化的社会生活的需要。非正式法在刚性的正式法之外调整和规范着人们的行为和社会关系,维护和实现着人们的合法权益——习惯权利,习惯权利对法定权利的确定起着某种根据或制约的作用,这就在客观上弥补了制定法的不足。否则,法律便不能为人民所信仰和接纳,国家意志便无法推行。警察在行使权力的过程中要注意到现实法律生活的复杂性,以尊重和保障人权为最高理念、以维护社会正义和秩序为神圣职责来适用法律,以法治的原则统领执法,将正式法和基于理性的"非正式法"有机整合,把执法建立在合法性、合理性、正当性的基点上。

依法执法和依法行政是现代警察权力运行的法治原则,对于警察权力中的行政裁量权的规范又是这个原则的核心。长期以来,警察权力的规范化、制度化、受制约和监督一直是理论和实践的焦点和热点问题。本书试图为新型警察执法理念下的法律适用问题以及现代警察执法行为的法治化问题提供一种科学的、规范的理论和方法。在本书中,作者将理论与实践相结合,提出了一系列具有现实意义的观点:如在某些警务行为中引入非诉讼纠纷解决机制;以合理性原则来补充合法性原则;用比例原则和相同条件下的手段选择原则来补充依法行政原则;用行政程序和司法审查并重来监督和规范行政行为等。这些观点的提出对于我国警察队伍的素质建设和执法质量的提高都具有一定的价值。

陆晶同志是中国人民公安大学教师、吉林大学法学院在读博士研究生。本书是她总结多年从事政法教育和公安工作的实践经验,并使之理性化、理论化的成果。本书在写作过程中注重调查研究,搜集了大量第一手文献,可以说资料翔实;同时,贯通全书的案例分析更使论述深入浅出、充满生活气息。本书立意新颖、思路清晰,具有一定的理论深度和学术价值;同时,对于民主、法治、科学的警务活动也颇有积极的现实意义。

2005 年 5 月于吉林大学

《大学生的权利及其维护》序言*

近几年来，“大学生诉高校”案件时有发生，为司法界和教育界所普遍关注，大学生这一特殊群体的权利维护问题日益显现。由于目前我国法律不尽完善，法院对很多“大学生诉高校”案件不能受理或苦于无法可依而难以判决。

令人欣慰的是，近一段时间以来，法学界和教育界有越来越多的学者，开始就“大学生权利”这一问题在理论上进行研究，并有不少理论成果散见于各种报纸杂志。这对于推进高等教育改革，指导高等学校依法治校和维护大学生的合法权益起到了重要的作用。摆在读者面前的这本《大学生的权利及其维护》，就是吉林大学的一批教育学和法学中青年学者会同几名大学生，经过长时间的辛勤努力和深入研究在大学生权利及其维护领域所取得的重要成果。

由张晶莹、徐卫东和于天罡等几位同志共同编撰的这本《大学生的权利及其维护》，从总体上对大学生的特点及法律地位、公立高校的法律地位及其与大学生的关系等问题进行了阐释。该书将大学生的权利分为生活方式选择权、受教育权、人身物质保障权和

---

* 本文是张文显为共青团吉林大学委员会所编著《大学生的权利及其维护》（吉林人民出版社 2004 年版）所作的序言。

民主权利四类,并对各类权利选择典型之三种子权利具体论述,通过相关案例分析和大学生的权利现状调查,就大学生权利时常受到侵害的原因进行了初步分析,对大学生权利的维护提出了制度建设的可行建议。该书作为国内第一部研究大学生权利的专著,具有以下重要意义:

首先,有利于维护大学生的合法权益。这本书一是通过对大学生所享有的权利及其权利现状的展现,使大学生能够更加明确和珍惜自己的权利;二是通过对现有权利保障机制和措施的分析,提出完善性的建议,使大学生知晓如何维护自身的合法权益。

其次,有利于促进高等教育改革。这本书以大学生在与所属高校的关系中的权利问题作为重点,认为在大学生与所属高校的关系中,大学生是当仁不让的主体,而非仅仅是教学的授受对象和管理的对象。大学生的权利是学校工作的核心,正如“经济建设是社会主义现代化建设的中心”一般。唯有如此,才能充分调动起大学生的积极性和创造性,高等教育才会具有生机和活力,进而整个国家和社会建设才会有充足的动力。

再次,有利于大学生素质的提高。现代社会日益激烈的竞争给大学生提出了越来越高的要求,需要其具备综合素质,而在其中,法律素质(当以权利意识为核心)则占据着重要地位,它将成为任何一位合格人才的必备素质。大学生权利意识的觉醒,对自身权利的珍视及积极主张无疑将极大地提高其法律素质,并进而推动其综合素质的提升,此亦符合人的“自由的自我的发展”趋向。作者站在法学的角度,对大学生权利进行了系统分析,这对于大学生法律素质的提高必将起到积极的作用。

最后,对中国法制建设的促进。今日的大学生,即为明天的建设者,大学生通过阅读这本书将树立正确的权利观,提高权利意识,从而对中国的民主法治化进程产生巨大的推动作用。

承作者们的厚意,让我有幸先睹本书之终稿。将粗读后之初步印象权充小序,以表对此书问世之祝贺。

2004 年 8 月于吉林大学

《吉林人民司法事业 60 年》序言*

2008 年 6 月 17 日，是吉林省高级人民法院六十华诞。在这个值得纪念的日子里，省法院决定编撰《吉林人民司法事业 60 年》，回顾历史，总结经验，继往开来。文稿以新民主主义法制和社会主义法制发展进程为脉络，记述六十年间吉林人民司法事业与共和国同命运、共呼吸，历经创业、开拓、挫折、重建，并最终在改革开放、建设中国特色社会主义的新时代焕发了勃勃生机的风雨历程；展示吉林省各级人民法院在党的领导和人民的支持下，百折不挠、致力于巩固新民主主义和社会主义国家政权，维护党的执政地位，维护社会和谐稳定，维护人民合法权益，维护公平正义，服务经济社会发展大局的伟大成就；讴歌广大法官干警追求真理、追求公正、追求和谐，坚持党的事业至上、人民利益至上、宪法法律至上，公正司法、一心为民的崇高职业精神；激励全省各级法院和全体法官干警进一步解放思想、求真务实、改革创新、团结和谐，全面开创法院工作新局面，为夺取振兴吉林、全面建设小康社会新胜利做出更大的贡献。

1948 年 6 月 17 日，在解放战争隆隆炮火声中，吉林省高等法

---

* 本文是张文显为吉林省高级人民法院所编《吉林人民司法事业 60 年》（吉林人民出版社 2008 年版）所作的序言。

院成立了。这是全国设置最早的省级人民法院之一，标志着新民主主义司法制度在东北解放区的确立。从 1948 年 6 月 17 日至 1949 年 10 月 1 日，在吉林省高等法院的努力下，完成了吉林两级法院的组建，并集中培训司法审判干部，初创新型审判制度，为新民主主义司法制度在全国范围内的确立和发展做了试验性的准备，起到了重要的开局引领作用。

在新民主主义和社会主义司法制度初创时期，吉林省各级人民法院坚决执行党的路线、方针、政策和国家法律法令，紧紧围绕巩固新生政权、土地改革、恢复国民经济、进行社会主义建设等中心工作，为“五大运动”、“三大改造”和建立新婚姻制度等提供强有力的司法支持，逐步建立了在党的领导下人民法院依法独立审判、公开审判、人民陪审、司法调解、刑事辩护、审判监督等社会主义司法制度，确保人民在法律面前人人平等，顺利完成了从《共同纲领》体制下的新民主主义司法制度向《宪法》体制下的社会主义司法制度的变革，为社会主义司法制度的建立和发展创造积累了有益的经验。

1957 年后，由于受“左”的思想影响和国际国内复杂形势的严重干扰，“要人治不要法治”、“法律只能作为办事的参考”等法律虚无主义盛行，立法工作基本处于停滞状态，司法工作受到严重干扰，吉林人民司法事业也不可避免地遭受挫折和重创。尤其是“文化大革命”当中，造反派“踢开党委闹革命”，“砸烂公检法”，我省各级法院被打砸抢，档案被抢走或撕毁，很多法官干警被揪斗，司法队伍被解散，法院成为军管会或革委会保卫部下属的“审判组”，宪法确定的社会主义司法制度和工作机制被束之高阁、弃之不用，造成大量冤假错案。1973 年纠正林彪反革命集团极“左”思潮、恢复人民法院建制后，特别是 1976 年粉碎“四人帮”反革命集团之后，司法工作得以恢复，但由于极“左”思潮的严重影响，一直处于徘徊状态，直到 1978 年党的十一届三中全会召开，人民司法事业才真正进入恢复发展新时期。

具有伟大历史意义的党的十一届三中全会标志着中国进入改革开放的新时期。全会向全党全国人民发出了“健全社会主义民主,加强社会主义法制”的号召,确立了“有法可依、有法必依、执法必严、违法必究”的法制工作方针。之后,通过对1978年宪法两次修改,制定人民法院组织法、刑法和刑事诉讼法等基本法律,健全了我国司法组织体系,明确了司法机关之间的职权配置和诉讼程序,以及人民法院依法独立行使审判权,确定了“以事实为依据、以法律为准绳”司法原则,审判队伍得以重建。通过公审林彪、江青反革命集团和纠正各种冤假错案,司法队伍得到锻炼。特别是随着1982年宪法的颁布实施,1989年行政诉讼法出台,1991年民事诉讼法出台,以及全国人大常委会对人民法院组织法、刑事诉讼法等相关法律的修改完善,中国特色社会主义司法制度基本确立。在这样的背景下,吉林人民司法事业也快速步入中国特色社会主义司法的历史征程。

随着改革的深化、开放的扩大、社会的发展,人民群众越来越习惯于从法律和权利的角度提出利益主张,当事人越来越要求通过法律程序解决矛盾和纠纷,并把公平正义的最后诉求寄托在司法机关。面对人民群众日益增长的司法需求与人民法院司法能力相对不足的矛盾,党的十五大、十六大分别作出了司法改革的战略部署。在党中央的领导下,并按照党中央确定的司法改革总体目标,以维护司法公正、提高司法效率为目标,从人民最不满意的突出问题和关键环节入手,以加强权力制约和监督为重点,人民法院积极稳妥地进行了司法改革。在党中央和最高人民法院司法改革方案的总体框架内,我省各级法院解放思想,实事求是,从本地本院具体情况出发,在体制、制度、机制、方法等方面进行富有成效的改革,审判、执行等工作全面发展,法院管理的规范化和信息化建设稳步推进,物质装备条件显著改善,法官干警队伍的整体素质不断提高，涌现出一大批“人民满意法院”和“人民放心法官”，吉林人民司法事业呈现欣欣向荣的局面。

2007年党的十七大在北京召开。大会对全面落实依法治国基本方略、加快建设社会主义法治国家做出了全面部署，并明确提出要“深化司法体制改革，优化司法职权配置，规范司法行为，建设公正高效权威的社会主义司法制度”。在十七大精神的指引下，吉林省人民司法事业正在走向新的征程。

以史为鉴，可以兴院。诞生于解放战争连天烽火之中的吉林省高级人民法院，经过了六十年的磨砺和建设，在改革开放三十年的2008年，迎来了甲子之寿。回眸往事，我们心潮澎湃；展望未来，我们雄心壮志。让我们铭记历史，发扬传统，振奋精神，凝聚力量，高举中国特色社会主义伟大旗帜，建设公正高效权威的社会主义司法制度，为吉林人民司法事业更加美好的明天而努力奋斗！

《吉林人民司法事业 60 年》结语*

风雨六十载,吉林人民司法事业的命运与人民革命、中国法制建设历程息息相关。在这六十年里,吉林省各级人民法院在党委的领导下,为巩固人民民主专政政权,保障社会主义经济建设,稳定社会秩序,加强人民内部团结做出了积极的贡献。六十年的司法实践,我们取得了应有的成就,积累了宝贵的经验:

第一,坚持自觉接受党的领导和人大监督,自觉为党和国家的大局服务,是法院工作坚定正确政治方向的根本保证。六十年来,在人民司法事业发展的历程中,我们始终坚持依靠党的领导,始终把人民法院的各项工作置于党的绝对领导之下,坚决贯彻党的路线方针政策,充分发挥人民法院的各项职能作用,积极主动地为党和国家的大局,为全省工作大局提供有力的司法保障。在法院改革发展等许多重大问题上,主动向各级党委报告,取得党委的重视和支持。实践证明,只有坚持和服从党的领导,只有坚持为党、国家和全省工作大局服务,人民法院的审判职能才能得到充分发挥,人民司法事业才能得到顺利发展,公正裁判才能得到有力保障,人民司法的发展才能推向前进。

---

* 本文为张文显为吉林省高级人民法院所编《吉林人民司法事业 60 年》(吉林人民出版社 2008 年版)所作的结语。

人民法院各项事业的发展，离不开各级人大的监督和人民政府和有关部门的支持。多年来，全省三级法院坚持向人民代表大会报告工作和向人大常委会进行专题汇报，主动接受并积极主动争取人大的监督，使人民代表了解法院工作，不仅促进了法院的队伍建设、案件审判质量的提高，而且改善了法院的执法环境，在许多事关人民法院发展的重大问题上，人大和政府都给予了积极的支持。

第二，始终坚持“解放思想、实事求是”的思想路线，改革创新，与时俱进，是法院工作进展的关键。改革是不断推进法院各项工作不竭的动力，是解决困扰人民法院各项工作困难和阻碍的基础。在改革中，我们坚持从实际出发，重点突破，稳步推进；坚持改革的前瞻性、预见性、合法性和实用性，坚持社会主义司法制度的改革方向，审判工作、队伍建设、法院管理和物质装备水平不断得到了提高，这些经验值得我们在今后的工作中保持和发扬。

第三，始终围绕“公正与效率”的主题，向党和人民交上满意的答卷，是人民法院工作的最终目的。英国学者培根对司法公正有过一段精辟的论述：“一次不公正的审判比多次不当的举动为祸尤烈，因为后者不过弄脏了水流，而前者败坏了水源。”公正司法是人民法院审判工作的生命，体现在审判工作的全过程，贯穿于审判工作的各个环节，既要实体裁判结果公正，程序合法，又要使已发生法律效力的裁判得到依法公正有效的执行，以伸张国家法制的统一性、严肃性和权威性，同时更要求人民法官必须具有公正良好的司法形象。

十一届三中全会以来，我们全力追求公正司法，把不断扩大公平和正义作为司法工作的生命线，坚持政治效果、法律效果和社会效果的有机统一，根据不同时期的实际情况开展了各项有效的活动，围绕“公正与效率”主题采取的各项具体措施得到全面落实，确保了司法公正。

第四，始终坚持全心全意为人民服务的宗旨，坚持为民司法，是法院工作的出发点和落脚点。努力实践全心全意为人民服务，坚持以人为本，是我们人民法院最本质的特征和优良传统。解放初期和社会主义建设时期，广大法官发扬人民法院为人民的优良传统，走群众路线，克服困难，坚持审判工作为民服务的原则，深入基层，深入农村，巡回办案，就地调解，为人民司法制度注入新的活力。近年来，我们把人性化的司法人文关怀贯穿到审判执行工作的始终，不断加强和改进审判工作作风，广泛深入开展文明办案、文明执行等活动，扩大司法救助范围，运用现代先进科学技术，方便人民群众的诉讼，降低当事人的诉讼成本，简化程序，减少或减轻当事人的诉累；构建多元化的调解新机制，加强调解，化解矛盾，切实保护人民群众的合法权益，进一步密切了与人民群众的沟通与联系。实践证明，人民法院的工作只有取得人民群众的理解和支持，才能不断提高人民法院的公信力。

第五，始终坚持加强队伍建设，是法院工作不断进步的重要条件。长期以来，我们努力造就一支政治坚定、思想过硬、业务精通、作风优良、清正廉洁、品德高尚的法官队伍。为达到这个目标，我们从思想政治、学历教育、理论水平、技能培训、司法能力等方面培养高素质的法律人才，经过不懈的努力，法官队伍开始由文化型、学历型向专家学者复合型方向发展，法院队伍的整体素质不断得到提高，呈现出勃勃生机的动人景象。

第六，探索人民司法内在规律，遵循审判工作规律，司法逐步科学化，是法院工作不断进步的前提。六十年的战斗历程就是对审判工作规律不断摸索前进的过程。我们要以反面的经验为鉴，同时挖掘正面经验更深层次的规律，循律而为，只有我们不断探索、遵循审判规律，我们的工作才能保证公正、高效；才能有效地保障社会主义先进生产力、先进文化和最广大人民群众的根本利益。

在回顾历史、总结经验的同时，我们还深刻地感受到了老一辈

司法工作者执着、可贵的精神,那就是:

对党忠贞不渝的信仰精神。他们始终保持对党的忠诚,服从党的领导,坚决贯彻执行党的路线、方针、政策,围绕党在各个时期的中心任务有效地服从服务大局开展工作,把党的政策落实到司法实践中。

忠实于法律的职业精神。他们始终坚持和践行社会主义的法治原则,以事实为依据、以法律为准绳的原则,严肃执法,把公正裁判作为审判工作的目标,这中间法治虽然遇到过冲击甚至迫害、破坏,但是他们并没有放弃自己的追求。

艰苦奋斗的奉献精神。他们在条件十分艰苦的历史背景条件下,克服了许多难以想象的困难,以忘我的工作热情完成各项工作任务。

忠于人民的公仆精神。他们把人民的利益视为天职,坚持便民、利民的原则,贴近群众、深入群众,竭诚为群众排忧解难。

严谨细致的敬业精神。他们对待工作高度负责,对每一项工作、每一起案件都做到细致入微。从我们翻阅的卷宗档案里看,手写的文稿字迹秀美清晰,字里行间留载着一种严谨的作风。

不断探索的创业精神。六十年的司法实践是从没有成文法、没有成功的经验可以借鉴,在探索与实践中逐步积累完善的过程,经过多年的努力,吉林人民司法事业不断创新、不断的发展。

克己奉公的清廉精神。他们在自己的职业生涯中,讲奉献、不求索取,以廉洁、守法、守纪作为基本准则,诠释了人民法官无私的情怀。

这些经验和精神,是我们后继者巨大而宝贵的精神财富,她激励我们在进一步开创法院工作新局面的工作中不畏艰险,努力拼搏。

历史在发展,时代在前进。我们在吉林省高级人民法院六十华诞之际,回顾吉林人民司法事业六十年来的艰辛历程,总结几代司法工作者用汗水和智慧凝结的宝贵的经验和可贵的精神，凝聚力量，全面开创法院工作的新局面。全省各级人民法院和全体法官将会借此契机，齐心协力、拼搏进取、勇于创新，完成时代和人民赋予我们的光荣使命，在吉林省法院发展史上续写华彩篇章。

为社会主义民主法治呐喊和沉思*

——追忆著名法学家王惠岩先生

王惠岩先生是我国著名法学家、政治学家，吉林大学首批哲学社会科学资深教授，长期从事法学研究和政治学的研究，对吉林大学法学理论学科和政治学学科的建设和发展做出了重大贡献，在法学界、政治学界和教育界享有很高的声望。2007 年 10 月 14 日，先生告别了他为之奋斗的事业离开了我们。这里，我仅就先生在法学研究和法制建设中的成就和贡献作一瞬间的追思，对其深刻的学术思想、鲜明的学术风格略述一些感受和体悟。在长期的学术生涯中，先生始终站在人民大众的立场上，用马克思主义的原理、方法分析中国当代的民主法治问题，以其深厚的学术功底和敏锐的洞察力透视当代中国法学理论的前沿问题，形成了系统的学术思想、鲜明的研究特色和学术品格。这些学术思想、特色和品格是王惠岩先生留给我们的宝贵的精神财富。

1974 年我被保送到吉林大学法律系读书。那时，先生在图书馆担任管理员，从别人那里知道他曾经是法律系的教师，由于 20 世

---

* 本文是张文显追忆王惠岩先生的纪念文章，除张文显外，参与本文初稿撰写的还有李拥军、丰霏、崔丽、孟欣然。

纪60年代起大学的法律系是按照党校的政治标准办学的，先生因为有“政治问题”不宜在法律系任教，只能做教辅人员。那时的我非常珍惜上大学的机会，如饥似渴地读书学习，课外时间几乎都在图书馆度过。先生打心眼里喜欢我，也很关照我。当时学校规定每个学生只能借五本书，而且不能到教师阅览室。他告诉图书馆的人员：“张文显借书数量不要有限制，教师阅览室有地方可以让他到那里看书，他是真正爱读书的学生。”1978年党的十一届三中全会召开不久，先生得以解放，回到了法律系任教，我们在一个教研室，工作、研究、集体学习都在一起。1979年王先生给79级新生讲授“国家与法的理论”，这是一门一个学年的课程。我担任助教。那时候的助教是名副其实的助教，主讲教师上课，助教跟班听课，组织学生讨论，批改作业，甚至批改试卷。这一年，对于我来说是极不平常的一年，是我深入学习马克思主义国家与法的理论的一年，是我感受老一辈法学家学术思想和教学风格的一年，是我习得教书育人经验的一年，也是我和先生结下特殊师生友情的一年。我对先生的全面了解和深刻理解就是从这一年开始的。

一、当代中国著名的法学家

王惠岩先生生于1928年3月4日，回族，辽宁省法库县人。1948年考取东北行政学院（东北人民大学前身）行政系，后来经过选拔被录取为研究生班学员。在大学学习期间，他系统地接受了马克思主义基础理论教育，他认真阅读了《共产党宣言》、《反杜林论》、《家庭、私有制与国家的起源》、《国家与革命》等马列主义的经典著作，他重点研读了马克思主义经典作家对国家和法的论述，马克思主义的国家观和法律观开始形成。1951年王先生以优异的成绩毕业于东北人民大学（吉林大学前身）研究生班，并留校任马列教研室教员，讲授《马克思主义基本原理》、《联共（布）党史》。作为吉林大学的前身东北行政学院在建立之初就设有法律系(称为司法系),这是新中国最早设立的法学学科之一。由于院系调整,1952年他被选派到法律系任法学理论教研组组长、法学理论教研室主任,他是当时国内高校中最年轻的法学理论教研室主任和主讲教师。也就是从此时起,他的法学研究的历程正式开启了。调入法律系以后王先生系统地给学生们讲授了《国家与法的一般理论》、《国家与法权基础》、《宪法学》等课程,他注意把马克思主义的基本原理引入国家与法的理论的教学和研究中,并结合中国革命和新民主主义法制、社会主义法制建设的实际,不断充实、调整法学理论体系及其内容,取得了突出的成绩,得到了学校和学界的高度评价。1955年王先生晋升为讲师,成为当时学校最年轻的讲师之一,并担任了校务委员会委员,是该委员会中最年轻的委员。1956年王先生光荣地加入了中国共产党。

正当他满怀深情深入研究马克思主义法学理论、建构法学理论体系之时,突如其来的灾难降临了。1957年王先生被错划为右派,开除党籍,取消职称,下放劳动。"劳动改造"结束后王先生调回吉林大学,在图书馆作管理员。1960年王先生被摘掉"右派分子"帽子,次年调回法律系工作,讲授《中国政治与法律制度史》,1962年被重新确定为法律系重点教师。1965年后王先生再次受到冲击,被调离法律系。"文化大革命"期间曾经被监禁10个月。坎坷的命运没有动摇过他的信仰,也没有使他的意志变得消沉,反而为他冷静地思考中国的现实问题提供了机会。在繁重的劳动之余,他仍然如饥似渴地读书、学习。他利用在图书馆作管理员的机会,阅读了中外古今的名著,特别是马列主义的经典著作,并做了大量的读书笔记,这为他以后的教学和研究打下了坚实的学术基础。

粉碎"四人帮"以后,王先生回到法律系重执教鞭,讲授《国家与法的理论》基础课,并给高年级学生开设《国家与法的理论专题》,1979年晋升为副教授并担任法学理论专业硕士生导师。由于“文化大革命”期间国家的法律秩序荡然无存,人权受到侵害,而传统法学又无法适应改革开放的新形势,恢复法学体系和健全社会主义法制成为当时的时代呼声;又由于先生对破坏法制、践踏人权的那场浩劫具有切肤之痛,因此他对社会主义民主和法制建设极其关切,将自己的全部精力投入到社会主义民主和法制理论研究之中。王先生站在时代的前列,回应时代要求,以其深厚的马克思主义理论修养为基础、以鲜活的实例为素材,生动、深刻地讲授相关课程和专题报告,参与《中国大百科全书·法学》的编撰工作。王先生在上个世纪80年代初创办了吉林大学政治学专业以后,基于对政治学与法学的天然联系的深刻认识,他仍然坚持为政治学专业的硕士生、博士生开设《法理学》课程,并从政治学的视角探索法学理论的创新,先后发表了《论民主与法制》、《试论邓小平民主与法制理论》等论文,出版了专著《法学基础理论》,受到了法学界的高度评价,其中《论民主与法制》一文获得了中宣部“五个一工程奖”。王先生还积极参与和推动当代中国法治建设,为中国的民主与法制疾呼和呐喊。1985年8月,王先生在美国明尼苏达大学法学院做了《我国经济体制改革中的法制建设》的报告,系统地介绍并客观地评价了我国经济体制改革进程中在法制方面取得成就;1993年8月,王先生给中央纪委、监察部撰写了《起草〈中华人民共和国监察法〉的几点思考》的咨询报告;2000年3月和9月,王先生先后给中央政法委统战部举办的各民主党派中央领导成员,全国各省、市、自治区人大常委会主任理论研讨班做了《民主与法制》的专题讲座;2003年为上海市局级干部“依法治市”理论研讨班做了《依法治国》的专题讲座。从1992年起,全国人大培训中心连续10年邀请王先生到该中心为全国各地人大干部讲授《邓小平的民主与法制理论》课程,听过他的课的领导干部有5000多人,为普及社会主义民主法制理论、推进社会主义民主法制建设进程做出了突出贡献。

二、王惠岩的法律思想和法学理论

王惠岩先生经过长期的研究和探索，形成了比较完整并且与时俱进的法律思想和法学理论。集中体现在以下几个方面：

（一）民主与法制关系的思想

王先生认为，社会主义民主是社会主义法制的前提和基础，这具体表现为，社会主义民主是社会主义法制的依据，它决定着社会主义法制的性质和内容，是社会主义法制的力量源泉。社会主义法制是社会主义民主的体现和保障，具体说来，社会主义法制是以工人阶级为领导的广大人民掌握国家权力的体现和保障，它是人民运用国家权力实现自己意志的体现和保障，它是公民民主权利和自由的体现和保障。只有充分发挥社会主义民主，使人民的愿望和要求充分地发挥出来，才能正确地总结经验，加深对客观规律的认识，从而制定出符合人民意志的法律；只有充分发挥社会主义民主，才能依靠广大人民群众，有效地打击阶级敌人和刑事犯罪分子，有效地维护社会的长治久安。从本质上说，扩大和完善社会主义民主的过程，实际上也就是不断地加强社会主义法制的过程。法制是民主的制度化和法律化，离开社会主义法制讲民主，民主就得不到保障，甚至会被歪曲，有可能导致极端的民主化和无政府主义。因此，民主与法制在任何时间、任何情况下，都不可偏废，而要紧密地结合起来。[1]

（二）社会主义法制（法治）的思想

1. 关于法制的观点

王先生认为，法制是统治阶级把自己的意志上升为法律，并要求这个社会的人必须遵守和执行的一种制度。具体说，就是统治阶级把代表他们阶级利益的最重要的意志，通过国家机关制定成行为规则，指导人们应当做什么，不应该做什么和禁止做什么，要求人人都要遵守和执行，对违反者给予制裁，从而建立和巩固保证他们阶级统治的社会关系和社会秩序。用上述方法实现阶级统治的就叫法制。简言之，法制就是制定法律规范，保证实现法律规范，同违反法律规范的行为作斗争的一种制度。[2]

2. 对法治含义的界定

王先生是通过与人治的比较来界定法治含义的。他认为，第一，从主体上看，法治是众人之治，即是民主政治，而人治是一人或几人之治。第二，法治依据的是反映广大人民利益与愿望的法律，而人治依靠的是领导者个人的意志。第三，法治与人治的分界线是，当法律与领导者的个人意志发生冲突的时候，是法律高于个人意志而不是个人意志高于法律。他认为在现代民主政治下，第三点尤为重要。[3]

3. 对于依法治国的认识

王先生认为，依法治国、建设社会主义法治国家所包含的有法可依、有法必依、执法必严、违法必究，是法制实现的形式。这些形式揭示了治理国家的根本方法是运用法律，是崇尚体现广大人民群众意见的法律在国家政治、经济和社会生活中的权威。依法治国对现代化的中国具有特殊的意义，具体说，它是发展社会主义市场经济的客观需要，是社会文明进步的重要标志，是社会主义民主的基本保障，是维持社会稳定、国家长治久安的重要保障，是改善和加强党的领导的有效途径。在社会主义法治实现的具体路径上，他指出，首先要把法治作为社会主义民主政治不可或缺的内容，作为当前政治体制改革的一个基本方向，其次要建立和完善社会主义法律体系，再次要严格依法行政、加强政府法制建设，最后要提高全民的法律意识。[4]

4. 政治文明与依法治国的关系

王先生认为,政治文明通常是指人们改造社会所获得的政治成果的总和。具体说,政治文明是指每一种社会形态由生产关系所决定的政治发展的程度和水平。而政治文明的性质和发展水平的具体体现,就是政治制度的设置和管理(统治)方法的运用。以公有制为主体、多种所有制经济成分共同发展的基本经济制度所决定的社会主义的政治文明,是根据人民是社会的主人的政治理念所设置的社会主义政治制度和社会主义法治方法的运用,是人类历史上最高的政治文明。王先生指出,在建设社会主义政治文明的过程中,党的领导、人民当家作主和依法治国这三者是内在统一、有机联系的,这其中,党的领导是建设社会主义政治文明的核心,党通过人民代表大会制度和各项民主制度支持人民当家作主,把依法治国作为党领导人民治理国家的方略,维护人民的权利。[5]

5. 依法治国与以德治国的关系

王先生认为,法治与德治既是相辅相成,互相促进,又是紧密结合的。二者之间的相辅相成、互相促进的关系具体表现为,其一,德治是法治的基础,法治是促进德治的有力方法。因为道德规范所调整的社会关系广泛,法律规范是把对社会稳定具有重要影响的规范用法律的形式规定出来,使人们强制遵守;把高尚的道德行为用法律规范规定下来给予鼓励,进而促进人们的道德建设。其二,道德规范能提高人们的自律,提高人们遵守法律的内心认识,提高人们遵守法律的自觉性;把遵守法律作为高尚的道德行为,这样,道德规范又是促进法制建设的有力保证。从治国方略上讲,二者又是密切结合的。德治主要是指党和国家机关干部执法活动必须要与执法公正、廉洁自律的"官德"紧密结合起来,只有这样才能贯彻党领导人民管理国家的基本方略。也就说,只有国家机关的依法活动而没有"官德",法治也行不通。同样只有"官德"没有依法活动,就会变成人治。因此,只有法治与德治相结合才能贯彻党领导人民治理国家的方略。[6]

（三）控权与依法行政的思想

王先生认为，社会主义民主政治是我国宪法精神的生动体现，它最显著的特征是权力体制的民主化，换言之，就是权力必须受到人民群众的制约。即使在社会主义条件下，虽然人民群众在政治上、法律上有了当家作主的权利，但是，国家权力还不能在全社会范围内为人民群众直接行使，而只能通过人民群众选举出来的代表行使，这就导致了权力所有者和权力行使者的分离，因此在我国国家权力结构中，权力制约在民主理论上和实践的应用上都是十分必要和重要的。他认为，社会主义法治的实现最为关键的环节就是公权力要受到制约，而公权力受到制约的途径就是依法行政，就是要建立健全依法行使权力的制约机制，要用法律形式确定政府在社会主义市场经济中的地位和作用，用法律的形式规范政府及其下属部门的职能、权限和办事程序，用法律的形式规范政府在经济活动中的行为，用法律去调整政府在行使权力的过程中所形成的社会关系。只有这样，才能从根本上遏制权力商品化、权钱交易的泛滥，改变权力垄断等现象，切实地保护人民的权利。依法行政的核心内容，是指行政机关的组织、职权，行政活动及其原则、制度、程序、方式等，都由宪法、法律、法规、规章及其他行政规范性文件加以规定，行政机关依照这些规定，设置机构、划分职权，确定编制、配备人员，对国家和社会事务进行有效的组织和管理，简单地说，就是国家行政要贯彻法治的原则，于法有据，依法办事。[7]

（四）立法平等的思想

王先生认为，法律平等首先是立法平等。立法平等有两点含义：第一，立法即制定法律规范要规定公民在享有权利与承担义务方面要人人平等，不允许特权；第二，制定法律的内容是反映利益要求,社会各阶级、阶层、利益集团的利益应平等地进行利益分配。法律内容是利益分配,这种分配应该是平等的。这与法是统治阶级意志的表现是不是矛盾呢?在立法上反映平等的利益分配,有利于把社会控制在秩序范围内,这是维护了有利于统治阶级的生产关系,即有利于统治阶级的根本利益。这种平等的利益分配,是同法是统治阶级意志的表现是一致的。如当前我国民营企业的发展,有利于建设有中国特色的社会主义。法律平等地反映民营企业的利益要求,也就反映统治阶级意志,是同法的本质一致的。

(五)法律继承的思想

王先生认为,社会主义法的产生,是在摧毁旧的法律体系、废除旧法统的基础上逐渐建立和发展完善的。这是一切社会主义法产生的共同规律。但是摧毁旧的法统,废除旧的法律,并不是把它们全部抛弃,而是要有选择的继承。法作为上层建筑是由它的经济基础决定的,而法本身也有相对的独立性。这种独立性表现为:第一,它能够反作用于经济基础;第二,它与上层建筑诸现象之间具有普遍的联系性和相互影响;第三,它同诸现象一样具有本身的历史延续性和继承性。上层建筑诸现象本身的历史延续性和继承性,就构成了人类社会文化的发展。法律文化的成就被新的法律制度所吸收并得以继续发展,就展现了法的继承性。因此说上层建筑的独立性和社会物质生活条件的客观联系性决定了法必然具有继承性。社会主义法尽管在阶级内容上与剥削阶级的法是相对立的,但它与以前的剥削阶级的法仍然具有联系性和继承性。王先生认为,在社会主义条件下,调整由科学技术所带来的社会关系的一系列法律和反映社会发展的法律文化成就,可以移植到社会主义法律体系中来。在制定法律、执行法律方面,借鉴过去长期法律实践中所积累起来的立法技术、法律解释技术、司法技术、法学研究成果等,对建立和完善社会主义法制也具有积极意义。[8]

三、王惠岩的学术风格和研究特色

王先生在长期的学术生涯中,形成了其鲜明学术风格和研究特色。

(一)坚定的政治立场

王先生是一个坚定的马克思主义者。他虽然受到过长达二十多年的不公正对待,但是这些都没有动摇他对马克思主义的信仰。他常常告诫他的学生:“坚持马克思主义的立场既是我们一切教学和科研工作的前提,同时也是我们的责任。”“如果我们培养出来的学生最终成为非马克思主义者,那我们不仅是对不起党,而且是对党的犯罪!”“社会主义大学要培养的是社会主义的建设者,绝对不能培养社会主义的掘墓人。”王先生是这样说的,同时也是这样做的。在几十年的学术生涯中,他始终坚持从马克思主义的立场出发,自觉地运用马克思主义的理论、方法分析法律问题,不断丰富和发展马克思主义法学理论,有力地推动了当代中国法学的发展。民主和法制的思想是他的核心思想,而他关于民主与法制的论述是完全建立在马克思主义的立场上的。他认为,任何时候民主和法制都不是抽象的,都是建立在一定的经济基础上的,都是具有阶级性的。“社会主义民主是新型的民主,是最高类型的民主,从公民和政权的关系来看,是工人阶级和广大人民群众享有广泛权力,其中主要是管理国家的权力,管理政治、经济、文化、社会等各项事务的权力。”“社会主义法制是以工人阶级为领导的广大人民群众掌握国家权力的体现和保障”,“是人民运用国家权力实现自己的意志的体现和保障”。[9]因此,他认为社会主义民主和法制才是真正意义上的法制。而“在资本主义社会里,资产阶级提出的法制原则,从来也没有真正实行过。这是因为,只要土地和生产资料的私有制度继续存在，资产阶级制度和资产阶级民主中的‘自由与平等’就只是一种形式，实际上是对工人实行雇佣奴隶制，是资本的特权代替了封建的特权，这从本质上决定了根本不可能实现‘法律面前人人平等’”。[10]他坚持马克思主义是活的马克思主义，不是机械地、支离破碎地运用马克思主义的某些论断，也不是通过堆砌一些经典作家的词句或简单的贴标签，而是全面把握马克思主义，运用马克思主义的方法进行分析和论证。王先生是文革以后中国当代法学理论的奠基人之一，他对《法学基础理论》教材内容的设计成为后来《法理学》教材的基础或重要参考，而他的《法学基础理论》的课程体系也是建立在马克思主义立场上的，在其字里行间、篇章节目中都渗透着发展了的马克思主义的精神和方法。比如，他根据马克思主义关于法的一般理论，对法的概念和特征进行新的理解和阐释；他围绕法的本质问题展开对非马克思主义法学的批判，并在马克思主义经典作家关于法的本质的论述的基础上，概括和总结了社会主义法的本质；根据马克思、恩格斯关于社会关系、生产力的连续性和相互关联性和列宁的关于无产阶级文化的历史联系性等观点阐释了社会主义法应该并能够对剥削阶级法进行继承的问题。[11]面对一些否定马克思主义法学理论的观点，王先生都给予坚决的批评，他说：“发展马克思主义，也并不是在马克思主义那里找不到解决新情况、新问题的现存答案，就要改变它，甚至抛弃它。马克思主义法学理论的发展，也是要以马克思主义立场、观点、方法对新出现的法律现象、法律关系进行研究和说明”。对此，他意味深长地指出：“在我国由计划经济向社会主义市场经济转轨的过程中，如何坚持和发展马克思主义法学理论以及同企图改变、篡改马克思主义法学理论的资产阶级自由化的斗争，是我们法学界的一项迫切而艰巨的任务”。[12]

（二）浓厚的中国意识

王先生的法学研究始终是以中国为背景的，中国的国情、文化和传统是其法学理论研究的出发点，建设富强、民主、文明、和谐的社会主义中国是其理论研究的落脚点。他经常告诫我们："马克思主义不是本本，不是教条，只有把它与中国的具体实际相结合，才能办好我们自己的事。""可以借鉴西方，但不能食洋不化，中国人要说中国话。"王先生在法学研究中始终把握中国政治发展的时代脉搏，力求对现实政治生活中存在的重大疑难问题做出理论上的回应。针对"文化大革命"时期无法无天、人权被践踏、民主被抛弃、民生无保障的历史教训，王先生强调恢复和创新社会主义法律秩序的重要性；随着社会主义市场经济的发展和我国经济体制改革的启动，经济体制改革中的法制问题成为王先生法学理论研究的重点；伴随我国思想领域的不断解放和民主政治的不断发展，王先生致力于民主与法制理论的研究，丰富了中国特色社会主义法治理论的内涵。一方面中国的社会实践是王先生理论研究的问题来源，另一方面如何解决中国的实际问题又是其理论研究的最终落脚点。在研究法的一般理论时，先生重点思考的是什么是社会主义法的本质、什么是社会主义初级阶段法的作用、在我国这样一个有着深厚封建历史传统的国家如何建设社会主义法制等重大现实问题；王先生在研究民主和法制时，重点思考的是什么是中国特色社会主义民主政治和法治，如何建设中国特色社会主义民主和法治；在研究国家政权及其发展规律时，重点思考的是当代中国的国家本质和国家职能；在研究政治统治体系和政治文明时，重点思考的是党的领导、人民民主与依法治国的有机统一，是依法执政、民主立法、依法行政、公正司法等问题。正是因为具有这种浓厚的中国意识，立足国情、服务社会、参与实践，先生的理论研究才能具有鲜活的生命力，符合中国的实际，从而对实践具有指导意义或借鉴价值。通过从问题中来，到问题中去，先生推进了马克思主义法学理论的中国化和当代化，推进了中国特色社会主义法学理论体系的建设，为当代中国社会主义民主法治建设提供了重要的理论资源。正是从中国国情出发，先生提醒人们注意我国的社会主义民主法治建设将是一个长期而复杂的过程，这是因为：第一，封建主义传统阻碍着民主和法制的发展，第二，我国社会将长期处于社会主义初级阶段，对民主法治建设的制约因素还有很多。

（三）鲜明的时代特色

王先生的法学思想中处处跳动着时代脉搏，彰显着时代特色，与时俱进则是其时代精神的集中写照。正如王先生所言："'马克思主义不是教条而是行动的指南。'真正的马克思主义必须与时俱进，因为不与时俱进，脱离现实问题就不可能是行动的指南。"[13]可以说，鲜明的时代特色是王先生法学研究思想的又一大特点。

首先，先生的法学研究是与改革开放历史背景紧密联系在一起的。改革开放为先生的法律思想和法学理论的形成提供了最厚实的理论素材与最肥沃的实践土壤。他对法律的理解不拘泥于简单的规范条文，而是从改革开放的动态背景中吸收思想的源头活水，正因如此，他的思想和理论不是静态的文本体系，而是对中国当下自身急需解决问题的整体理论观照，是能够自我更新、自我完善、充满活力的理论体系。

其次，先生的法学研究方法具有鲜明的时代性。他以超人的学术敏锐与研究智慧大力倡导与时俱进的研究方法，不故步自封、不因循守旧、不僵化教条。必须承认，改革开放之初，刚从政治严冬中走过来的王先生就能够破除盲从，不守旧，不教条，确实需要巨大的理论勇气与魄力。正是遵循着这样的研究思路，王先生紧紧抓住我国从计划经济体制向市场经济体制转型的时代特征，不论是在谈到我国宪政体制中人民代表大会制的优越性时，还是在谈到社会主义民主法制建设的具体问题时，[14]都能够从实际出发，发现新情况，开辟新思路，解决新问题。这其中，关于法的本质的认识最为典型。随着我国经济体制改革的深入开展、社会主义市场经济体制的确立以及国家职能的转换，在有关社会主义法的本质问题上产生了一系列争论，王先生在坚持法的阶级性的同时，结合中国的实际，提出我国社会主义法是阶级性和人民性的统一、阶级性和客观性的统一、阶级性和社会性的统一的新观点，从而否定了过去片面强调我国法的阶级性的错误观点，突破了前苏联法学对法的本质的僵化性的认识，极大地推进了社会主义法的本质理论的发展。

最后，先生的法学研究对象具有鲜明时代性。他的研究始终是以解决当代中国需要解决的问题为其起点与目标。他主张法学研究要面向中国、面向当代、面向具体问题，他认为，法学研究不是自说自话、脱离实际的“空中楼阁”，也不是苍白无力、漫无目的的文字说教，相反，法学研究要服务于孕育它的社会与时代，法学家的任务就是要对时代发展中遇到的问题给予理论上的阐释与解答。他在研究中做到了这一点。例如，当他谈及我国修改宪法这一问题时，明确指出中国宪法与法律的制定和修改有着与西方不同的时代背景，我们要始终关注宪法与法律要适应中国自身问题的解决。[15]时代成就学者，学者注释时代。他的法学理论始终散发着鲜明的时代特色，体现着开放的时代精神，对时代问题的关注是贯穿于王惠岩法律思想和法学理论的一条红线。

（四）卓越的实践精神

王先生既是理论家，也是实践家，他秉持着从实践中来到实践中去的研究路径，使其法学研究思想充满了鲜活的学术生命力。在“实践是检验真理唯一标准”座谈会上，先生曾讲到：“（应当）继续坚持解放思想、实事求是的思想路线来审视现实存在的问题和发展未来”。[16]实践精神是先生法学研究中贯彻始终的研究信条。首先,先生的研究是以其切身的体会为出发点的。王先生经历过“文化大革命”的劫难,也迎来了改革开放的春天。王先生对法治的追求源于其内心对公平正义价值缺失所带来的危害的切身感受。正是因为亲身经历了林彪、江青反革命集团对自由、民主、人权和法制的破坏,他深刻地认识到尊重和保障人权、倡导和维护自由民主的极端重要性;正是因为亲眼目睹了人治对法治的破坏以及法治荡然无存对社会的危害,他深刻认识到依法治国、依法执政、维护法制的统一、尊严和权威对国家长治久安的极端重要性。可以说,正是饱尝过法治缺失的切肤之痛才使得他对民主和法治的呐喊更具说服力、影响力和感召力。其次,先生在对法学的基础理论作出深入思考的同时,非常重视跟踪当代中国的立法与司法实践,善于通过联系具体的法律制度和生活实例来说明和解决问题。他常说,“法律是解决社会问题的手段与方式,因此研究法律的人一时也不能离开实践”。事实上,他对法学理论的探讨和阐释始终体现以具体法律制度和生动的事例为素材。譬如,在讲到强制性规范与任意性规范的区别时,王先生举了吕振羽校长的夫人和子女将其继承的图书和房屋转赠给吉林大学的例子,[17]形象生动,恰到好处。在批判林彪、江青反革命集团破坏民主法制的罪行时,他每每通过“文化大革命”中亲历的事件或发生在那个时代的典型案例来说明问题,真实感人,淋漓尽致。最后,先生在研究中非常重视对社会实证方法的运用。先生认为实践是理论发展的源泉,而实证调查则是获得实践的重要手段。他经常说,“什么是学问?解决实际问题才是学问。解决的问题越多,表明学问越大,水平越高。如果只会理论,不懂和不能解决问题,那些空洞的理论是没有用途的。只有运用理论解决实际问题,才是真正的学问。”[18]正是因为他重视从社会生活实践中汲取营养,才使得他的法律思想和法学理论体系能够枝繁叶茂、永葆生机,才使他对中国当代重大问题的理论思考能够做到有的放矢,针砭时弊。不论是在谈到“法是统治阶级意志”时联系民营企业的发展的实际,[19]还是以《中华人民共和国中外合资经营企业所得税法》为例来说明我国涉外法律规定问题,[20]都体现了先生对实证调查的关注与重视。先生撰写了许多研究报告,这些研究报告大多来自他亲身的实证调查。如《公民选举意识的调查研究报告》、《吉林省民族乡调查报告》等,这些报告依托于从实践中得来的一手资料来说明问题,具有极强的说服力和实用性。

四、王惠岩的思想和精神是我们宝贵的财富

王先生一生与法学结缘,其人生经历折射出了中国法学发展的曲折历程,其法律思想中的观点、理论与方法也成为了中国法学发展之路上的路标,它们不仅是马克思主义法学理论研究的重要成果,同时也为我们构建中国特色社会主义法学理论体系提供了理论示范与方法论指南。这些观点、理论与方法固然具有重要的理论价值,而这些学术研究成果背后具有支柱意义的思想和精神更是我们宝贵的财富。我们将这些思想与精神概括地称为“王惠岩精神”,它是以爱国主义为核心的民族精神、以改革开放为核心的时代精神以及以求真务实、自由民主、开放兼容、明德隆法、与时俱进为主要内容的吉大精神的体现和演绎。

作为宝贵的思想与精神财富,“王惠岩精神”具有丰富的内涵,在为学、工作与生活等方面为我们提供了多层次的思想与精神指引。在为学方面,“王惠岩精神”代表着马克思主义的坚定立场、中国特色社会主义的坚定信念、与时俱进开展理论创新的学术勇气。在人生多舛的生活境遇中,王先生始终怀揣着一颗对中华民族、对中国共产党的赤诚之心,坚持马克思主义信念,坚持中国特色社会主义信仰。面对二十年的不公正待遇与磨难,王先生没有因为生

活中的屈辱与困顿而放弃马克思主义信念、放弃对中国特色社会主义的信心,他将生活的痛苦转化为学术研究的激情。在理论研究的道路上,他始终维护马克思主义在社会主义政治意识形态中的主体地位,科学厘清被误解或被曲解的马克思主义法学与政治学的理论观点。他将"如何坚持和发展马克思主义法学理论以及同企图改变、篡改马克思主义法学理论的资产阶级自由化的斗争"视为自己的学术使命,努力将马克思主义原理与中国特色社会主义建设相结合,提出了许多富于洞见的原创性观点,对于我国社会主义民主法制的发展、社会主义政治文明的建设产生了积极的推动作用。他坚持深入学习毛泽东思想、邓小平理论、"三个代表"重要思想和科学发展观,坚持与时俱进,将学术研究服务于社会建设、满足于时代发展,将学术精力奉献于社会主义事业建设的实践重点与前沿,关注民主法治建设、政治体制改革、政治文明发展过程中的核心问题与理论难点。在将自己的理论研究与中国特色社会主义建设实践相结合的同时,先生能够在坚持马克思主义的前提下以包容的气度、开阔的视野对西方的理论成果进行研究与借鉴,立足本土,放眼世界,走在学术研究的时代前沿。

"王惠岩精神"是一种对学术坚毅、勤奋、乐观的精神。王先生曾经在总结自己五十年不平坦的治学道路时说过,支撑他一生成就的关键因素之一就是"毅力"。无论是在农场"劳动改造",还是在图书馆被"另类使用",王先生始终没有放弃自己对理想和事业的追求,坚持学习马克思主义。他也常常告诫年轻人,不要遇到点挫折、困难,就灰心丧气,而要有毅力,要努力工作。与坚毅的品格相伴的是他的勤奋。对于理想与事业,他从不吝惜花费时间与精力。在重大学术问题的研究中,先生时常废寝忘食。面对磨难与屈辱,先生没有变得意志消沉,相反地,他能够积极地面对挫折,迎难而上,从未放弃对学术事业的满腔信心。

先生用一生所演绎的"王惠岩精神",包含了他一生学术研究的立场方法与心得体会，也包含了他一生教书育人的道德情操与职业精神，还包含了他一生工作生活的经验与智慧，是我们在学习、工作与生活过程中所应珍视的宝贵思想与精神财富。

“王惠岩精神”永远激励和引导着我们在建设中国特色社会主义民主法治的道路上奋勇前进！

注　释

1　王惠岩：《王惠岩文集》（第二卷），中国大百科全书出版社、党建读物出版社 2007 年版，第 188—216 页。

2　王惠岩：《王惠岩文集》（第二卷），中国大百科全书出版社、党建读物出版社 2007 年版，第 224—225 页。

3　王惠岩：《王惠岩文集》（第二卷），中国大百科全书出版社、党建读物出版社 2007 年版，第 213—214 页。

4　王惠岩：《王惠岩文集》（第二卷），中国大百科全书出版社、党建读物出版社 2007 年版，第 201—216 页。

5　王惠岩：《王惠岩文集》（第三卷），中国大百科全书出版社、党建读物出版社 2007 年版，第 197 页。

6　王惠岩：《王惠岩文集》（第四卷），中国大百科全书出版社、党建读物出版社 2007 年版，第 337—338 页。

7　王惠岩：《王惠岩文集》（第二卷），中国大百科全书出版社、党建读物出版社 2007 年版，第 213—214 页。

8　王惠岩：《王惠岩文集》（第二卷），中国大百科全书出版社、党建读物出版社 2007 年版，第 26 页。

9　王惠岩：《王惠岩文集》（第二卷），中国大百科全书出版社、党建读物出版社 2007 年版，第 189、199 页。

10　王惠岩：《王惠岩文集》（第二卷），中国大百科全书出版社、党建读物出版社 2007 年版，第 226 页。

11　王惠岩：《王惠岩文集》（第二卷），中国大百科全书出版社、党建读物出版社 2007 年版，第 20—29 页。

12 王惠岩:《王惠岩文集》(第二卷),中国大百科全书出版社、党建读物出版社2007年版,第45、46页。

13 王惠岩:“哲学社会科学研究必须坚持正确方向”,载《政治学研究》2003年第3期,第3页。

14 王惠岩:“论民主与法制”,载《政治学研究》2003年第3期,第5页。

15 王惠岩:《王惠岩文集》(第二卷),中国大百科全书出版社、党建读物出版社2007年版,第260页。

16 王惠岩:《王惠岩文集》(第四卷),中国大百科全书出版社、党建读物出版社2007年版,第294页。

17 王惠岩:《王惠岩文集》(第二卷),中国大百科全书出版社、党建读物出版社2007年版,第80页。

18 王惠岩:《王惠岩文集》(第四卷),中国大百科全书出版社、党建读物出版社2007年版,第232页。

19 王惠岩:《王惠岩文集》(第二卷),中国大百科全书出版社、党建读物出版社2007年版,第243页。

20 王惠岩:《王惠岩文集》(第二卷),中国大百科全书出版社、党建读物出版社2007年版,第219页。

构建中国的侵权行为法归责原则体系*

——《侵权行为法归责原则研究》介评

侵权行为法在私法领域中负载着合理分配权利和切实保障权利的重要机能,并直接在部门法的层次上服务于建成法治国的理想。这一法律机制所拥有的巨大社会功能使其适用的理性化限定成为法治的关键环节,这就引出了侵权行为法的归责原则问题。归责原则是侵权行为法发生作用的引发机制,它一方面将法律的程序性问题引入了侵权行为法,从而限定了侵权行为法的适用方式,另一方面在更为基础的角度上决定了侵权行为法的适用范围及其社会功能。只有确立了合理的归责原则,才能使侵权行为法成为实现公平、效率的理性工具,而非动辄得咎的法律陷阱或肆意妄为的法律黑幕。因而,对侵权行为法归责原则问题进行深入研究,构建中国的侵权行为法归责原则体系,具有重大的理论价值和实践意义。著名民法学者、中国人民大学王利明教授潜心研究数年,写就的《侵权行为法归责原则研究》(以下简称《侵》)一书就是一部以构建中国的侵权行为法归责原则体系为使命的理论专著。作者以其深厚的理论功底和开阔的学术视野,分析了我国侵权行

---

* 本文是张文显与王轶的合作作品,发表于《法学评论》1995年第6期。

为法中各项归责原则的概念、内容及其适用范围,研讨了归责原则体系、过错的概念和认定过错的标准、共同过错、混合过错、侵权责任的构成要件和抗辩事由等问题,并对完善我国侵权行为制度问题做出了富有建设意义的研究和阐述。

《侵》书中包含了作者丰富的理论观点,笔者仅就其中若干问题作一简要介评。

一、关于我国的侵权行为法归责原则体系问题

归责原则体系是指各归责原则所组成的具有内在的逻辑联系的系统结构。它的建立,不仅是充分发挥单个的归责原则的价值和各归责原则的综合调整作用的前提,而且也是构建侵权法的系统结构,使侵权法规范符合“形式合理化”要求的必备条件。关于我国应确立何种态样的归责原则体系,一向是法学界争论的兴奋点,并形成了一元归责体系、二元归责体系和三元归责体系这三种比较有代表性的观点。《侵》书作者对此问题的探讨正是在这一理论背景下展开的。他认为,归责原则的产生和发展,是与该社会系统需要输入的侵权法的功能联系在一起的,因而,建构何种态样的中国侵权法归责原则体系,只能从中国的现实经济生活情况和中国的立法、司法实践出发,不能完全模仿西方发达国家的侵权法律制度。这个体系应具有如下特点:第一,具有普遍适用性;第二,具有内在逻辑联系;第三,体现了侵权法的全部规范功能。

循此思路,作者相继对过错责任原则、过错推定原则、公平责任原则及无过错责任原则进行了考察评论,认为我国的侵权行为法归责原则体系应由过错责任原则、过错推定原则和公平责任原则组成。其中过错责任原则是适用于一般侵权行为的一般原则,过错推定原则是适用于各种特殊侵权行为的原则,而公平责任原则是为弥补过错责任的不足,为补救当事人的损害而存在的归责原则。对于无过

错责任原则,作者认为其适用范围在我国现行民法的规定中是极为有限的,尚不具备归责原则所应具有的普遍适用的范围,而且若把无过错责任作为一项归责原则,将构成对整个侵权行为法的威胁。此外,我国现行民法规定的公平责任及过错推定责任在一定程度上实现了相对于无过错责任的功能替代,因而,无过错责任不应成为我国侵权行为法的归责原则。作者关于我国侵权行为法归责原则体系的结论,固然在学界尚存争议,但作为一种理性思考的成果,必然会对我国的立法和司法工作起到重大的借鉴作用。

颇值一提的是,作者在探讨归责原则体系这一问题时,着重对在我国尚无深入研究的过错推定问题进行了深入细致的考察。他认为,过错推定理论是由 17 世纪法国法官多马创立的,19 世纪末期以来,日益受到各国立法和司法实践的重视。过错推定以客观过失的概念运用为基础,以因果关系的存在为前提,实行举证责任的倒置,由于其功能并不存在于原告举证责任的减轻和被告举证责任的加重,而在于加重被告的责任以保护受害人的利益,因而已超出了证据法则的范畴。作为一种法律对策,它既有效地保护了受害人的利益,又维护了以过错责任为主要归责原则的侵权责任制度内在体系的和谐。此外,作者还就过错推定责任与过错责任及无过错责任的关系,过错推定与因果关系的推定,转承责任中的过错推定等问题进行了考察分析。从而建立了一个较为完整的过错推定理论体系,丰富了我国侵权行为法归责原则理论,也澄清了一些原本存在于我国法学理论中的关于过错推定理论的错误认识。

二、过错的概念及认定过错的标准问题

恩格斯指出:“如果不谈谈所谓的自由意志、人的责任、必然和自由的关系等问题,就不能很好地议论道德和法的问题。”[1]因而,要阐明过错的概念,就必须从明确行为和意志自由的相互关系入手。

作者认为,行为人实施的过错行为,是由其主观上应受非难的错误的行为选择的结果,行为人的内在意志过程及受此种意志指导而实施的外部行为之间,具有不可分割的联系。受理性哲学影响的主观过错说把意志视为可以脱离客观外部环境和行为的孤立的东西,片面强调意志的绝对作用,主张在不考虑行为人的外部行为的情况下,以对行为人的心理状态的检验作为认定过错的标准,从而常常给行为人提供了更多的免责机会,不利于保护受害人的利益。而受实证主义哲学影响的客观过错说,不承认人的意志对其行为选择的决定作用,把过错视为一种可以由法官随意解释的"社会概念",甚至认为无行为能力人也有过错的存在,这就不适当地扩大了责任范围,因而,无论主观过错说还是客观过错说都有失偏颇,过错应是一个主观和客观要素相结合的概念,它是指支配行为人从事在法律和道德上应受非难的行为的故意和过失状态,即行为人通过违背法律和道德的行为所表现出来的主观状态。对过错概念的这一界定,一方面有利于保护受害人的利益,从而在静态安全的层面上为良好社会秩序的实现提供了法律依据,另一方面也有利于限制责任范围的无限扩大,从而界定了人们进行社会活动的合理的消极界限,不致于挫伤人们的积极性和创造性,为侵权行为法与良性社会功能的耦合奠定了理论基础。

关于认定过错的标准,作者认为,主观标准在以下几个方面存在难以克服的功能性缺陷:

第一,若采主观标准,则需对每个行为人的预见能力作准确的判断,这对于法官及当事人而言,是一件十分困难的事情。势必给民事归责带来一定的困难,不利于及时、简便、准确地认定行为人的过错。

第二,主观标准没有真正解决行为准则问题,因而采用之不能很好地起到对行为人的教育作用。

第三,主观标准不考虑行为人是否应当作出一定的意志努力和合理的行为选择以预见和避免损害的发生，会不适当地开脱行为人的责任。

客观标准的采用则有利于克服上述缺陷，因而，采用客观标准比主观标准更为合理。这一结论与作者关于过错概念的界定一脉相承，契合民法实行客观主义的思想潮流，有利于司法机关科学地认定行为人过错的存无，也有利于受害人利益的有效保障，对于提高整个社会的行为水准，确保社会交往的效率、安全具有积极意义。

三、关于侵权责任的构成要件问题

侵权责任构成要件是承担侵权责任的一般根据，是侵权行为构成要素的总和。综观各国立法及学说，关于侵权责任有两种观点：以法国为代表的国家主张侵权责任的构成要件主要由损害事实、因果关系和过错构成，而以德国为代表的国家则主张除上述三要件以外，还包括行为的违法性要件。我国民法学界对此问题也多有争议。《侵》书作者在肯定损害事实、因果关系属于侵权责任构成要件的前提下，着重对过错和违法行为之间的关系进行了考察。他认为，我国民法上的过错不是单纯指主观状态上的意志的缺陷，而是指对国家、集体和个人利益的轻慢和漠不关心的表现。过错意味着行为人的行为违反了法律和道德规范，侵害了法律所保护的法益，因而才应受到法律的谴责，过错概念本身包含了行为的违法性。另据我国《民法通则》第 106 条第 2 款的规定，也可看出我国民法通则并没有仿照德国民法等立法例，将“不法”、“违法”作为侵权责任的构成要件。因此，在过错责任和过错推定责任中，应以损害事实、因果关系和过错作为构成要件；在公平责任和无过错责任中，以损害事实和因果关系作为构成要件。这一结论与我国现行民事立法相一致，适应多元归责原则的需要，简化了侵权责任的构成要件,有利于正确认定侵权责任,对于有效地实现侵权法的各项功能有积极意义。

以上简要介评了《侵》书的若干理论观点。通读全书,不难发现,《侵》书不仅在内容上有不少新意,在研究的方法论上也颇具特色,比较法方法的广泛运用即其著例。笔者认为,《侵》书比较法方法的运用有以下几个特色:

(一)引以比较的资料具有典型性

尽管各国法制依据一定标准皆可归入特定法系,处于同一法系内不同国家的法制呈现一定层面上的共性,但法律终非纯粹技术性的东西,不同的生存环境、宗教信仰、价值观念、社会结构等方面的差异都可能导致法律在性质上和形态上的差异。因而法律的比较研究,典型资料的选取对于排除结论的偶然性颇具意义。《侵》书引以进行比较的资料都来自有代表性的国家,诸如大陆法系的德法、普通法系的英美、社会主义法系的前苏联等,这就使比较研究的结论更具一般意义,也使吸收借鉴得以在更为原初的对策模型上进行。

(二)注重选取资料的全面性

大陆法系与普通法系曾因其对待成文法和判例态度的迥异而在法律发展史上各持一端,但近世以来,判例在大陆法系日渐受到重视,成文法在普通法系国家也屡见不鲜,而且法学大家的学说随着法官自由裁量权的有限扩展也日益成为决定判决的不可忽视的因素。《侵》书的比较研究对此给予了充分重视,所选取资料既有各国立法例、判例,又涵括了各国有代表性的学说,无疑增强了比较研究结论的科学性和可信度。

（三）注重功能性比较

“各国法律所以能够比较，乃是因为均在解决同一之问题，满足同一之需要。功能性原则是法律比较研究之出发点也是法律比较研究的基础。”[2]《侵》书的比较研究正是在揭示所选取法律资料的社会功能的基础上进行的，以确定功能等值物在中国的具体形式为其归结，这就为吸收借鉴奠定了科学的理论基础。

法律本属文化的一部分，各国法律彼此交流，相互借鉴，实属必然。中国法学振兴，固然有赖于中国法学家自身的探索创新，但如能借助比较法方法，最大限度地吸收人类法律文明的优秀成果，实现“洋为中用”，则不失为一条捷径。《侵》书在此方面所作的有益探索无疑具有现实意义。

此外，《侵》书还运用了哲学分析、历史分析等多种研究方法，此处不再详述。

作为一部理论专著，《侵》书以其详实的资料，周密的论证，研讨了我国侵权行为法若干重大的理论问题，堪称力作。但有的问题尚有可议之处。诸如公平责任及无过错责任在我国归责原则体系中的地位；责任推定与无过错责任的相互关系；作为侵权责任构成要件的因果关系，要考察的是过错与损害事实之间的关系，还是行为人的行为及其物体与损害事实之间的关系等问题，都有进一步探讨的余地。

注 释

1 《马克思恩格斯选集》第 3 卷，人民出版社 1995 年版，第 454 页。

2 王泽鉴：《民法学说与判例研究》（第 2 册），国立台湾大学法学丛书编辑委员会 1979 年版，第 16 页。

依法执政的理论分析与实践认知*

——对石泰峰、袁曙宏、卓泽渊讲演的评论

三位主讲人的理论聚焦互为补充,为我们提供了依法执政的理论分析框架和基本认知。下面,我分别评论。给我的评论时间是30分钟,我尽可能节约时间,为大家留下更多时间提问和自由发言。

对石泰峰讲演的评论

据我所知,石泰峰教授对依法执政有长期的、系统的研究。他今天的讲演凝聚了他的研究成果。观点鲜明、逻辑严谨、富有很强的说服力,语境广阔、语言生动、反思和判断犀利,富有很强的感染力。他的讲演给我留下四个印象:

第一个印象是石泰峰教授提出了一系列体现新视野、新思想、新观念、新体制的概念、命题、论述和论证。例如,依法执政这一论断体现了"四个有机统一",即坚持党的领导、人民当家作主和依法治国的有机统一,社会主义民主法制建设与党的执政能力建设的

---

* 本文是张文显在2005年6月18—19日于北京举行的"依法执政的理论与实践——首届中国法学家论坛"上的即席评论。

有机统一，科学执政、民主执政、依法执政的有机统一，党执政的实质合法性和形式合法性的有机统一。现代政党政治强调执政合法性。首先是政治合法性，即实质的合法性；其次是法律的合法性，即形式的合法性。党执政的政治合法性是历史合法性和现实合法性的统一，党执政的政治合法性必须转化为法律合法性。依法执政是党执政的基本方式，并不是唯一的方式。不是简单强调党的一切活动都由法律来规定。科学、民主的执政理念、执政体制和执政要求，只有通过依法执政这一基本方式才能实现。党领导和支持人民当家作主，但党不能代替人民当家作主。党要依法通过国家政权管理社会，等等。

第二个印象是讲演具有鲜明的中国意识、中国国情意识、中国党情意识、中国问题意识。例如，关于政党执政的合法性问题，石泰峰教授指出，在西方，政党执政的法律合法性指两方面，一是依法成为执政党，通过竞选，成为执政党依法行使执政权；第二个方面，成为执政党后，依法行使政权。我们讲依法执政，是坚持共产党执政地位前提下，执政方式的法治化问题。

给我的第三个印象是他的问题和结论都建立在辩证法和系统论之上，不是局限于依法执政本身，而是把依法执政与科学执政、民主执政作为共同的执政理念联系起来思考，把党的历史地位、历史责任的变化连接起来思考；就依法执政本身，也把它作为一个系统结构来考虑，认为坚持依法执政要正确认识和处理党与法的关系、党与国家政权的关系、党与社会的关系。

第四个印象是略感不足的印象。通过石泰峰教授的讲演，对为什么依法执政成为中国共产党执政的基本方式，依法执政的规律性，依法执政涉及的基本关系有了更为深刻的理论认识。但是，还有不够解渴的地方，那就是：依法执政是共产党执政的基本方式，这一命题意味着除了依法执政之外，还是其他的执政方式；这一命题也隐含一个问题，即党执政的其他方式是不是非基本方式？

基本方式与非基本方式的关系如何表述？如果泰峰教授能够就依法执政与党执政的其他方式进行比较分析，可能会加深对依法执政的认识。当前，社会上和学术界都存在着把依法执政唯一化、简单化、绝对化、浪漫化的观念。就这个问题进行比较分析，无疑有助于消解这些模糊认识。

对袁曙宏讲演的评论

袁曙宏教授的发言有三个特点：

第一，依法执政是一个复杂的理论和实践问题，袁曙宏教授尝试将这个复杂问题简明化，提出三个问题、九个要点。

第二，包括丰富的实践内容，实践的针对性都很强，例如，关于执政主体问题，就是现实当中提出来的实践问题，

第三，理论研究与实践设计相结合，他关于依法执政需要有三大转变的论述，为依法执政设计了实现途径。依法执政的实现途径是一个不容忽视的问题。依法执政由党的执政理念转化为党的政治决定，这只是意识形态层面和政治战略的转化，现在的问题是如何将依法执政的意识形态和政治决定转化为党的执政实践，成为当代中国政治生活和法律生活的现实。

由于时间的关系，也许是由于时差没有完全倒过来的原因，袁曙宏教授没有适当展开论述，特别是对依法执政的实现途径这个非常重要的问题未能展开论述。我们期待着袁曙宏教授就这个问题提供更多研究成果。

对卓泽渊讲演的评论

依法执政作为党在新时期的执政理念、党执政的基本方式，可以说已经家喻户晓，但是依法执政的学理基础和实践基础、依法执

政的前景和实现途径等问题,却有待于从理论与实践的结合上加以阐述和宣传。我个人理解,卓泽渊教授的讲演就致力于回答这些重大问题。

卓泽渊教授在讲演中首先从经济政治发展、民主法制建设、执政经验和教训这三个方面,论述了依法执政的必然性。他认为,中国共产党有依法执政的认识来之不易,是来自刻骨铭心的历史教训,来自自身经历的历史实践,来自自己对于历史与未来的深切关注,依法执政理念也是中国共产党经历了失败与成功之后的历史体认。特别是通过对中国共产党执政前三十年的教训分析,为依法执政提供了极富有理性又充满情感的论证。

卓泽渊教授对依法执政的艰巨性的分析也是非常深刻的。他认为,依法执政的艰巨性来源于:第一,缺乏理念基础。应有的执政理念没有确立,既有的革命理念没有改变,传统的掌权意识还有影响。第二,缺乏体制前提。缺乏良好的政治体制,缺乏良好的法律体制,缺乏良好的党的领导体制。第三,缺乏必要条件。依法执政缺乏社会环境,依法执政缺乏干部准备。第四,缺乏内在动力。依法执政缺乏主体自觉,党的权力范围进易退难,党的直接权力难以减少。这些分析提醒人们对依法执政不要过于乐观,要有长期的精神准备和制度建设。

当然,卓泽渊教授的这些分析,也不要把我们引向悲观失望的境地。由于卓泽渊教授没有就依法执政的有利条件进行专门分析,给我们展示的都是障碍和不利因素,所以听了以后难免产生悲观情绪。也许是卓泽渊教授意识到了这种可能的后果,而在讲演的最后说了一段话:“因为是必然的,所以我们必须一往无前;因为是艰巨的,所以我们必须百折不挠。只要我们一往无前,而且百折不挠,就一定能走向成功。认识艰巨性,不是畏缩不前,而是要激发我们的热情与斗志。在依法执政问题上,我们所遇到的只是时间的早晚问题,我们所做的一切努力都是希望能够快些再快些。”

一部颇具特色的比较宪法学专著*

——评张光博《比较宪法纲要》

最近几年,国内出版了几本比较宪法学的著作,吉林大学张光博教授所著《比较宪法纲要》(辽宁大学出版社 1990 年 6 月出版,以下简称《纲要》),颇具学术特色。

一、研究对象设计方面的特色

宪法为资产阶级所发明,比较宪法由资产阶级学者所首创。早期的比较宪法学只能在资产阶级国家的宪法之间进行比较。自从世界上出现了社会主义类型的宪法以后,开始有了包括社会主义宪法在内的比较宪法学。一些资产阶级学者的比较宪法学著作就包括了两种类型的宪法比较。但是,由于受其阶级偏见的制约,他们往往从巩固资产阶级专政和资本主义制度的需要出发,以资产阶级国家的宪法为中轴或参考系,来论证和炫耀其宪法的历史功绩和现实优越性,歪曲社会主义宪法的真相,甚至否定社会主义

* 本文发表于《中国法学》1991 年第 2 期,张文显在发表本文时使用了"章文"的笔名。

宪政的现实和前景。新中国成立后,我国比较宪法学起步较晚,是最近十年的事情,缺点在所难免。其中最大的缺点是比较宪法学仍限于资本主义宪法内部的国别比较研究。虽然有的著作把社会主义宪法列入了比较研究的对象,但由于比较时采取了简单对照方法,客观上仍然是以资本主义宪法为主,起着渲染资本主义宪法的作用。

《纲要》针对上述资产阶级学者的阶级偏见和政治取向,以及我国比较宪法学研究中的缺点,强调我国的比较宪法学应当以社会主义宪法,尤其是我国的社会主义宪法为中心,在与世界各国宪法主要是英、美、法、日等资本主义国家宪法的比较中,认识资本主义宪法和社会主义宪法在宪法发展史中的地位和作用,科学地说明两种宪法特别是两种宪法所反映和维护的两种不同社会制度的根本区别和对立,说明两种社会制度,主要是两种政治制度的优劣,以便揭露资产阶级民主、自由和人权的狭隘性和虚伪性,显示社会主义宪法的精神实质、科学内容和进步程度,推动我国宪法的发展和完善。为此,作者把比较宪法学解释为"研究并揭示各国宪法的异同优劣,从而深化对宪法本质和规律的认识,以期达到借鉴目的的一门比较法学"。

二、研究方法上的特色

比较研究是一种方法。把它放在不同的世界观和方法论之下,可以得出不同的结论,取得不同的效果。《纲要》的作者对这一点有清醒的认识和自觉。作者指出:我们的比较宪法学之所以自信能够达到科学的认识,就是因为我们有辩证唯物主义和历史唯物主义这个科学的世界观和方法论为指导。它为我们开辟了认识真理的道路、提供了符合无产阶级和人民大众利益及实际情况的价值评判标准。

用辩证唯物主义和历史唯物主义的世界观和方法论统帅比较研究,《纲要》自始至终坚持如下观点和方法:

(一)坚持社会存在决定社会意识的观点

在社会存在和社会意识的结构划分中,宪法属于社会意识的范围,属于上层建筑。各国宪法的类别归属和异同优劣,是由社会存在决定的。因此,各国宪法的比较,都只有深入到社会物质生活条件中去,才能得出科学的认识。无论是对各国宪法进行横向比较,还是对同一类型宪法不同发展阶段的纵向比较,或是对宪法运行过程和实施情况的比较,《纲要》都是从对宪法条文同社会物质生活条件的实际联系的分析入手,因此,才得以揭示出不同宪法的本质区别,宪法变迁、更替的动力,制约宪法实施的根本原因。

(二)阶级分析方法

国家和法是经济关系的记录,也是阶级关系的记录。因此,阶级分析的方法是研究国家和法的基本方法,也是对宪法进行比较研究的基本方法。《纲要》在对各国宪法进行比较研究时,不是简单地比较宪法的体系、结构、条文及其语义,而是首先看它被组织在哪个阶级的统治秩序中,实现着哪个阶级的根本利益和历史任务。也就是说,首先要进行定性分析,然后再作定量分析。在对宪法的发展变化、不同阶级属性的宪法的更替进行比较研究时,《纲要》比较好地运用了阶级分析的方法。作者指出,宪法的产生、发展和变化,如宪法产生于资产阶级革命,资本主义宪法自身的发展变化,资本主义宪法被社会主义宪法所代替,社会主义宪法的发展变化,莫不是由每一时期社会上阶级力量的对比所推动的。宪法条文能否落实,宪法以什么形式实现其作用,也要到阶级力量的实际对比中去找答案。

鉴于马克思主义的阶级分析方法曾被"左"的思潮作了简单

化、庸俗化的理解，又被右的思潮歪曲和诋毁，因此必须强调弄清马克思主义阶级分析方法的真谛和阶级性的科学含义。作者指出，阶级性的科学含义不过是指当今社会和国家的事务都要有一定的阶级来代表和主持，因而其中必然渗透着这个阶级的根本利益和它所代表的发展方向。阶级分析方法就是要把这个真相暴露出来，划清大是大非。

（三）整体性或系统论的方法

任何事物，当然包括宪法在内，不仅其自身是一个由要素构成的系统，而且必然作为更大系统的组成部分，与其他事物有机地联系在一起。从这种认识和方法出发，《纲要》在对宪法的条文、单项制度进行比较时，始终把它们作为整个宪法的要素对待，并把它们同宪法的根源、性质及其表现形式等方面联系起来加以分析。对一国宪法整体，则把它放在法律体系和社会生活的大系统中，并作为互相联系、影响、渗透的世界宪法群的个体来研究。

三、理论基础和观念模式的特色

《纲要》作者多年来一直从事法理学和宪法学的教学和研究，并主张和倡导以权利义务为核心的法观念模式和分析结构。作者也十分重视马克思主义哲学、政治经济学、政治学的研究。无论在对宪法进行宏观比较还是微观比较时，作者都能够较好地综合运用马克思主义哲学、政治经济学、政治学、法理学和宪法学的理论，从而使各种问题的分析起点高、视野宽，能够抓住事物的根本，触及社会思潮的热点和读者的思想深层。

《纲要》的成功也得力于作者提出的权利义务的观点。80年代初，《纲要》作者就提出权利和义务是法的核心的问题，在以后的一系列学术会议和论著中对这一观点作了步步深入的阐述，并主张以权利和义务作为基本范畴来观察、认知、思考法律现象。《纲要》纯熟地运用了权利义务的范畴。在作者看来,社会物质生活条件也好,阶级关系也好,在宪法中都表现为一系列权利和义务规定或权利义务关系。宪法学所研究的主要就是民主制国家阶级、民族、政党、国家机关以及公民的根本性权利和义务,研究国家机关职权和公民权利的相互保障和制约的机制。通过这种研究,认识并促进政治生活平衡的实现和政治发展。权利义务范畴的运用,深刻地全面地反映了不同宪法的本体属性、价值属性、内在联系及其作用于社会生活的方式。这种效果是其他观念模式和分析框架,如"规则模式"、"阶级斗争模式",所很难达到的。

此外,本书在结构体系上也有自己的特色,这里就不详述了。

当然,本书也有不足之处。如虽然作者多次提出要在各国宪法的比较中吸收营养滋补和发展自己,但这方面的具体分析和论述尚嫌简略。某些观点尚有待进一步探讨,如关于人民代表大会制度与代议制的划分,把人代会制度排除在代议制之外的观点,是否妥当?公民的基本权利和义务究属国体或是政体范畴,还是既是国体又是政体?等等。再则,某些内容和文字也有重复之处。

《法制与社会发展》创刊词*

在法学研究日益深化、法制建设不断加强、社会发展成为时代性论题的今天，《法制与社会发展》正式创刊。值此创刊号出版之际，我们谨向所有对本刊创办、出版和发行寄以关心、支持和指导的领导和各界朋友致以衷心的谢意。

本刊是一家面向实践的学术理论刊物，融学术性、实践性、参与性为一体；本刊既关心法学基础理论研究，又注重民法、商法、经济法、国际经济法、刑法、诉讼法、社会治安综合治理等现时代的法律问题的研究；本刊把法制与社会发展紧密地联系在一起，支持把法制问题放在整个社会发展中研究，同时鼓励着力探索社会发展过程中的法制问题；本刊把当代中国的改革开放和现代化建设作为终极关怀，同时关注法学学科建设，努力把为实践提供理论服务与推动学科建设密切地结合起来。

本刊将始终不渝地以邓小平建设有中国特色社会主义的理论这一在改革开放的伟大实践中形成和发展起来的、既有时代特点又有民族精神的科学理论体系为指导，并把它创造性地运用于法学领域。

---

* 本文是张文显为《法制与社会发展》撰写的创刊词，发表于《法制与社会发展》1995 年第 1 期。

本刊将坚定不移地贯彻党和国家的“百花齐放、百家争鸣”的方针。通过争鸣，明辨是非，揭露和纠正谬误，宣传和弘扬真理；鼓励和支持法学界同仁继续解放思想、实事求是，把所思所想忠实地表达出来；我们愿为各种新思想、新观念、新学说的产生和传播提供论坛和管道。

本刊奉行真理面前人人平等的原则，对于作者，没有年龄、资历、学派、国别等等非理性的界限，科学性和实践性是决定来稿刊登与否的唯一标准。

本刊在接受国内外专家学者投稿的同时，将积极组织与社会主义市场经济、民主政治、精神文明建设以及对外开放密切相关的重大理论和实践问题的讨论，并以笔谈或专题论文的形式反映讨论成果。

本刊作为全国十余家法学学术杂志之一，将与其他杂志通力合作，取长补短，公平竞争，为推动法学繁荣和法制进步共同努力。

本刊将会自觉遵守有关新闻出版和知识产权方面的法律和法规，维护作者、读者和本刊的合法权利，履行法定的各种义务。

新世纪献词*

在这辞旧迎新的世纪之交，回眸20世纪的中国法学，可谓几度暖春，几度严冬，风雨百年。展望21世纪的中国法学，将是机遇和挑战并存，创新与守旧交织，任重道远。

刚刚离去的世纪是现代法学在中国开端与发展的世纪。法学，作为一种认知活动在中国源远流长，至少可以追溯到春秋战国时期，但是作为一个独立的学科，特别是与民主法治紧密相连的学科，则是近代以来的事情。20世纪初，现代意义的中国法学在专制与民主、人治与法治、愚昧与科学的夹缝中萌生，由于中国大地缺少民主、法治、理性的丰富资源，使得中国法学先天不足，发育不良，甚至多次濒临夭折。直到20世纪的最后二十年，改革开放以及与此相应的以市场为取向的经济改革、以民主为取向的政治改革、以理性为内容的文化变革的春风驱散了专制、人治与愚昧，法学才焕发出勃勃生机。

刚刚降临的世纪将是中国法学振兴与繁盛的世纪。中国法学将沿着上世纪末期的历史轨迹乘风破浪，披荆斩棘，一往无前，走向辉煌。在新世纪里，中国法学将面临一系列新的时代特征：经济

---

* 本文是张文显以《法制与社会发展》编辑部名义发表的新世纪献词，发表于《法制与社会发展》2001年第1期。

市场化、知识化、全球化,政治民主化、理性化、法治化,文化信息化、大众化、多元化,法律体系化、专业化、国际化……新的时代需要法学有新的视野、新的思维、新的概念、新的话语、新的创造。这既是时代的需要,也是中国法学界应有的世纪承诺。

六年前,本刊在法学的春天里诞生。回顾本刊跨世纪的发展历程,我们衷心地感谢国内外的作者所给予的关心、厚爱和支持。本刊创办初始,我们申明:本刊是一家面向实践的学术理论刊物,融学术性与实践性、参与性为一体;本刊始终不渝地以邓小平理论这一当代中国的马克思主义为指导;本刊坚定不移地贯彻"双百"方针,鼓励和支持法学界同仁解放思想、实事求是,把所思所想忠实地表达出来;本刊愿为新思想、新观念、新学说的产生和传播提供论坛和管道;本刊不折不扣地奉行真理面前人人平等的原则,对于作者,没有年龄、资历、学派、国别等等非理性的界限,科学性和实践性是决定来稿刊登与否的唯一标准;本刊在接受国内外专家投稿的同时,将积极组织重大理论与实践问题的讨论,并及时反映讨论成果。在新世纪我们将继续奉行这些宗旨和原则。

与世纪同行,与中国法学同行。

新时代新阶段的中国理论法学*

从本期开始，《法制与社会发展》将成为中国理论法学的专业学术期刊。作为本刊的主编，仅以下面的文字作为主编按语和寄语。

九年前，《法制与社会发展》犹如学术期刊百花园中的一朵新葩破土而生。九年间，在思想解放、学术繁荣的良好环境中，在法学界、法律界的精心呵护下，这朵新葩茁壮成长，绽放光彩。如今，《法制与社会发展》已经发展成为学术界公认的、具有重要影响的核心期刊。本刊刊载的论文被《新华文摘》、《中国社会科学文摘》、《高校文科学报文摘》、《中国人民大学报刊复印资料》等权威性文摘刊物大量转载、摘要或复印，亦经常被各种学术著作、论文、评论引用，文摘率和引用率居法学类期刊前列。

从今年第1期起，本刊进入了第十个发展年头，也迎来一个崭新的发展阶段。《法制与社会发展》的刊名未变，但刊物的承办单位、学科归属、栏目设置、刊载内容、编辑队伍、编辑流程和规范等已经发生重大变化。从本期起，《法制与社会发展》将由教育部人文社会科学重点研究基地·吉林大学理论法学研究中心承办，并

---

* 本文是张文显在《法制与社会发展》成为中国理论法学的专业学术期刊之际，为该刊撰写的专论，发表于《法制与社会发展》2004年第1期。

改为理论法学的专业刊物。作为本刊原承办单位之一的吉林大学法学院将负责由国家新闻出版署划转过来的《当代法学》。作为理论法学专业刊物,《法制与社会发展》将主要发表法理学(法哲学)、法律社会学、法律经济学、法律政治学、法律文化学、立法学、司法学、西方法哲学、比较法学、宪法哲学、民法哲学、商法哲学、刑法哲学、环境法哲学、程序法哲学、国际法哲学等理论法学和部门法哲学的研究成果,同时注重发表跨学科、交叉学科、边缘学科的研究成果。研究成果的形式可以是鸿篇巨制,也可以是袖珍短论;可以是主题论述,也可以是以案说理;可以是理论分析,也可以是方法(包括法学方法论和法律方法论)探索。

中国的理论法学学科经过改革开放之后二十多年的恢复、重建、创新和发展,在学术队伍形成、科研成果发表、法治实践参与、对外交流合作、学科建设等方面取得了令人注目的成就。然而,在新的历史时期,中国理论法学正面临着一系列时代挑战。新的时代需要法学,特别是肩负理论建设之重担的理论法学,有新的视野、新的思维、新的范式、新的概念、新的话语、新的作为。当然,新的时代也为法学,特别是承担思想启蒙之重任的理论法学,实现视野和思维的更新、研究范式的转型、概念和话语系统的重构,提供了难得的契机。

我们的时代是全球化的时代。全球化是我们所生存的这个世界正在发生的伟大历史变革之一。全球化正有力地改变着人类的生产方式、生活样式和生存状况,也正在深刻地改变着法的存在方式、价值取向、运行模式和发展方向。世界范围内的经济贸易一体化、知识产权保护、环境资源合理利用和保护、海洋和空间的合作、世界和平的维护、人权的国际保护、政治领域的对话与合作等等,所有这一切都在驱使法律发生悄悄的演化或剧烈的变革。这种时代变化要求法学界同仁树立国际意识和全球意识,以具有全球性和国际竞争能力的法学研究来应对全球化,应对原有的法律理论进行深入的反思和检讨，建立起反映全球化时代精神的法律理论。特别是对于较长时期处于封闭、半封闭状态的中国法学而言，这一历史任务显得尤为迫切。我们呼吁学界有识之士关注、思考和研究全球化对当代中国和世界的法律变革、法学转型所可能产生的深远影响。我们将策划这方面的专题研究，并设置相应专栏。

我们的时代是一个权利的时代，是一个权利倍受关注和尊重的时代，是一个权利话语越来越彰显和张扬的时代。我们越来越习惯于从权利的角度来理解法律问题，来思考和解决社会问题。我们这个世界的权利问题正以几何级数的速度增长。经典的权利在新的时代背景下衍生出许多新的具体的权利问题，而新的社会关系要求在权利大家族中添列新的成员。在权利的时代，以关怀和保障权利为根本宗旨的法学，不能不把权利研究作为其基本主题，特别是不能不关注新型权利和权利新态。在过去的九年，本杂志以推动权利问题研究为特色，今后权利问题仍将是本刊关注的焦点。正像我们的网站"中国理论法学研究信息网"（http://www.legaltheory.com.cn）所宣言的那样："权利神圣是我们坚定的信念，为权利而呐喊是我们永恒的责任"。为此，本杂志特设权利研究专栏，集中发表有关权利哲学、权利制度化、新型权利、权利新形态、社会弱势群体权利研究的精品之作。

我们的时代是四大文明协调发展的时代。文明是相对于蒙昧和野蛮而言的，标志着人类开化和进步的程度，是人类认识和适应自然、认识和改造社会、认识和提升自身的成果。当人类摆脱自然界的束缚而自立自强的时候，文明就产生了。此后，文明历经物质文明、精神文明、政治文明、生态文明等发展阶段或存在形态。物质文明表现为生产力的发展、物质财富的丰富和物质生活的改善。精神文明表现为教育、科技、文化知识的发达、人们思想道德水平的提高、精神生活的丰富和社会风气的改良。政治文明包含文明的政治理念、文明的政治制度、文明的政治秩序和文明的政治目的,集中表现为社会制度和体制的进步、人民权利和自由的扩大、公共权力与公民权利的理性平衡。生态文明表现为人与自然的和谐,即社会经济发展与资源、环境相协调,生态环境得到改善,资源利用效率显著提高。人类进入21世纪之后,文明将呈现出物质文明、精神文明、政治文明、生态文明交融并存的局面,四种文明互为表征、互为条件和相辅相成。只有四种文明和谐发展的社会,才能称得上是真正文明的社会。从法学研究和法制建设的视角来看,如何理解四种文明,如何定位法治与四种文明的关系,特别是法治与政治文明、法治与生态文明的关系,将是法与文明这一经典主题在新世纪产生的新课题。

我们的时代是知识经济的时代。20世纪最后十年发达国家陆续进入知识经济时代,知识要素在经济增长和财富增加方面的贡献率达到50%以上。我国经济在世纪之交也呈现出知识化的显著特征。知识经济是继原始经济、农业经济、工业经济之后出现的经济形态,即以人类知识精华和最新科学技术为基础,以知识和信息的生产、分配与使用为主导内容的经济形态。在知识经济时代,知识资本、知识资源、知识产权、知识产业、知识创新、知识交易是最基本的概念,是经济运动的表征。知识经济时代的法律制度在价值理念、调整机制、体系结构、运行模式等方面都将呈现出不同于其他经济形态的新面貌。随着世界范围内科学技术的迅猛发展和中国加入世贸组织,中国经济知识化的进程空前加快,知识经济不仅将推动生产力的加速进步,而且将引起生产关系的巨大变革,与生产力和生产关系的进步和变革相适应,法律制度和政治制度必须不断创新。因而法学应当高度重视和研究知识经济与法制的关系,为知识经济条件下的法律制度创新和知识权利体系的建构做出科学的论证和引导。为此,本刊将采集和发表这方面的论文。

我们的时代是新理论生成和广泛传播的时代,是理论创新的时代。创新是一个日新月异的时代所必然产生的社会意识和动力,是21世纪的最大时尚。在所有创新中,理论创新越来越受到人们的重视,越来越被人们所强调。正如党的十六大报告所指出的,实践基础上的理论创新是社会发展和变革的先导,理论创新推动制度创新、科技创新、文化创新以及其他各方面的创新。党的十一届三中全会以来中国法制发生了三次具有标志性的变革。第一次发生在20世纪70年代末80年代初,以制定《刑法》、《刑事诉讼法》和修改《宪法》,恢复秩序、保障人权、民主法律化、制度化为标志。第二次变革发生于20世纪90年代,以建立社会主义市场经济法律体系、张扬现代法律精神为标志。第三次变革发生于21世纪初期,以适应经济全球化、公共事务全球化、环境全球化、并融入法律全球化潮流为标志。以三次变革为背景,并由三次变革所推动,中国理论法学相应地发生了三次具有标志性的理论创新。但是,以伟大的社会实践和相邻学科(如哲学、经济学、社会学等)的发展作参照,我国的法学理论仍然比较保守和滞后。所以,理论创新是当代中国法学的第一要务。当代中国法学只有站在时代潮流的前头,以突破前人和超越洋人的巨大理论勇气进行理论创新,才能不断开拓马克思主义法学发展的新境界,为整个人文社会科学、为世界法学、为中国法制实践奉献具有领先性、创新性的思想理论成果。本刊倡导、鼓励和支持理论创新。既欢迎从新的视角和方法解读和研究经典问题的旧题新解之作,也欢迎敏锐地发现、提出前人所忽视的问题的新题新解之作。在最近两年尤其欢迎以“三个代表”重要思想为指导,以党的十六大所倡导的“三个解放”和“三个坚决”的精神,对法学理论(包括部门法学中的基础理论)进行全面的梳理和清理,对那些明显不合时宜、妨碍民主法制进步和社会发展的概念、观点、理论、学说作出严肃的学术批判。本刊愿意作为法学界的学术园地和批判精神的基地,引领和推动理论法学创新,为中国理论法学新范式、新思想、新理论、新方法的闪亮登场提供舞台。

我们的时代是理论法学和部门法学(应用法学)水乳交融的时代,理论法学与部门法学之间的界限已经相当模糊,将法学划分为理论法学与部门法学只有分类学的意义。理论法学的论题一展开,就马上辐射到法律的制度层面和实践领域,而部门法学研究稍微深入一步就会触及理论法学的神经。我们深知,理论法学的学术功能在于概括各种类型的法律制度、各个部门法及其运行的共同规律、基本范畴,从而为部门法学的教学和研究提供理论依据和指导;我们也深知离开了法律实践和部门法学,理论法学将会变成无源之水,无本之木,失却安身立命之地。为此,理论法学必须一方面以法律实践和部门法学为基础,总结法律实践的经验和部门法学的研究成果,另一方面必须高于实践、超越部门法学,从特殊上升到一般。为了消解理论法学与部门法学的人为障碍,消除理论法学与部门法学互相脱节的现象,推动理论法学与部门法学的密切结合,本刊设置"部门法哲学"和"生活中的法理"两个栏目。"部门法哲学"栏目专门刊载以部门法、部门法学中的哲学和方法问题为论题的学术论文。"生活中的法理"栏目刊载"由生活揭示法理、以法理透视生活"的案例(事例)分析、法律生活热点评论。

适应上述时代特征和理论法学创新发展的需要,本刊将进行重大的改革,同时借鉴国内外优秀学术杂志的经验,按照新的模式和规范办刊。

第一,我们要彻底改变期刊蜕化为"文集"的局面。最近十多年,国内很多学术期刊"文集化"。编辑们坐在办公室里守株待兔,从众多稿子中选择自己中意的文章,推荐给主编,最后编成一期又一期没有主题的论文集。中央决定整顿期刊的原因之一恐怕就在于此。以往本刊某种程度上也存在着这种问题。作为改变"文集化"的举措,我们将紧握时代发展的脉搏,围绕法学研究和法制建设中的重大理论问题和现实问题,特别是那些战略性、全局性、综合性、前沿性问题,科学策划能够引领学术潮流、调动写作激情的选题,组织法学界同仁以及相关学科的专家撰稿讨论,以打造团队性、集群性学术精品。

第二,我们将对编辑队伍作出重大调整。从本期开始,本刊编辑队伍将以法学理论专业的优秀博士研究生为主体。这样做,既是为了提高办刊质量,也是为了改革人事制度。编辑队伍的变化,将有利于加强编辑部与作者之间的联系,也将增强编者与作者之间的对话能力。国内外的成功经验说明,在教师指导下由研究生负责学术期刊的编辑工作是一举多得的好事。一方面,研究生们精力充沛、时间充足、思想活跃、办事认真;另一方面,让他们参与到学术期刊的编辑工作中也是对他们进行严格的学术规范和学风教育培养。我们相信有这样一支优秀的年轻编辑队伍,期刊的内容和外观都会发生积极的变化。

第三,本刊将对编辑工作的流程进行改良。本刊推行以专家评审为中心,包括责任编辑初审、专家评审、主编终审三个环节的三审程序制度。文稿经责任编辑初审认为合格后,即进入专家评审程序。专家评审实行合乎国际学术期刊惯例的匿名审稿制度,按照双向匿名的方式进行。每篇论文由两位相关领域的专家进行评审。最后,由主编根据评审专家的意见决定稿件的采用。

第四,本刊将一如既往地维护学术规范,并致力于优秀传统的形成。本刊创办初始,我们曾郑重声明,本刊是一家面向实践的学术理论刊物,融学术性与实践性、参与性为一体;本刊始终不渝地以当代中国的马克思主义为指导;本刊坚定不移地贯彻"双百"方针,鼓励和支持法学界同仁解放思想、实事求是,把所思所想忠实地表达出来;本刊愿为新思想、新观念、新学说的产生和传播提供论坛和管道;本刊不折不扣地奉行真理面前人人平等的原则,对于作者,没有年龄、资历、学派、国别等等非理性的界限,科学性和实践性是决定来稿刊登与否的唯一标准。本刊改变为理论法学专业期刊之后将更加奉行这些宗旨和原则。本刊是一个向海内外学者开放的学术园地。既欢迎成就显赫、声名远播的学术大家的来稿，也欢迎英姿勃发、锋芒初露的学术新锐的来稿。本刊愿意为今日的学术大家做嫁衣裳，也愿意为明日的学术明星做星探。

第五，本刊将利用吉林大学理论法学研究中心主办的“中国理论法学研究信息网”(http://www.legaltheory.com.cn)所提供的网络平台，开发和运营刊物的网络版。网络版不是简单地将纸质版上发表的论文上网，而是充分利用网络的技术优势，为编辑、作者和读者提供一个沟通更快捷、方式更自由、容量更大的互动空间。网络版上发表的优秀作品将有机会在纸质版上发表。这样，网络版和纸质版在保持各自特色和优势的前提下，互相呼应，共同发展。

在过去的九年里，《法制与社会发展》的成功创办，得益于法学界同仁的关怀和支持。在未来，变更后的《法制与社会发展》要步入发展的新境界，更需要法学界同仁的支持和帮助。《法制与社会发展》是法学界同仁共同的学术平台，是我的，也是你的和他的。办好《法制与社会发展》既是我们编辑人的心愿和责任，也一定是法学界同仁的共同心愿和责任。

《法苑》刊首语*

法学院院刊《法苑》已经走过7年历程。7年的成长让《法苑》逐步走向成熟。作为全面推进素质教育、丰富校园文化生活、促进学生社团活动的产物,《法苑》以其学术性、实效性、思想性等特色,不仅成为法学院师生交流的有益媒介,更成为全校乃至社会了解吉林大学法学院的窗口。

难能可贵的是,《法苑》一直保持其浓郁的学术色彩,在关注法学名家们的精辟见解的同时,它也同样成为学生们展示思想、汇聚灵感、激情创作的平台。让全校乃至社会都能近距离地感受到法学院积极而又严谨的学术氛围。看学生们的稿件,我感觉到这不仅是实践素质教育的一种很好方式,而且也是对法学院历年来不断推进素质教育的成果的展示。更难能可贵的是,《法苑》并不仅仅局限于理论的探究,面对当前法学教育体制的不完善,其对法律实务问题的探讨则更加具有现实意义。七年的积淀让《法苑》成为一份成功的院刊,其对于学院,对于学校,都有十分重要的意义。

我很感谢法学院师生们邀请我为即将诞生的第八期《法苑》题写序言。借此机会我以吉林大学法学院教授和教育部法学学科教

---

* 本文是2007年6月8日张文显为吉林大学法学院院刊《法苑》撰写的刊首语,发表于《法苑》第8期。

学指导委员会主任委员的名义，谈谈我对当下中国法学教育的几点看法，与法学学科的同学们交流。

一、法学教育应当注重基本教育

当代中国的法学教育包括五个方面的基本教育：一是马克思主义法学理论教育，包括法理学（法哲学）理论和各个部门法学的基本理论教育，用科学的法学理论武装学生，引导学生树立正确的法律观、法律价值观、权利义务观。二是社会主义法治理念教育，帮助学生树立先进的、民主的、理性的法治观，养成信仰法治、践行法治、维护法治、为法治而斗争的法律职业精神。三是中国社会主义法律制度教育，使学生深刻理解我国法律制度的核心价值和时代精神，把握以宪法为核心构筑起来的法律体系及其各个主要法律部门的基本制度和原则。四是比较法律教育和国际法律教育，即培养学生树立法律多元观和国际法治观，认识国际法在构建和谐世界、促进全球经济与社会发展中的重要作用，并运用国际法律维护中国融入全球化和实施和平发展战略中的各种权益。五是法律程序和法律方法的教育和训练，引导学生了解法律条文背后的逻辑和程序，树立程序意识，熟悉法律程序，掌握法律解释、法律推理、法律论证、法律明辨的基本方法和技能。法学专业核心课程的设置就是为了适应上述五个方面的基本教育。希望老师们认真教授核心课程，更希望同学们把主要精力投入到核心课程的学习上，为自己奠定良好的法学专业基础。

二、法学教育要正确认识和处理好三大矛盾

我国的法学教育面临三大矛盾。一是规模与质量的矛盾。改革开放以来我国的法学教育经历了三次高潮。第一次发生在20世

纪70年代末80年代初,法学教育恢复、重建,到20世纪80年代中期达到六十多所。第二次高潮是1992年建立社会主义市场经济体制之后出现的,市场经济的发展增大了对法律人才的需求,所以各地高校纷纷设立法学专业,短短七八年间,新增加法学专业二百多家,使设立法学专业的高校达到三百多家。第三次高潮是2000年以来高等学校大规模扩招之后出现的。截止2006年底,设立法学本科专业的高等院校已达603所,在校的法律专业本科生接近30万人。与本科规模的几何级发展同步,法学研究生教育也在几何级发展。目前有法学硕士学位授予权的高校和科研机构达333所,有法学博士学位授予权的高校和科研机构有29所,有11所法学教育机构设有法学博士后科研流动站。法学教育出现了速度型规模性发展态势。于是,速度与效率、数量与质量的矛盾日益突出。面对这些矛盾,教师体验到了,学生们体验到了,政法机关体验到了,司法考试机构体验到了,整个社会也感受到了。二是社会对高级法律人才需求与培养能力不足的矛盾。在全球化背景下,在法律越来越专业化、技术化、信息化的法治社会,高级法律人才稀缺成为突出问题。我们缺乏懂软件、懂网络、懂生物技术知识的法律人才,缺乏懂经济、懂管理、懂外语的法律人才,更缺乏胜任法律全球化需要的人才。而有条件、有能力培养高层次法律人才的法学院系和师资又相对偏少。三是法学中的素质教育与职业教育的矛盾。法学院希望我们的学生接受精深的法学理论和法律精神的教育,接受系统的法律知识,为未来的法律职业或法律工作奠定良好的基础,所以,不太重视法律技术、法律技能的训练。而法律实务部门则希望我们的学生一到法院、检察院、律师事务所就能够独当一面,减少过渡期。这种把大学后的职业教育让高等学校承载的压力非常强劲。如何处理好这些矛盾成为法学学科教学指导委员会和各个法学院必须认真对待的问题。我校法学院的学生们也要正确认识这些矛盾,选准自己的定位,朝着高素质法律人才的方向努力奋斗。

三、法学教育要更加强调法律职业伦理教育

法学教育承担着培养法律人的神圣使命。法律人是治国理政、维权护民的精英，应当是公民当中最优秀、比较优秀的群体。为此，法学教育要高度重视法律职业伦理教育，使法科学生树立立法为公、执法为民的职业宗旨，追求真理、维护正义的崇高理想，崇尚法律、法律至上的坚定信念，认同职业伦理、恪守职业道德的自律精神；法科学生应当成为尊重和遵守旨在维护秩序、保障公正、促进效率、实现自由的法律规则的模范，成为抵制和监督一切违法行为、捍卫法律尊严和神圣的英雄。司法系统发生的法官、检察官贪赃枉法、玩忽职守的案件，不少律师被金钱所驱动而帮助当事人销赃、指使证人作伪证而走上犯罪道路的教训，反复提醒法科学生一定要注重法律职业精神和职业道德的培养，敦促法学教师要树立先进的教育理念，既教书、又育人，指导学生学会做事、学会做人，诚信做人，公正做事。

我们的时代是加速依法治国、建设社会主义法治国家的时代，是高扬公正、民主、权利、和谐的时代，法律专业人才是当今社会亟须的精英人才群体。在这样的时代，法律人具有很高的职业声望，也承担着很高的社会责任。我希望法学院的同学们把未来职业的自豪感与当下学业的紧迫感融为一体，充分利用吉大优越的法学教育资源与人文教育和科学教育资源，用博大精深的法学知识和人文自然知识构造青春年华，用求真务实、自由民主、开放兼容、与时俱进、明德隆法的吉大精神完善自我。

美国作家霍桑说："人生包括两部分：过去的是一个梦；未来的是一个希望。"我们的《法苑》何不如是?！衷心祝愿《法苑》越办越好！

《司法研究》卷首语*

新年伊始，在瑞雪纷飞、银装素裹的辽阔大地，一朵富有生命力的思想奇葩悄然绽放——我们热盼已久的《司法研究》正式出版。

众所周知，人民群众不断增长的司法需求与我国现实的司法供给不足的矛盾，是人民法院面临的且将长期存在的基本矛盾。特别是进入新世纪以来，一方面，随着改革的深化、开放的扩大、经济社会的发展，随着依法治国方略的全面实施和法治国家的加快建设，人民群众的法治意识、人权意识、诉讼意识不断增强，越来越习惯于从法律和权利的角度提出利益主张，越来越要求通过法律程序解决矛盾和纠纷，并把公平正义的终极期待寄托于司法机关，现实表现为各类诉讼案件不断增多，日趋呈现“井喷”态势，我国超乎预想地提前进入了“诉讼社会”。另一方面，我国的司法体制和工作机制与经济社会科学发展不甚适应，物质、政治、精神三个层面的司法资源严重不足，司法职业者的工作理念、素质和能力亟待提高，使得这一基本矛盾日益凸显，并致使司法权威性难以彰显，司法公信力难以提升。面对这种形势和挑战，必须深化司法体制

---

* 本文是张文显为《司法研究》（以书代刊连续出版物）撰写的卷首语。《司法研究》由法律出版社自2010年开始出版。

改革,优化司法职权配置,规范司法行为,建设公正高效权威和谐的社会主义司法制度;必须更新司法理念,提高司法能力,转变司法作风,补充司法能量。而这一切都需要科学理论和实践智慧的支持,需要建设学习型司法机关、培养研究型法律人才。

《司法研究》以中国特色社会主义理论体系、社会主义法治理念和司法理论为指导,以推进司法事业科学发展、满足人民群众日益增长的司法需求为中心,组织课题研究,荟萃研究成果。《司法研究》涉及的研究范围和领域是全方位的,既包括对司法权力、司法体制、司法机制、司法文化、司法改革、司法科技等宏大问题的高瞻远瞩的探索,又包括对立案、审判、执行、涉诉信访、审判管理和监督机制等具体实践问题的见微知著的洞察;既要对传统法理和司法理念有所创新,又要对热点法律问题作出积极回应;既有对司法经验的理论升华,又有对典型案例的分析评判;既有对国内法律适用问题的专题研究,也有对外国和国际司法的比较研究。同时,《司法研究》的文体格式也是多元化的,既注重慎思明辨的学理论文,又欢迎警世喻人的随笔漫谈;既推崇历时性提炼的精品,又欣赏即时性感悟的美文……

《司法研究》是开放的,就作者和读者群体而言,不限于吉林省法院系统,而是面向全国法院系统;不限于法官群体,而是面向包括警官、检察官、法官、律师、法学教师和其他法律工作者在内的法律职业共同体,面向关注司法和法治问题的社会各界人士。这种开放性决定了《司法研究》属于并依赖于法律职业共同体,属于并依赖于全社会。

马克思说过,“在惊涛骇浪的思想海洋上,我进行过长期的浮游和探索,我在那里找到了真理的语言,并紧紧地抓住了被发现的东西”,此语道破了思想的历程和思想的浪漫。马克思还说过,“哲学家们只是用不同的方式解释世界,而问题在于改造世界”,此语揭示了思想的真谛和思想的价值。我们期待着理论界、司法界和社会各界人士，遵循马克思主义的实践哲学，把您在思想海洋上经过浮游和探索而获得的新发现、新知识、新概念、新理论、新经验，以自己热衷和擅长的文体形式惠赐本丛书。我们相信，您的思想理论和司法经验经过本书的传播，必将为中国特色社会主义司法制度、中国特色社会主义法治建设事业以及人类社会的法治文明注入精神力量。

我们期待着《司法研究》演奏出新世纪司法思想的交响乐！在法治理论与实践的百花园中绽放出绚丽的色彩！

2010 年 1 月 1 日

在第三届部门法哲学研讨会上的致辞*

闭幕辞可长可短:长的上万字,短的只有一句话,我讲一段话。

为期两天的第三届部门法哲学研讨会就要闭幕了。为什么把一天半说成两天呢?我是按照有效工作时间、实际工作时间计算出来的。

作为主办单位的负责人,我非常赞成李步云教授、吕忠梅教授、黄文艺教授的总结发言。概括三位教授的总结发言,可以说本次会议达到了推进部门法哲学深入发展的预期目标,实现了三项指标:

指标之一:应邀前来参会的学者有些是国内本学科领域的领军人物、领袖人物,例如,李步云先生是法学界思想解放的旗手、集法哲学研究、宪法学研究、人权理论和人权法研究于一身的学术大师;樊崇义先生是中国特色社会主义诉讼法学、证据法学、刑事诉讼制度的主要策划者、主要推动者之一;蔡守秋先生是环境法学特别是新环境法学理论的主要奠基人;严存生先生是我国法理学、西方法哲学研究领域的代表性人物之一。有些是本学科领域承前启后、继往开来的领衔人物,诸如徐国栋、谢晖、孙育玮、李浩、吕忠

---

* 本文是2010年1月31日张文显在吉林大学理论法学研究中心和吉林大学法学院主办的“第三届部门法哲学研讨会”上的闭幕词。

梅、邱本、余凌云等等。其他的可以说是我国法学界新生代的杰出代表,是冉冉升起的学术新秀。

指标之二:研讨会的论文和发言覆盖了我国法学的各个领域,从法理学、法律史学到宪法学、行政法学、刑法学、民商法学、经济法学、社会法学、环境法学、诉讼法学、国际法学,数十篇高质量论文和上百次高水平发言,从不同的理论维度和研究范式,展示了部门法哲学的研究成果,表征了 2004 年第一届部门法哲学研讨会以来部门法哲学研究的新发展。这里借用了樊崇义老师的用语。

指标之三:自由的学术气氛和民主的学术秩序给与会者创造了解放思想、互相争鸣、包容差异、走进共识的良好环境。会场之外,老中青三代学者互相尊重、互相关怀;会场之内,不分年龄、资历、辈分、背景,学术面前一律平等、真理面前言论自由。这种氛围和环境本身就是法哲学的反思、追问、批判的本质特征。

恩格斯写过一本充满激情和理性的著作《路德维希·费尔巴哈与德国古典哲学的终结》,是我大学期间读的第一部哲学经典著作,也是我最喜欢阅读的两本经典著作之一。高清海老师说,在德文中,“终结”这个词应当翻译为“出路”。由此可以说,第三届部门法哲学研讨会闭幕,就是第四届部门法哲学研讨会即将开幕。现在,我宣布第三届部门法哲学研讨会闭幕,同时宣布第四届部门法哲学研讨会将于 2011 年金秋时节在北京举行,主办单位是北京理工大学法学院和吉林大学理论法学研究中心,现在我向闭幕式主持人姚建宗教授建议,请北京理工大学法学院院长谢晖教授发布邀请。

在中国法治之路与法律职业共同体学术讨论会上的致辞*

会议开幕词

经过几个月紧张有序的筹备,“中国法治之路与法律职业共同体”学术研讨会在风景秀丽、环境宜人的镜泊湖顺利召开,请允许我再次代表八家主办单位向各位专家、各位领导的光临表示热烈欢迎和衷心感谢!

召开这样一个主题会议是基于以下两个方面的考虑:

第一,党的十五大提出依法治国、建设社会主义法治国家战略目标的同时,明确提出推进司法改革的战略任务。最近几年围绕着司法改革,法学界与法律实践部门进行了持续不断的研讨,并作了大量实际的改革试验。但是,这些研讨活动和试验总体上存在两个问题:一是过于注重体制因素,而忽略了人的因素,或者说对体制改革谈的较多,而对作为司法体制基础的法律职业群体关注

---

* 本文是2002年7月张文显在“中国法治之路与法律职业共同体学术讨论会”上所做的开幕词和闭幕词。

不够；二是法官、检察官、律师、学者各自谈各自的多，而缺乏整合的研究，缺乏沟通机制和整合性的研究。

第二，法官法、检察官法、律师法的修订，越来越注意法律职业的共性因素，即共同的知识背景、共同的社会理念、共同的法律机能、共同的职业伦理，越来越注重这三种职业的共同的准入标准，强调他们在推进依法治国方面的共同作用，而统一司法考试更有利于法律职业共同体的形成和发展。

基于这样两个方面的考虑，我们八个单位经过切磋，决定发起召开一个由法官、检察官、律师和法学学者共同参加的会议，研究在中国走向法治之路上法律职业共同体的性质、作用以及法律职业共同体的形成和发展。

松散意义的法律共同体包括一切从事法律工作的人们，严格意义的法律共同体仅包括以法律活动为专业和职业的群体，主要是法官、检察官、律师和法律学者。他们构成了法律职业的共同体。这个群体中的人们都受过系统的法律职业教育和训练，他们有着以权利和义务作为中心概念的参照系，以及以这一参照系为定向的解释法律和进行法律推理的方法；他们无论是负责起诉的，审判的，还是为当事人做代理、做顾问、做辩护的，他们的职业目的都是为了权利的明示、清晰、维护和补救；他们认真对待权利，也认真对待义务和责任；他们认真对待自己的当事人的利益，也认真对待公共利益和法律利益，在执法、司法的过程中，在其法律服务中，在其进行法学教育和法学研究中，其共同的职业意识在于维护社会正义和自由，维护法律的权威，推动法治国家的完善；他们有成文的和不成文的行业准则，并以行业准则严格约束自己的言行，并使共同体成为全社会公正、高效、廉洁自律的楷模。

法律职业共同体的形成和发展是中国建设社会主义法治国家、走向法治社会的必然和必需。中国走向法治社会必然要求有一个成熟的、强大的法律职业共同体，这样一个共同体也只能在法

治社会中得以形成和壮大,有了这样一个法律职业共同体,依法治国、建设社会主义法治国家的目标才有望实现。所以,我们把法治、法治之路与法律职业共同体连接在一起,作为这次会议的主题,研讨在中国步入法治社会的过程中法律职业共同体的历史地位、历史作用、历史责任、历史命运。

我们举办这次会议宗旨在于为大家提供一个充分表达思想观点、广泛交流研究成果、深入开展学术对话的场所,为大家创造自由、平等、民主、严谨的学术氛围。希望各位专家能够在这样一个场所和氛围中奉献自己的精神产品,分享学术研究的乐趣和改革的成果。参加这次会议的各位专家,无论是从事实践工作的,还是从事理论研究的,对这个主题都有较高的热情和关注,有比较深入的理解和研究,有些同志还直接从事司法改革的研究和操作。我们有理由相信,有大家的热情参与和支持,这次会议一定能够取得预期的目标。

这次会议由八个单位主办,由吉林大学理论法学研究中心、国家检察官学院、牡丹江市人民检察院负责承办,其中具体的接待和会务主要由牡丹江市人民检察院负责。这些天,牡丹江市人民检察院从领导到具体工作人员全力以赴投入会务,并投入了很大的物力和财力,保障会议圆满召开。让我们再次以热烈的掌声感谢牡丹江市人民检察院的领导和同志们!

最后,我宣布一下会议的规则:整个会议分为 8 个单元,每个单元有 1 个主题。每个单元、每个主题由 2 位专家主持,3—4 个专家做主题发言,3—4 个专家自由发言,1 个专家做评论。每个单元结束的时候由主持人就本单元的研讨做个小结。主题发言的时间控制在 10—12 分钟之内,自由发言的时间控制在 5 分钟之内,评论控制在 10 分钟之内,小结的时间由主持人根据时间自行掌握。希望大家共同遵守我们的游戏规则。谢谢大家!

会议闭幕词

会议安排了三位作闭幕词，我感觉李检察长的闭幕词很像是对会议的评论，贺卫方教授的闭幕词很像是一个学术总结，下面就该我说一些闭幕词的套话了，真正的套话。

这几天经过大家的共同努力，我们在开幕式上所说的预期的效果已经完全达到了。首先引起了或进一步引起了大家对法律共同体的建构以及法律共同体在中国法治国家、法治文明、法治社会当中的地位和作用的关注，这个关注本身就是这次会议的巨大的收获。另外，在几天的研讨中，大家发表了许多具有启发意义和后续研究价值的观点和精辟的论述，这些也将作为一个实质性的成果载入到课题研究中，载入到法律共同体形成和发展的历史当中。此外，在会上、会下的广泛交流、争论进一步地深化了学术思想，也进一步地增进了我们的友谊。我想这次会议的预期效果可以用这三个方面作为概括。

其次，我们这次会议创造了或者说是强化了一种新的学术会议的范式。通常的会议都是安排好有多少人发言，每个人都拿着自己的论文搞半个小时或者更长时间的宣读，而下面的人似乎都在昏昏欲睡。我们这次会议一开始提倡大家提交论文，但是更提倡发表一些论文提纲和即时的、有针对性的见解，所以这次会议没有要求论文，也没有要求书面的提纲，只是希望大家带着思想到这里来。正像贺卫方先生给我们大会递交的一篇文章（我不说是论文）创造了一种新的文风，它采取对话的形式，也许这篇对话将来能够像《论语》、像柏拉图和苏格拉底、亚里士多德的对话一样。当我们这次会议的对话、交流将来以文字的形式、以数字的形式、以电子信息的形式出现在出版社的出版物当中，出现在我们中国的理论法学研究信息网的网站上，出现在全国乃至世界的其他媒体

上的时候，我们也会享受到一种新的学术范式的喜悦，我们也会为这次新的学术会议的范式感到高兴。

我们大家都注意到了我们会议的工作人员对大家的发言作了全程的录音和录像，会后我们将立即动员和组织吉林大学法学院的研究生进行整理，整理出来以后我们将打印出来，分送到各位发言的专家那里，请各位专家对自己的发言进行校正和完善，我们希望基本上保留会议上的原汁原味，能够看到陈卫东先生的执意发难和辩护，也能看到贺卫方先生不顾情面的批判，在社会上的读者和网民们能够从我们的文字材料里面感受到这样一种学术会议的氛围和场景。我希望大家只是在文字上作一些修改，或者把自己想说而由于时间的限制没有说完的话补充进去，不要泛化了我们今天的内容，更不要减弱了我们会上的争论以及充满了辩论式的学术氛围。

作为这次会议的东道主，牡丹江市人民检察院李检察长、姜检察长和其他的领导同志为会议作了精心的安排，保证了会议的圆满召开和胜利闭幕。同时我也要感谢全体会务工作人员，包括国家检察官学院的会务人员、牡丹江市人民检察院的会务工作人员和吉林大学理论法学研究中心的会务工作人员，由于他们的艰苦的、辛勤的、非常周到的劳动，使得我们的会议取得了圆满的成功。我在这里再次代表我们主办单位向上述同志表示衷心的感谢！也向所有的专家表示感谢！

中国法治的科学发展 *

尊敬的各位专家,同学们,老师们:

去年10月,受法学理论博士生论坛秘书处的委托,我与厦门大学法学院宋方青教授商定在厦门举办第五届全国法学理论博士生论坛,并与厦门大学法学院法学理论专业的博士生们一起讨论并确定了本届论坛的主题与分论题。经过半年时间的筹备,第五届全国法学理论博士生论坛今天隆重开幕了。吉林大学理论法学研究中心是论坛的发起单位,作为中心主任和本次论坛的学术顾问,我怀着激动的心情向论坛的开幕表示热烈祝贺,向前来参加论坛的博士生同学们表示热烈欢迎,向大力支持本届论坛的厦门大学及其法学院的各位领导表示衷心感谢,也向朱苏力、宋方青、郑成良、孙笑侠、葛洪义、黄文艺、杜宴林等论坛学术顾问表示衷心感谢。

2005年首届论坛举办的时候,全国只有9个法学理论博士点,如今增加到了17个,分布更加合理,阵容更加壮大。17个法学理论博士点都有博士生参加本届论坛,除此之外,来自台湾、香港的

---

* 本文是2009年4月9日张文显在厦门大学举行的主题为"中国法治的科学发展"的"第五届全国法学理论博士生论坛"上的致辞。

法学理论博士生也参加了本届论坛,可以说是名副其实的全国法学理论博士生论坛,也可以说这个论坛的凝聚力、影响力越来越大。

凡是论坛都要有一个鲜明的主题。本次论坛的主题是“中国法治的科学发展”。这是一个理论性、综合性、现实性和前瞻性都很强的主题。今年是新中国成立60周年。60年的法治建设可以划分为两大阶段,大体是两个30年。从1949年中华人民共和国成立到1978年12月,是我国社会主义法治建设艰辛探索、几经曲折的历史时期。从1978年12月中共十一届三中全会召开到现在,是我国法治在中国特色社会主义道路上迅速发展的历史时期。经过30年的建设、改革和发展,我国社会主义法治建设取得了举世瞩目的成就:

确立了依法治国基本方略。实行依法治国,建设社会主义法治国家,成为国家基本方略和全社会共识。以依法治国为核心内容、以执法为民为本质要求、以公平正义为价值追求、以服务大局为重要使命、以中国共产党的领导为根本保证的社会主义法治理念逐步确立。全社会法律意识和法治观念普遍增强,自觉学法守法用法的社会氛围正在形成。

中国共产党依法执政能力显著增强。中国共产党不断增强科学执政、民主执政、依法执政的自觉性和坚定性。中国共产党领导人民制定宪法和法律,同时以宪法为根本的活动准则,在宪法和法律的范围内活动,坚持宪法和法律至上,带头维护宪法和法律的权威,最广泛地动员和组织人民依法管理国家事务和社会事务、管理经济和文化事业。通过领导立法、带头守法、保证执法,中国共产党执政地位不断巩固。

以宪法为核心的中国特色社会主义法律体系基本形成。在现行宪法基础上,制定并完善了一大批法律、行政法规、地方性法规、自治条例和单行条例,法律体系日趋完备,国家经济、政治、文化和社会生活的各个方面基本实现了有法可依。立法的科学化、民主化水平和立法质量不断提高，法律在促进经济社会发展、维护社会公平正义、保障人民各项权利、确保国家权力正确行使等方面的作用不断增强。

人权得到可靠的法制保障。在通过经济社会发展改善人民的生存权和发展权的同时，国家高度重视通过宪法和法律保障公民的基本权利和自由。依法保证全体社会成员平等参与、平等发展的权利。随着法律规定、司法体制、维护权益机制的不断完善，人权在立法、执法、司法等各个环节得到了更加充分的保障，人权事业全面发展，公民的政治、经济、社会、文化权利得到切实尊重和全面保障。

促进经济发展与社会和谐的法治环境不断改善。按照建立社会主义市场经济的要求，加强经济立法，完善宏观调控，依法禁止任何组织或个人扰乱社会经济秩序。中国建立健全了一系列促进经济发展、维护市场秩序、实现社会公平正义的法律和制度，初步建立了社会主义市场经济的法律制度，以社会保险、社会救助、社会福利为基础，以基本养老、基本医疗、最低生活保障制度为重点，以慈善事业、商业保险为补充的社会保障体系不断完善。

依法行政和公正司法水平不断提高。通过建立健全行政执法和司法的组织法制和工作机制，保证了行政和司法机关按照法定权限和程序行使权力、履行职责。行政立法和制度建设进一步加强，各类公开办事制度不断完善，法治政府建设不断推进。公安机关依法履行职责，维护国家安全和社会治安秩序，保障人民安居乐业。审判机关和检察机关依法独立行使审判权、检察权，坚持以事实为依据、以法律为准绳，坚持公民在法律面前一律平等，维护和实现司法公正和权威。

对权力的制约和监督得到加强。不断建立健全决策权、执行权、监督权既相互制约又相互协调的权力结构和运行机制，已建立起比较完善的监督体系和监督制度，监督合力和实效不断增强。各级人民代表大会及其常委会依法对本级人民政府和人民法院、人民检察院进行监督。人民政协充分发挥民主监督作用，监督行为逐步制度化、规范化。公众和新闻舆论对政府及司法工作的监督渠道不断拓宽。质询、问责、经济责任审计、引咎辞职、罢免等制度的日益健全，保证了对国家公务人员的监督有力有效。

中国特色社会主义法律体系基本形成，执法和司法的质量和水平显著提高，广大人民群众的法律意识和法治观念得以普及。

进入21世纪之后，中国的法治建设也进入了新的历史起点。党的十七大站在新的历史起点上，提出了“全面实施依法治国基本方略，加快建设社会主义法治国家”的奋斗纲领。为了实现“全面实施”和“加快发展”的十七大提出的法治建设纲领，必须把法治建设纳入科学发展的轨道，走中国特色的科学发展道路。这就是我们确定本次论坛主题的动因。

以我的理解，中国法治的科学发展，或者说法治建设的科学道路，应当把握这样几个方面：

第一，以人为本。首先是符合人性，控制野性，引导理性；弘扬人性善的一面，消解人性恶的一面。其次，要尊重和保障人权。第三，要大力弘扬人文精神。走文明法治之路。

第二，从国情出发。我们的国情概括而言就是：古老文明大国；封建传统悠久；社会主义初级阶段（时间维度）；全球化进程中的政治大国和经济大国（空间维度）。

第三，符合当代中国社会发展的基本趋势：市场经济——主体平等、物权保障、公平竞争、契约自由、国家调控；民主政治——主权在民、权力制约、有限政府、社会参政；和谐社会——人与人的和谐、人与群体的和谐、人与社会的和谐。

第四，符合法治发展的普遍规律和中国法治发展的特殊规律：

从习惯中衍生到独立于习惯;德法不分、法教合一到德主法辅、再到依法治国与以德治国的统一,再到法治国家;诸法合一、以刑为主,到公法与私法相对分化;从统治的法治到管理的法治。走和谐法治之路。

全球化与法哲学研究范式转换*

——在全国首届法学理论博士生论坛上的致辞

来自全国各地的老师们、同学们，对本次论坛给予宝贵支持的同志们、朋友们：

你们好！

经过历时一年紧张而有序的筹备，首届全国法学理论博士生论坛，今天在绿草如茵、百花争艳的吉林大学隆重开幕了。吉林大学理论法学研究中心是论坛的发起单位和首届论坛的主办单位，作为中心主任和本中心全体师生的代表，我怀着激动的心情向论坛的开幕表示热烈祝贺。

首届论坛得到了全国高校和研究机构全部9个法学理论博士点的研究生的积极响应和支持，今天来自中国社会科学院和8所高校的34名博士生代表汇集长春，共同构筑这属于你们自己的学术舞台。我怀着热切而喜悦的心情向同学们表示由衷的欢迎。

---

* 本文是2005年5月18日张文显在吉林大学理论法学研究中心主办的首届“全国法学理论博士生论坛”上的致辞。

去年5月，吉林大学理论法学研究中心邀请全国各个博士点的研究生代表来到长春，制定了全国法学理论博士生论坛章程，组建了法学理论博士生论坛筹备委员会，并邀请各个博士点的学科带头人代表组建了论坛顾问委员会。在过去的一年中，筹委会的各位同学以饱满的热情、科学的态度和团结协作的精神，开展各项学术准备和会务筹备工作；顾问委员会的各位学者以主持和参与国内外学术论坛的丰富经验指导筹委会，并从各个方面支持筹备工作。由于大家的共同努力，首届论坛如期顺利举办。在此，我向为首届论坛做出积极贡献的全体同学、老师及工作人员表示衷心感谢和敬意，并祝愿全国法学理论博士生论坛以今天为起点百尺竿头、更进一步。

本次论坛以“面向全球化的中国法学”为主题。这是一个可以充分凝聚知识、深化思想、联结实践、引导学术进步的论题。全球化是个综合概念，既表征人类活动范围和组织形式从地方到国家再到世界范围的扩大，也表征人类社会经济、政治、文化、环境等方面综合性发展趋势。20世纪70年代以来，我们生存的这个世界发生着以经济全球化、公共事务全球化、环境全球化、人权全球化为主要内容的历史变迁。全球化正在有力地改变着人类社会的生产方式、生存状态、文化模式和政治法律制度。在这样一个全球化时代，观察和处理任何基础性、战略性、全局性事务，都必须有全球视野、全球思维，要有全球化的“问题”意识，应对全球化的战略举措。伴随着经济、公共事务、环境和人权的全球化，以法律的“非国家化”、“标本化”、“趋同化”、“一体化”为标示的法律全球化运动加速发展，法律的现代精神、全球精神、人类文明普适精神、法律职业的共同体精神必将贯通法律体系和法律实践。与此相适应，法学研究范式尤其是法哲学研究范式必将出现新的转向，即全球化(globalization thinking，globalization paradigm)转向。

近代以来，科学知识的生产和增长有两种比较流行的、最为有效的方式。一是通过批判，即通过证伪与纠错检验理论假设，纠正理论错误，推进知识增长；二是通过科学范式的引领和转换、即通过提出一套全新的发现问题和解决问题的思维方式和理论框架推进知识更新和科学革命。法学研究中的全球化范式，是一种与基于地方性知识、国内法知识、传统法知识而形成的法学研究范式截然不同的新范式。全球化范式提供了法律本体论的一套新的理解系统，即有关法律的本质和发展规律的新的理论体系；提供了新的、全景式的法学视窗，即观察和思考法律与社会问题的新的理论背景、分析框架和参照系；提供了新的审视、批判和重构法学知识的工具。在全球化时代，法律发展，法制现代化，法学教育，依法治国、建设社会主义法治国家的一些根本性问题必须在全球化的背景中、在全球治理的结构中、在应对全球化的经验中，加以研究和解决。我相信，全球化范式的形成和广泛采用，必将推进法学界进一步解放思想、与时俱进，推进中国法学国际化进程，推进中国法制面向法律全球化的变革。

当然，法学研究中的全球化范式并非意味着对全球化不加甄别地热烈拥抱。全球化是一张普洛透斯似的脸，变化无常、随时可呈现不同形状，并具有极不相同的面貌。全球化的味道不完全是甘甜的，有时候它很酸，有时候它很苦，有时候它很辣，有时候它还很涩。真可谓苦甜酸辣涩五味俱全。面对政治领袖在全球化社会问题上的兴利除弊，理论家要在全球化学术问题上开展反思和追问。法律人一方面要正视全球化、善待全球化、融入全球化，另一方面要防止全球美国化、西方化、英语化，警惕个别国家或少数国家借助全球化的名义而推行政治单边主义、经济霸权主义和法律帝国主义。我们高兴地看到本次论坛提交的论文，在全球化问题上有证成、有批判，有前瞻、有反观，有发散式思维、也有收敛式思维，尽管是各个作者独立完成自己的作品，相互之间却不乏辩论和争鸣，呈现出一幅百花竞放的图景。我为这种学术景象而振奋，为年轻一代法律人的学识和学风而欣慰。

同学们，老师们，本次论坛计划三天。我预祝论坛的整个过程始终充满自由、民主和快乐，祝愿同学们在自由中畅想和漫谈，在民主中对话和互补，在快乐中度过每一刻时光。

谢谢！

在反思与前瞻中健康发展*

尊敬的陈光中先生，各位教授，各位同学：

经过四个多月的筹备，中国法学的反思与前瞻学术论坛今天开幕了。首先，我代表主办单位向放弃国庆假日前来参会的各个高校和研究机构的专家表示热烈欢迎和衷心感谢！

同志们，学术的健康发展离不开学术界自觉的、理性的反思与前瞻。自1978年以来，伴随着中国社会的深刻转型和依法治国、建设社会主义法治国家的进程，中国法学日渐清晰地展露出它应有的中国特色和中国气派，也日渐充分地显豁出它内在的矛盾和缺陷。在中国和世界面临新的历史机遇和时代挑战的今天，我们要进一步推进中国法学研究，必须对中国法学进行深入的反思和检讨。反思是为了总结经验，查找问题；前瞻是为了发现趋势，明确方向。进入本世纪以来，法学界有意识地组织了这方面的活动。例如，2000年12月，北京大学法学院和《中国社会科学》杂志社举办了"中国法学研究范式的转变"学术研讨会，2003年，中国人民大学法学院举办了"马克思主义法学与当代"学术研讨会，2004年1

---

* 本文是2005年10月5日张文显在吉林大学理论法学研究中心举办的"中国法学的反思与前瞻学术论坛"上的致辞。

月,吉林大学理论法学研究中心与教育部其他法学研究基地共同举办了"全球化时代的中国法学"学术研讨会,等等。中国法学会各主要研究会也分别举行了反思性、前瞻性的学术活动。中央马克思主义理论研究和建设工程法学教材课题组组织全国一百多位教师对法理学研究和教学的现状进行了全面的反思,提出了构建中国特色、中国风格、中国气派的马克思主义理论体系和法学学科体系。在此期间,许多学者和单位发表或出版了这方面的学术论著。例如,李步云教授发表的《新时期中国法理学的发展》,朱苏力教授发表的《也许正在发生——中国当代法学发展的一个概览》、《面对中国的法学》,张文显教授发表的《新时代新阶段的中国理论法学》,徐显明教授关于中国法理学八大切换的论述,吉林大学理论法学研究中心主持编写的《世纪之交的中国法学》。尤其是邓正来教授在《政法论坛》2005 年第 1—4 期发表了《中国法学向何处去》系列论文(约十七万字)。上述论文和论述对 1978 年以来中国法学特别是理论法学的发展状况进行了系统的梳理和反思,提出了中国法学面临的历史机遇、历史任务、未来走向,论述了法学发展的一系列重大问题。

21 世纪的中国为法学的发展提供了广阔的舞台,也向法学提出了前所未有的需求。即将召开的中共十六届五中全会将讨论"十一五"经济和社会发展规划,这个规划的某些要点将为法学的发展提供难得的机遇和环境。面对这种历史机遇和责任,我们有必要重新回观中国法学,深化对中国法学的反思,展望中国法学的前景,规划中国法学的未来;也有必要通过论坛或研讨会的形式面对面地交流认识,促进共识,增进合作。基于此种认识,在征询一些学者建议之后,我们决定举办这次论坛,为法学界搭建一个反思与前瞻的平台。反思的时间跨度,可以是改革开放以来法学的历程,也可以是最近十年、五年法学的历程;反思的对象,可以是整个法学的发展道路和整体状态,也可以是法学的某个领域的知识形态;可以是法哲学(法理学),也可以是法律学;可以是法学的理论,也可以是法学的方法论,还可以是作为理论与方法论有机结合的法学研究范式,等等。在反思基础上做出前瞻,按照时代发展的趋势和理论演进的逻辑科学地预测并规划中国法学的未来发展。

同志们,任何反思和前瞻,都离不开理论坐标和实践坐标,或者说理论参照和实践参照。我认为,对中国法学进行反思和前瞻的理论坐标是马克思主义,特别是中国化的发展着的马克思主义的理论和方法论,实践坐标是中国特色社会主义法治建设的实践经验、实践需要、实践问题。我们深信与会代表一定会以与时俱进的马克思主义为指导,从中国经验、中国问题、中国需要出发,经过充分的讨论和争鸣,为我国法学的健康发展明晰方向,铺设道路,凝聚力量。

本次论坛筹备过程中,我们得到了学术界的广泛支持和帮助,特别是在座的专家学者的支持,在此,我代表吉林大学理论法学研究中心,向大家表示衷心感谢。

最后,预祝本次论坛圆满成功!祝各位专家身体健康,万事如意!

全球化时代的中西法律文化研究*

各位学界同仁，各位来宾：

经过半年多的筹备，“中西法律文化比较研究国际学术研讨会”今天隆重召开，我谨代表教育部人文社会科学重点研究基地·吉林大学理论法学研究中心向来自国内外的法学家们表示热烈欢迎，向大会的顺利召开表示热烈祝贺。

自20世纪80年代中期开始，中国法学领域兴起了法律文化研究热潮。法律文化研究中的基本问题包括法律文化的基本理论研究、法律文化研究的方法论、中华传统法律文化（法律文化传统）研究、中国法律文化的现代化、中西法律文化比较研究、法律的本土化与国际化模式比较分析，等等。随着法律全球化时代的到来，中西法律文化比较研究更显示出其独特的理论价值、实践意义和学术品位。法律文化比较研究旨在探索法律文化调适和变迁的规律、途径和方式。法律文化的比较研究涉及的主要课题有：东西方法律文化的总体精神和宏观样式的差异性，主要法系之间的差异性，当代各主要类型法律文化的民族精神的比较，不同法律文化的

---

* 本文是2004年7月26日张文显在吉林大学理论法学研究中心、吉林大学法学院举办的“中西法律文化比较研究国际学术研讨会”上的致辞。

成因及其生态环境,各种法律文化类型的亚文化比较,法律文化冲突、交融的模式,法律文化变迁的主要模式。

中国是世界上文明发达最早的国家之一,法制文明是中国古代文明的重要构成和明显标志。中国古代法制文明中有许多超越时空、具有普遍价值的因素。例如,注重法律的人文精神,强调以人为本,以民为本,社会和合,善于通过人文精神对社会成员心理和观念世界的整合与引领,来维系和范导整个社会;注重礼法互补,主张德治与法治并存,强调明德慎刑;注重法律的教育功能,主张以法为教,强调法律的任务不仅是“禁暴惩奸”,而且要“弘风阐化”,“仁义礼乐者,皆出于法”;注重治国者、执法者的道德品质以及对国家的责任感和使命感,主张为官者、执法者要清正廉洁,光明正大,发挥以吏为师的榜样作用;注重法律的综合意义,主张对法律条文和典籍从天理、国法、人情的有机结合上予以解释和注释,法律的实施也不能就事论事;注重变法促进,强调通过变法革新来解决社会深层次矛盾,保持社会稳定,推动社会发展。诸如此类因素多得很,它们所包含的真理意义和价值意义即使在今天仍未退色。而西方社会的法律制度自古罗马开始就充满着财产神圣、契约自由、富有理性的文化传统,特别是近代以来受文艺复兴思潮的滋润和资产阶级启蒙运动的改革,这种文化传统凝聚为西方法律的现代精神,即以人文主义、理性主义、权利本位、人权神圣、契约自由、民主共和、程序优先为核心要素的现代法律精神。所以,我们一方面要开发中华法律文化的本土资源,使之成为再生资源,另一方面要移植西方法律文化的精华,使之成为中国法律发展的宝贵资源。

在法律文化比较研究方面,有两种模式:一种是两只眼模式,一种是视点重合。过去我们讲要有两只眼睛,现在要讲视点的重叠。

最后,祝研讨会圆满成功!祝各位与会人员身体健康!

愿中华法系在21世纪实现伟大复兴*

尊敬的与会专家，女士们，先生们：

在喜迎中华人民共和国建国六十周年之际，我们迎来了中国法律史学会三十华诞。三十年前，中国法律史学会在长春成立。其意义不仅在于“文革”结束后第一个全国性法学研究团体的诞生，而且在于她开辟了中国法学界思想解放、守正创新的道路。在此，我仅以中国法学会、教育部社会科学委员会法学学部、吉林省高级人民法院的名义，向法律史学科的前辈和中青年精英们表示崇高的敬意，并向中国法律史学会成立三十周年纪念大会暨2009年年会表示热烈祝贺。

法律史学研究与中国特色社会主义法治建设道路密切相关。前不久，我向中央有关部门提交了一篇研究报告，题目是《中国特色社会主义法治建设道路》。我认为，中国特色社会主义法治建设道路的基本表征是：第一，党的领导、人民民主、依法治国的有机统一；第二，依法治国与依法执政的有机统一；第三，依法治国与以德

---

* 本文是2009年7月13日张文显在中国法律史学会主办，吉林大学理论法学研究中心、吉林大学法学院承办的“中国法律史学会成立30周年纪念大会暨2009年年会”上的致辞。

治国的有机统一;第四,建设法治国家与建设法治社会的有机统一;第五,立足国情与面向世界、传承中华优秀法律文化传统与借鉴人类社会法治文明成果的有机统一。中国特色社会主义法治建设道路的实践基础是:共产党领导的新民主主义法制建设,建国以后至20世纪70年代末所进行的艰辛曲折的社会主义法制探索,特别是改革开放以来围绕着发展社会主义民主、建设社会主义市场经济、构建社会主义和谐社会和全面推进改革开放所进行的立法、执法和司法经验。中国特色社会主义法治建设的文化根源是博大精深的中国法律文化传统。中国是世界上文明发达最早的国家之一,法制文明是中国古代文明的重要构成和明显标志。中国古代法制文明中有许多超越时空、具有普遍价值的因素。例如,注重法律的人文精神,强调以人为本,以民为本,社会和合,善于通过人文精神对社会成员心理和观念世界的整合与引领,来维系和范导整个社会;注重礼法互补,主张德治与法治并存,强调明德慎刑;注重法律的教育功能,主张以法为教,强调法律的任务不仅是"禁暴惩奸",而且要"弘风阐化","仁义礼乐者,皆出于法";注重治国者、执法者的道德品质以及对国家的责任感和使命感,主张为官者、执法者要清正廉洁,光明正大,发挥以吏为师的榜样作用;注重法律的综合意义,主张对法律条文、典籍和案例从天理、国法、人情的有机结合上予以解释和注释,法律的实施不能就事论事;注重变法促进,强调通过变法革新来解决社会深层次矛盾,保持社会稳定,推动社会发展。改革开放以来,我们加强了法律文化研究,在对中华传统法律文化的丰富资源进行梳理和甄别的基础上,进行了现代化的改造和扬弃,把那些能够与科学、理性、民主、自由、公平、人权、法治、和平、秩序、效率为内容的时代精神融为一体的文化传统融入了社会主义法治之中,使中国法治的民族精神和时代精神浑然一体,充分显示中国特色社会主义法治的深厚基础和巨大优势。

过去,我们主张以史为鉴,把历史学理解为温故而知新的学问，现在看来是远远不够的。就法律史学来说，它不仅让我们背过身子向后看，温故而知新，而且她本身就是中国特色社会主义法治建设和文化建设的组成部分。所以，教育部法学学科教学指导委员会高度重视法律史学的课程建设和教材建设，把法律史学作为高等法学教育核心课程，并建议司法部将法律史理论和知识作为国家统一司法考试的必考科目之一。这样做并非单纯为了保持法律史学的学科地位和法学的学科体系，而是要教育法科学生认真对待中国法律文化优秀传统，牢固树立法治建设的中国意识，坚定不移地走中国特色社会主义法治建设道路。

法律史研究是吉林大学的传统优势。吉林大学法学院非常重视继承这种传统，重视法理学与法史学的内在联系与互相支撑，我们两个学科以教育部人文社会科学重点研究基地·吉林大学理论法学研究中心为平台，认真实践史论结合的方法论，取得了较好的学术成就。我们既重视从法律史凝练和检验法理学理论，也重视以法理学理论和方法来解读法律史；我们要求理论法学的年青学者应当具备法理学和法律史双重学术背景或学术修养，也注重开展跨学校、跨学科的学术合作与交流。像张中秋、范忠信、陈景良等学者都曾承担过我们基地的重大课题研究任务。实践证明，史论结合与支撑是法理学和法律史学发展的必由之路。

最后，预祝大会在民主、自由、和谐的氛围中取得圆满成功！敬祝与会代表身体健康、学术进步！祝愿我们的友谊根深叶茂、与时俱进！

在中国社会科学院法学研究所建所50周年纪念大会上的致辞*

尊敬的各位法学所各位前辈、各位同仁，各位来宾：

首先请允许我代表教育部社会科学委员会法学学部、教育部法学学科指导委员会，也代表吉林大学理论法学研究中心，向法学所50华诞表示热烈祝贺！

我刚刚主编了一本学术史类的著作——《中国法学30年》，回顾总结改革开放30年来中国法学的发展和进步。在撰写这本书的过程中，我们查阅了许多文献和历史资料，其中有些文献和历史资料是第一次看到，从中我获得极其深刻印象，那就是：中国法学的许多重大事件、许多标志性成果和许多理论创新，都与中国社科院法学所连在一起。

这里，我仅举几个简单的例子。1978年12月6日，《人民日报》发表了李步云先生的文章《坚持公民在法律面前一律平等》。这篇文章突破了当时的思想政治禁区，吹响了法学界思想解放的号角。之后，在1980年到1982年的《宪法》修改过程中，法学所的

---

* 本文是2008年11月15日张文显在“中国社会科学院法学研究所建所50周年纪念大会暨法学学科新发展论坛”上的致辞。

很多前辈如张友渔、王叔文等参加了这部宪法的修改，为现行宪法一系列重大理论、立宪原则和宪法技术的确定提供了学术支撑，他们的智慧，他们的思想，他们付出的心血，凝结在宪法条文之中。

1980 年 11 月 22 日《人民日报》发表的特约评论员文章《社会主义民主和法制的里程碑》，是由法学所的几位专家联手执笔而成的。文章指出，“对林彪、江青反革命集团的审判，是我国民主和法制发展道路上的一个引人注目的里程碑，它充分体现了以法治国的精神，坚决维护了法律的权威，认真贯彻了社会主义民主和法制的各项原则”。文章还十分鲜明地指出，对林彪、江青反革命集团的审判彰显了社会主义法制的五大原则：司法独立、司法民主、实事求是、人道主义和法律平等。当我在互联网中搜索到这篇文章的时候，我是激动不已。20 世纪 80 年代初，提出这样的法制原则需要多么大的政治勇气和理论智慧。

1989 年 2 月，王家福、刘海年、李步云先生在《法学研究》发表《论法制改革》一文，全面阐述了法制改革的必要性和改革的道路，我认为这是我国法学界第一次全面、系统地论述法制改革问题。从此，法制改革成为中国政治体制改革里论证比较充分的一个组成部分。

1996 年 2 月 8 日，时任法学所所长的王家福先生在中南海为中央政治局做了“依法治国、建设社会主义法制国家的理论与实践”的辅导讲座。他的观点得到江泽民等中央领导同志的高度认可和肯定。一个月后，八届全国人大四次会议把“依法治国，建设社会主义法治国家”作为一条基本方针，写入《国民经济和社会发展“九五”计划和 2010 年远景目标纲要》，一年后即在 1997 年写入党的十五大报告，并正式确定为“依法治国，建设社会主义法治国家”，1999 年这一奋斗纲领进入《宪法》。可以说，法学所的专家为党中央和全国人大作出“依法治国、建设社会主义法治国家”的战略方针提供了决定性的理论论证和智力支持。

我举的这些例子充分说明法学所是中国法学界思想解放、改革创新的发源地，是中国社会主义法治国家建设的智囊团。任何人要回顾中国法学的发展，展望中国法学的未来，都不能不提到这些伟大的事件和杰出的法学家。这些事件足以使法学所成为整个法学界和法律界的骄傲，也奠定了法学所在整个哲学社会科学中的重要地位。

法学所的领导希望我在这个庆祝会议上讲一讲中国法学的现状和未来。这个题目非常之大，我只能选择一个侧面来与各位同仁探讨，即未来中国法学发展的前景和趋势——马克思主义法学的中国化和当代化。我认为，中国法学的发展要走一条马克思主义法学中国化和当代化的道路，这是建设中国特色社会主义的必然要求，是建设社会主义法治国家的必然要求，也是中国法学繁荣发展的必由之路。马克思主义法学的中国化和当代化应当看作是法学的出路、法学的方向，也是法学界的神圣使命。

实现马克思主义法学的中国化和当代化，要推动四个方面的工作：首先，要推动在中国特色社会主义理论指导下的理论创新。中国特色社会主义理论本质上是一个改革的理论、发展的理论、创新的理论，以之来指导法学研究，必然要求我们把理论创新作为法学研究的第一要务。其次，法学的中国化和当代化必须立足于中国特色社会主义民主法治建设的实践，特别是改革开放以来依法治国、建设社会主义法治国家的丰富实践，把我们中国人自己建设法治国家的丰富实践上升为一种理论，把法治建设的“中国模式”、“中国经验”理论化、范畴化，丰富和发展马克思主义法学理论，并使之成为世界法学的学术资源。再次，要批判地继承和借鉴古今中外博大精深的法律文化，使之成为当代法学的宝贵资源。最后，要实现马克思主义法学的实践化、大众化。为此，建立法学理论界与法律实务界的学术同盟极其重要。法学研究部门、高等院校要与立法机关、政府法制机关、司法机关乃至律师界等结为学术同盟。法律实务界正在成为法学研究的生力军。昨天，我参加了最高人民法院学术讨论活动20周年颁奖大会，我发现，20年来法院系统撰写的理论与实践结合的论文超过14800篇，其中有超过4000篇优秀论文和著作获奖。我曾经在首届中国大法官论坛就“人民法院司法改革30年”作过演讲，这与我到法院工作有很大关系。公丕祥教授昨天在大会上作了一个“中国特色社会主义司法制度建设之路”的演讲，有着丰富的实践内容。今年春季，吉林省人民代表大会选举我担任吉林省高级人民法院院长，但我的人事关系一部分仍在吉林大学。我现在是既在高校又在法院，感到法学界与法律实务界的合作非常重要。我希望我们两支队伍结合起来，共同推进马克思主义法学的当代化、中国化、实践化！

谢谢大家！

在中国—澳大利亚百所著名法学院院长联席会议上的致辞*

尊敬的主席先生，各位贵宾，各位与会代表：

由中国人民大学法学院和澳大利亚堪培拉大学法学院联合举办的“中国—澳大利亚百所著名法学院院长联席会议”今天隆重召开了，这是中澳两国法学交流与合作的里程碑，是中国法学教育进一步扩大开放、走向世界和未来的重要会议。在此，我代表中国教育部法学学科教学指导委员会向会议的召开表示热烈祝贺，向来自澳大利亚和中国各地的法学院院长表示热烈欢迎，向来自澳大利亚和中国法律界的卓越领导人和政府官员表示衷心感谢！

中国的法学教育历史悠久，源远流长。早在三千多年前的春秋战国时期就有了初级形式的法学教育，至汉唐时期已经相当发展。至19世纪末20世纪初，专业化、学科化的法学教育随着西学东进而出现。然而，由于中国社会缺乏民主和法治的历史传统，加上日本侵华战争和国内战乱等原因，现代法学教育在旧中国始终没有很好地发展起来。新中国成立后，法学教育经历了引进初创

---

* 本文是2006年7月4日张文显在中国人民大学法学院举办的“中国—澳大利亚百所著名法学院院长联席会议”上的致辞。

(1949—1957)、遭受挫折(1958—1966)、恢复重建(1978—1985)的艰难历程,到上世纪90年代进入全面发展时期。特别是中国共产党和中国政府1992年提出建立社会主义市场经济体制,1997年提出依法治国、建设社会主义法治国家以后,由发展市场经济和依法治国伟大实践的推动,中国法学教育蓬勃发展。目前,除五所法科大学之外,有三百多所高校设立了独立的法学院(法律系),有六百多所高校设立了法学本科专业,一个规模较大、结构比较合理、整体质量稳步提高的法学教育体系已经形成。

在新时期中国法学教育的发展过程中,法学界坚持改革开放的基本方针。从1997年开始,由教育部高等学校法学学科教学指导委员会牵头,组织全国高校法学院系开展转变法学教育思想和教学观念大讨论,对中国法学教育的历史经验和教训进行了反思,对改革开放以来中国的法学教育积累的成功经验进行了总结,对我国法学教育中普遍存在的问题进行了分析和梳理,对国外特别是发达国家法学教育的模式、方法、课程体系等进行了比较研究。在此基础上对法学教育实行了一系列重大改革。主要有:第一,把法学、经济法、国际法、国际经济法、刑事司法等近十个本科专业整合为法学一个专业。第二,对课程体系进行改革,实施共同的十四门核心课程。第三,在教育部高教司的统一领导和规划下,由教学指导委员会组织实施,编写了一批高质量教材,推荐了一批特色明显的教材。第四,质量保证和监控体系也在形成和完善之中。教育部高教司组织有关专家制定了法学院校合格评估方案,并对部分新成立的法学专业和政法类学校进行了合格评估。第五,加强了国际交流与合作。先后于1998年在北京召开了“中美著名法学院院长联席会议暨法学教育研讨会”,于2000年6月在北京召开了“中欧著名法学院院长联席会议暨法学教育研讨会”,于2000年12月召开了“21世纪世界百所著名大学法学院院长论坛”,于2001年召开了“亚洲法学教育改革与发展论坛”,等等。以曾宪义教授为团长的中国法学教育代表团先后访问了美国、欧洲各主要法学院以及法院、律师事务所等。这些重要活动标志着中国法学教育已经走向世界。

尽管中国法学教育取得了跨越式的发展,取得了令人瞩目的成就,但是,以21世纪的中国和世界的发展及其对法律人才的需求作为参照,我们的法学教育又显得很不适应,特别是法学教育的质量极不适应市场经济、民主政治、依法治国、和谐社会以及知识经济和全球化发展趋势的需要和要求,法学教育的理念和体制、人才标准和教育模式还不能满足法律职业对多样化高素质法律人才的需求。为此,教育部法学学科教学指导委员会、中国法学会法学教育研究会和整个法学教育界正在研究和讨论如何全面提高法学教育的质量,并以此为主题制定中国法学教育十年发展规划纲要,启动以全面提高法学教育质量为主题的一系列改革发展措施和质量保证体系。这次中澳法学院院长会议的召开必将对我们的上述工作起到思想启发、经验引进、工作助推的积极作用。

预祝本次大会圆满成功!

拟任吉林省高级人民法院副院长时的供职发言*

尊敬的主任、各位副主任、秘书长、各位委员：

过去五年，我作为省人大常委会组成人员，经常听取“一府两院”提名人选的供职发言，今天，我作为吉林省高级人民法院副院长提名人选，在这里向省人大常委会做供职发言，这种角色的转换使我油然而生一种特别的心情。我真诚感谢省人大常委会给予我这次接受人民选择的机会。

我的供职发言分为两部分。

一、我的主要经历

我1951年9月28日出生于河南省南阳市镇平县。1970年参加工作，先后在石油部第二机械厂、镇平铜矿、南阳云阳钢铁厂当工人。1972年7月至1974年8月在河南省南阳地委办公室工作。

---

* 本文是2007年12月11日张文显在吉林省第十届人民代表大会常务委员会第三十九次会议上所作的供职发言。

1974年9月至1977年7月为吉林大学法律系学生，1979年9月至1982年7月为吉林大学法律系硕士研究生，获法学硕士学位。1983年8月至1985年1月在美国哥伦比亚大学法学院留学，1989年10月至1990年1月为美国华盛顿大学法学院高级访问学者，1996年9月至2000年7月为吉林大学哲学社会学院在职博士研究生，获得马克思主义哲学专业法律哲学研究方向博士学位。

1982年12月任吉林大学讲师，1987年10月任副教授，1988年10月任教授，1993年被国务院学位委员会评审为第五批博士生导师。

1985年10月至1994年1月，先后任吉林大学法律系副主任、法学院副院长、院长。1994年2月至2002年12月任吉林大学党委常委、副校长。2002年12月任吉林大学党委书记、校务委员会主任。2004年7月由中央任命为吉林大学党委书记，并明确为副部长级。

我的主要社会兼职有：国务院学位委员会委员，中国法学会副会长，中国人权研究会常务理事，最高人民法院专家咨询委员会委员，中国高级检察官教育基金会理事，中国统一司法考试协调委员会委员，教育部法学学科教学指导委员会主任委员，教育部社会科学委员会委员、法学学部召集人，教育部学科发展与专业设置专家委员会副主任委员，教育部直属高校咨询委员会执行主席。清华大学、北京大学、中国人民大学、南京大学、复旦大学、浙江大学、北京师范大学、华东政法大学、俄罗斯托木斯克理工大学等20多所国内外重点高校兼职教授、名誉教授。

1987年被评选为“吉林省优秀教师”，1992年荣获国家教委和人事部“有突出贡献的回国留学人员”称号，1993年起享受国务院政府津贴，1994年被人事部确定为“国家级有突出贡献的中青年专家”，1998年被列为中共中央组织部直接联系的专家，2003年被中央政治局常委会确定为“中央马克思主义理论研究和建设工程”法

学课题组首席专家(召集人)。

1998年以来,先后任吉林省政协委员、社会与法制委员会委员,中共吉林省委决策咨询委员、吉林省政府立法咨询委员会委员(召集人)、吉林省人民政府首席法律顾问,吉林省九届人大代表、法制委员会副主任委员,吉林省十届人大代表、常务委员会委员兼法制委员会副主任委员,中共吉林省委委员,党的十七大代表。

二、对履行职责的认识及今后努力方向

人民法院作为国家审判机关,是人民民主专政国家机构的重要组成部分,直接担负着维护人民合法权益、维护社会公平正义、维护社会稳定与和谐、保证和推进社会主义市场经济和民主政治发展的庄严使命。省级高级人民法院在我国的司法体制中处于承上启下的关键层次。作为省高院副院长提名人选,我深感责任重大。

这次,我属于交流任职。党中央对这次法检"两长"交流任职十分重视,12月8日下午,中共中央政治局常委、中央政法委书记周永康,中共中央政治局委员、中央书记处书记、中央组织部部长李源潮,以及最高人民法院院长肖扬、最高人民检察院常务副检察长张耕、中组部常务副部长沈跃跃等领导同志亲切会见了交流任职的26位省级法院院长和检察长,并与我们集体谈话。周永康同志、李源潮同志作了重要讲话,深刻分析了法检"两长"交流任职的重要意义,勉励和希望我们在新的岗位上为党和人民创造新的业绩。参加这次会议,聆听领导同志的讲话和重托,加深了到省高院工作的重要性的认识,进一步明确了今后努力方向。

第一,牢固树立社会主义法治理念,坚持人民司法的正确方向。中国特色社会主义法治的本质特征是坚持党的领导、人民民主和依法治国的有机结合。具体到省高院的工作上,就是体现为

向省委负责、向省人大负责、向法律负责的有机结合。在司法工作中只有坚持党的领导,主动接受省委及其政法委员会的领导和协调,才能使高院和全省法院工作适应我省经济社会全面发展的需要。特别是遇到区域性和全国性的重大案件,遇到触及经济、政治、生态、民族、宗教、外交、军事等热点问题的重大案件,牵涉到诸多政法机关以及其他国家机关职权边界的重大案件,都应及时向省委汇报,以便得到正确指导、协调与支持。

人民民主是社会主义的生命,在我国,一切权力属于人民,人民行使权力的机关是各级人民代表大会。人民法院由人民代表大会产生、向人民代表大会负责,是我国政治体制的根本原则。除了每年一度向省人大全体会议报告法院工作之外,我们还应做到定期或不定期地向省人大常委会汇报工作,自觉接受省人大常委会的监督,争取省人大常委会更多更有效的支持。同时,还要采取多种方式、多种渠道,接受人民群众的直接监督和支持,构建和谐司法局面。

依据宪法和法律独立公正地行使审判权,维护社会主义法制的尊严、统一和权威是人民法院的神圣职责。为此,我们要严格遵守法定程序,坚持法律面前人人平等,抵制地方保护主义和特权保护主义,使法院审理的每一起案件都经得住宪法和法律的考验,经得住上级法院审判监督的考验,经得住社会主义道德和社会舆论的考验,更要经得住时间和历史的考验。

第二,认真抓好队伍建设和班子建设,抓好院风和行风建设,把省高院和全省法院建设成为人民满意的法院。毋庸讳言,前一个时期发生在个别法院极少数法官身上的知法犯法、权钱交易、徇私舞弊、贪赃枉法等违法犯罪行为,严重地损害了人民法院的形象,损害了司法审判公信力,败坏了法院的良好风气,并使个别法院的工作在一定程度上陷于被动局面。在这种情况下,到省高院工作,其难度和压力不言而喻,党和人民的期待和要求也是可想而

知。我担任省高院领导职务之后,第一要务是对全体法官和干警进行社会主义法治理念和法治精神教育,进行法官职业伦理教育,并运用沉痛的反面教材对法官和干警进行廉洁审判的警示教育,对极少数贪赃枉法之徒毫不姑息地依法惩处,对犯了错误、表示悔改并有明显改错行动的法官和干警进行严肃教育,帮助他们悔过自新。通过这些工作,迅速重塑人民法院的形象,迅速复兴和提高司法审判的公信力,迅速扭转法院工作的被动局面,迅速转变省高院的院风、改善全省法院的行风。

要做到这“四个迅速”,关键是加强省高院领导班子建设。我深知,抓班子、带队伍,是我的重要职责。到任后,我要与蔡彰院长一道,组织省高院领导班子集中学习党的十七大精神,学习胡锦涛总书记在中央纪律检查委员会第七次全体会议上的重要讲话,学习省委、省人大主要领导同志对省高院工作的重要指示,深刻理解加强高院领导班子思想建设、政治建设和作风建设的极端重要性和紧迫性,着力解决班子建设和队伍建设中的突出问题,尽快把班子成员和中层领导骨干从低迷的思想状态中解放出来,把大家的进取精神和工作活力调动起来,把省高院领导班子建设成为团结和谐的班子、坚强有力的班子、勤奋好学的班子、求真务实的班子、风正劲足的班子。

第三,围绕中心、服务大局,为富民强省、构建和谐吉林创造良好的法治环境。服务大局是社会主义法治的重要使命。全省各级法院要深刻领会党的十七大关于实现全面建设小康社会奋斗目标的新要求和关于中国特色社会主义事业总体布局,深刻领会省九次党代会和即将召开的省十一届人民代表大会关于我省经济和社会全面发展的战略部署和主要任务,以全面建设小康社会、富民强省和构建和谐吉林为中心来定位法院的使命,筹划法院的工作,切实将法院工作融入全国和全省大局之中,做到着眼大局、服务大局、服从大局、保障大局,为大局创造良好的法治环境。

第四，努力学习，全面提高领导法院工作的素质和能力。尽管我的专业是法学，有三十年法学教育和研究的经历，并且作过九年兼职律师，做过长春市仲裁员、特邀人民陪审员，担任省人民政府首席法律顾问和最高人民法院专家咨询委员，对我国司法体制及其运行机制比较了解，但是法律的生命不仅在于逻辑，更在于经验，现实生活中的法律比书本上的法律要丰富得多、复杂得多。我到省高院以后，面临着重新学习、继续学习的任务。我一定要认真学习和研究与审判工作密切关联的法律法规、司法解释和审判案例，虚心向老领导、老法官学习，向班子其他成员学习，向审判工作骨干学习，向审判一线的法官们学习；要亲自参加审判活动，注意理论联系实际，注意总结实践经验，及时发现和纠正审判中的错误倾向，不断提高审判质量，保证案件审理的公正、高效与权威；要深入到全省各地法院开展调查研究，全面了解我省审判工作和法官队伍的现状；要走出去向先进省市法院取经，向最高人民法院请教，尽快掌握新知识、熟悉新环境、适应新岗位。

第五，依法办事，秉公用权，廉洁自律，引领风气。审判工作与社会有着千丝万缕的联系，法官时常遭遇金钱和不当利益的诱惑和考验。对此，我要保持清醒的意识和警惕性，牢固树立正确的权力观、利益观，坚持依法办事，公正司法，严格执法，为人民行使好司法审判权和司法执行权；要讲党性，讲正气，讲操守，重品行，严以律己，干事干净；要不断提升自己的思想作风、职业道德和生活情趣，并以此感染全体法官和干警，在省高院和全省法院系统弘扬新风正气，抵制歪风邪气，形成文明风尚。

尊敬的主任、各位副主任、秘书长，各位委员：省高级人民法院领导岗位职务光荣、责任重大，党和人民寄予厚望。如果本次人大常委会批准我的任命，我有信心，在省委的领导、人大的监督和政府的支持下，不负重托，不辱使命，依靠全体法官和干警的共同努力，以优异的业绩向党和人民交一份满意的答卷。

在当选为吉林省高级人民法院院长时的发言*

尊敬的各位代表：

首先，衷心感谢您们和您们所代表的全省人民对我的信任和支持。

三十年前我毕业于吉林大学法律系并留校任教，三十年后的今天被选举为吉林省高级人民法院院长。从一名法学教授到一名大法官，变化的是岗位和职务，不变的是我对社会主义民主法治的信仰，对社会公平正义的追求，对中华民族伟大复兴的理想和参与。

在这样一个庄严而难忘的时刻，我把新的岗位和职务作为新的责任、新的使命，并以下面五项"始终坚持"作为我对全体代表和全省人民的郑重承诺：

我将始终坚持社会主义法治理念和法治精神，坚持党的领导、人民民主、依法治国的有机统一，做到党的事业至上、人民利益至上、宪法法律至上，坚定不移地维护法制的统一、尊严和权威。

---

* 本文是 2008 年 1 月 12 日张文显在当选为吉林省高级人民法院院长时的发言。

我将始终坚持人民法院的根本宗旨，把维护社会公平正义作为法院各项工作的生命线，把尊重和保障人权、切实维护好人民权益作为人民司法的根本出发点和落脚点。公正司法，一心为民；和谐司法，惠及于民；廉洁司法，取信于民。

我将始终坚持把人民司法作为中国特色社会主义事业的重要组成部分，作为党和国家工作的重要组成部分，作为振兴吉林、富民强省战略任务的重要组成部分，围绕中心、服务大局、保障全局，为我省经济发展、社会进步、人民安康创造良好的法治环境。

我将始终坚持致力于创建人民满意的法院，提升全省法院的公信力。全面加强班子建设，严格管理法官队伍，缜密规范司法行为，改革完善制约机制，大力弘扬新风正气，着力解决裁判不公、效率不高、执行不力、行为不端等人大代表和人民群众反映突出的问题。

我将始终坚持自觉接受省委的领导，自觉接受省人大常委会和全体代表的监督，主动争取省政府和各级政府的支持，虚心听取人民政协和社会各界的意见、建议和批评，忠实履行院长的法定职责，模范遵守法官的职业准则，为党和人民掌握好、行使好司法权，努力满足人民群众日益增长的多元化的司法需求。

最后，祝各位代表身体健康、工作顺利、生活幸福！

谢谢！

后　记

去年国庆节，吉林大学法学理论专业2000级博士生从海内外四面八方回到母校，纪念他们入学十周年。期间，有同学提议在我六十周岁之际出版《张文显法学文选》和《张文显教育文选》。这一提议立即得到了吉林大学法学院和理论法学研究中心师生们的赞同，也得到了我的认可。2011年元旦过后，两部文选的编辑工作正式启动。

依平常想象，编辑文选无非是将作者公开发表及未刊发的文章进行筛选，择取其中具有理论价值、现实作用和纪念意义的文章汇编成册。然而，真正做起来的时候，却不是想像的那么简单。编辑出版文选是一件纷繁复杂的工作。我撰写的论文、评论、书稿、随笔和其他文章约五百篇（部），其中已经公开发表的近四百篇（部），如何从中选择，选择出来的文章如何归类入卷，各卷之间的逻辑联系以及选定文章的打印、勘误、校订等均需要做大量工作。于是，法学院和理论法学研究中心领导决定成立《张文显法学文选》编辑小组，全面策划和组织文选的编辑、出版事宜，之后又组建了以青年教师（研究人员）、博士生和青年法官为主体的校订队伍，负责文稿和清样的勘误和校对工作。正是由于有这样一个团队的高效运作，才使我的心愿得以如期完成。记述本文选的启动、编辑和出版过程，中心思想是要致谢。

感谢由姚建宗、黄文艺、刘景辉、杜宴林、郑万和、杨春福、刘雪斌、苗炎、王奇才、丰霏等组成的编辑小组，他们创造性的策划、组织、协调活动和示范性工作，是本文选得以高质量地面世的关键因素。

感谢所有参与书稿搜集、整理、校勘和清样校对工作的同事和同学，他们尽善尽美的工作态度和优秀的学术规范素养，确保了本文选的出版进度和质量。他们是吉林大学的王克金、王蕾、张琪、侯学宾、蔡建芳、马克俭、王霞、付健、兰金莹、刘星显、刘涛、李双、李玄、辛欣、张传祥、郑怀宇、孟欣然、赵良杰、胡成蹊、郭珂琼、常玲玲、崔丽、薛爱昌、瞿郑龙；吉林省高级人民法院的李爽、王博、孙妍、胡玉明；吉林省社会科学院法学所的邢宜哲、宋慧宇。

感谢那些虽未直接承担编辑、校订工作，但以各种方式提供支持和帮助的同志、同学和朋友们，在此恕不一一道名。

感谢法律出版社社长黄闽同志、总编胡一丁同志，他们高度重视并亲自组织了本文选的策划、编辑、设计、出版、发行工作。感谢资深编辑丁小宣先生、谢清平女士和责任编辑陈慧女士，我们和小宣同志心心相印、配合默契，使文选编辑出版工作得以顺利推进。乔智炜设计师的创意使本文选的形式与内容协调一致、相得益彰。

感谢我的太太辛亚珍，从同学、情侣到妻子，数十年如一日在生活上、精神上，乃至政治上对我无可替代的关心、体贴、照顾和协助。感谢我的女儿张吉豫和女婿刘先华，他们在学业上、学术上和工作上的杰出表现为我编辑文选增添了助力，他们对文选编辑工作提出的一些很有见地的思想和建议对本文选独特风格的形成起到了智力支持的作用。

在文选出版之际，我还要深情地说：文选承载的我的学术成就归结于父母的养育、老师的教诲、领导的关爱以及同志们的帮助，归结于党和人民的培养和教育。对此，几句致谢的话是远远不足以表达我的感恩之心的，我唯有在今后的学术之路上更加勤奋地治学和工作，用更加丰硕的成果和更加突出的业绩予以回报。

张文显

2011年6月20日于长春净月书屋

图书在版编目(CIP)数据

张文显法学文选. 第9卷,学术评论集/张文显著
. —北京:法律出版社,2011. 7
ISBN 978 -7 -5118 -2341 -0

Ⅰ. ①张… Ⅱ. ①张… Ⅲ. ①法学—文集 Ⅳ.
①D90 -53

中国版本图书馆 CIP 数据核字(2011)第 149685 号

《张文显法学文选》卷九 · 学术评论集	张文显 著	策划编辑 丁小宣 责任编辑 陈 慧 装帧设计 乔智炜

开本 720 ×960 毫米 1/16
版本 2011 年 8 月第 1 版
出版 法律出版社
总发行 中国法律图书有限公司
印刷 北京嘉恒彩色印刷有限责任公司
印张 24. 25 **字数** 306 千
印次 2011 年 8 月第 1 次印刷
编辑统筹 教育出版分社
经销 新华书店
责任印制 张宇东

法律出版社/北京市丰台区莲花池西里 7 号(100073)
电子邮件/info@ lawpress. com. cn
网址/www. lawpress. com. cn
销售热线/010 -63939792/9779
咨询电话/010 -63939796

中国法律图书有限公司/北京市丰台区莲花池西里 7 号(100073)
全国各地中法图分、子公司电话:
第一法律书店/010 -63939781/9782
重庆公司/023 -65382816/2908
北京分公司/010 -62534456
西安分公司/029 -85388843
上海公司/021 -62071010/1636
深圳公司/0755 -83072995

书号:ISBN 978 -7 -5118 -2341 -0
定价:38. 00 元
(如有缺页或倒装,中国法律图书有限公司负责退换)